Claude Duval

UN PEUPLE DANS LE SIÈCLE

Du même auteur

Description de la culture de l'Île Verte (monographie), Ottawa, Musée national du Canada, 1954, 100 p.

Belle-Anse (monographie), Ottawa, Musée national du Canada, 1957, 125 p.

Les Nouveaux Citoyens (essai), Montréal, Ici Radio-Canada, 1964, 123 p. En collaboration avec R. Sévigny.

French-Canadian Society (essai), Toronto, McClelland and Stewart, 1964, vol. 1, 405 p. En collaboration avec Yves Martin. Traduction française, Montréal, HMH, 1971, 404 p.

La Nation et l'école (essai), Montréal, Mouvement laïque de langue française, 1966, 23 p.

Jeunesse et Société contemporaine (essai), Montréal, PUM, 1969, 50 p.

Rapport de la Commission d'enquête sur l'enseignement des arts au Québec, Montréal, Éditeur officiel du Québec, 1969, 3 vol. 1er vol., 304 p.; 2e vol. 389 p.; 3e vol., 205 p.

La Question du Québec (essai), Paris, Seghers, 1969, 184 p. 2e éd. revue et augmentée, 1971, 245 p. Traduction anglaise: Toronto, James Lewis and Samuel, 1971, 191 p. Collection «Typo», Montréal, L'Hexagone, 1987, 288 p.

Idéologie et Aliénation dans la vie quotidienne des Montréalais francophones (essai), Montréal, PUM, 1973, 2 vol. En collaboration avec Yves Lamarche et Robert Sévigny.

Données sur le Québec (essai), Montréal, PUM, 1974, 270 p. En collaboration avec R. Boily, A. Dubuc, F.-M. Gagnon.

Pour prendre publiquement congé de quelques salauds (essai), Montréal, L'Hexagone, 1981, 80 p.

Le besoin et le désir (essai), Montréal, L'Hexagone, 1984, 136 p.

Une saison à la Renardière (essai), Montréal, L'Hexagone, 1988, 96 p.

Anecdotes saugrenues, Montréal, L'Hexagone, 1989, 128 p.

Marcel Rioux

UN PEUPLE DANS LE SIÈCLE

Boréal

Conception graphique: Gianni Caccia
Photo de la couverture: Michel Gravel, *La Presse*

© Les Éditions du Boréal
Dépôt légal: 1er trimestre 1990
Bibliothèque nationale du Québec
Diffusion au Canada: Dimedia

Données de catalogage avant publication (Canada)

Rioux, Marcel, 1919-
Un peuple dans le siècle
ISBN 2-89052-319-5
1. Québec (Province) – Civilisation – 20e siècle. 2. Québec (Province) –
Conditions sociales – 20e siècle. 3. Nationalisme – Québec (Province).
I. Titre
FC2925.R56 1990   971.4'04   C90-096010-8
F1052.R56 1990

Introduction

LA FIN DE L'ESPÉRANCE

Le deux février 1988, à la Chandeleur, j'ai pris conscience, et d'une façon qui m'a presque terrassé, que j'étais devenu un vieil homme que l'espérance avait quitté. Non pas à cause de mon âge ni de quelque malheur subit, mais parce que les deux causes auxquelles j'ai consacré une bonne partie de ma vie me sont soudain apparues irrémédiablement perdues.

Professeur à la retraite depuis deux ans, j'avais accepté d'aller rencontrer ce jour-là des étudiants de sociologie de l'Université de Montréal, non pas pour prononcer un cours magistral — ce que j'ai toujours eu du mal à faire — mais plus simplement pour répondre à leurs interrogations: comme certains d'entre eux savaient que j'ai écrit sur le Québec et la sociologie critique, c'est là-dessus qu'ils m'ont questionné. Et pour la première fois de ma vie d'enseignant — au-delà d'un quart de siècle — je dus leur avouer et donc m'avouer à moi-même que je ne croyais pas que l'indépendance du Québec se ferait jamais et que la sociologie critique que j'avais pratiquée était devenue sans objet puisque l'émancipation de l'homme occidental et de ses sociétés m'apparaissait désormais impossible. J'avais auparavant exprimé sur ces sujets, par écrit et au cours de conversations, des opinions pessimistes, mais il semble que c'est lorsqu'on doit les avouer à des étudiants, qui ont besoin d'un peu d'espoir pour pouvoir tolérer la sociologie, qu'il faut avouer sa désespérance. Et peut-être faut-il aussi expliquer pourquoi la réalité québécoise et, par-delà celle-ci, celle des sociétés industrielles avancées qui n'admet à nos problèmes qu'une seule réponse, les conquêtes toujours plus poussées faites au nom de la raison économique, excluent pour toutes deux l'appropriation par l'homme de sa propre nature.

Du bon usage de la retraite?

Alors que dans nos sociétés, tous les gouvernements et tous les individus ne semblent s'intéresser qu'à l'économie et au spectacle et que la retraite devrait être l'âge où l'on profite de toutes les bonnes choses de la vie, n'est-il pas déjà un peu scandaleux que je veuille m'intéresser à autre chose et penser à ce pays, le Québec qui aurait pu être? Ou, à tout le moins, j'aurais pu me tourner vers quelque divertissement à saveur herméneutique, comme le dit Sloterdijk: «L'"humeur" critique se tourne nostalgiquement vers l'intérieur dans un jardinet philologique où l'on cultive des iris benjamiens, des fleurs du mal pasoliniennes et des belladones freudiennes» (p.18). En ce faisant, on ne dérange personne et l'on acquiert vite la réputation de quelqu'un de bonne compagnie qui a laissé ses armes au vestiaire; qui laisse les politiciens s'occuper du bien commun et les hommes d'affaires de l'argent de tout le monde.

L'âge de la retraite, n'est-ce pas celui de l'apaisement, des barbes fleuries de l'art d'être grand-père, des photos de famille? Dans le métier de professeur, c'est celui des doctorats honorifiques dont la liste se lit comme celle du dîner de têtes de Prévert: un financier, un gouverneur général, une diva et deux échevins. C'est la grande réconciliation sous l'hermine et le bonnet carré. Alors pourquoi justement choisir cet âge pour rappeler ce qui aurait pu être et pourquoi ce ne sera pas?

Pour deux raisons: d'abord, il me semble que dans ce «pays» dont la devise est «je me souviens», c'est l'amnésie qui triomphe; chacun, voulant être au goût du jour, devient un spécialiste en statistique, dont Churchill disait qu'«on ne peut se fier aux statistiques que si on les a truquées soi-même». Comme tout le monde a peur de l'effort, ou se fie forcément à celles des autres. Et les autres sont ceux qui peuvent se payer des tâcherons pour les truquer. C'est donc dire que les deux mamelles de nos sociétés sont l'amnésie et l'inculture. L'autre raison, peut-être la même que la première, c'est pour essayer de montrer que quelques-uns de ma génération qui ont cru à l'avènement de ce pays avaient la certitude de s'inscrire dans le droit fil de notre histoire et qu'au début de la Révolution tranquille, le mouvement de libération nationale d'ici s'accordait avec la théorie et la pratique d'autres continents. Plutôt que de tenter de faire l'histoire de ces combats — j'en serais, au demeurant, bien incapable — je veux simplement narrer le cheminement d'un sociologue engagé non seulement intellectuel-

11

lement, mais politiquement. C'est dire que cette sociologie s'incarnait dans des prises de position qui tenaient compte des réalités socioculturelles d'ici, mais aussi des courants d'idées qui apparaissaient notamment en France, en Allemagne et aux États-Unis. Bien que je ne revendique aucune originalité dans le fait que les choses se soient ainsi passées pour moi, je n'évoquerai que mon expérience, ne serait-ce que pour la seule raison que c'est celle que je connais le moins mal. Il reste aussi que dans tout mouvement, aussi unis que les participant se veuillent, chacun le vit et l'interprète quelque peu différemment, chacun gardant sa personnalité et sa sensibilité. Je me souviens que vers 1970 j'avais pensé à rassembler une série de textes en réponse à une seule question: pourquoi êtes-vous devenu(e) indépendantiste? J'étais sûr alors, comme je le suis toujours, que les réponses eussent été variées et qu'elles auraient fait voir une grande richesse de situations et de cheminements. Il m'est toujours apparu que les situations humaines sont toujours si riches et si complexes que les généralisations jouent dans nos sociétés le même rôle que celui de «réducteurs de tête» dans d'autres cultures. Souvent, certaines raisons qui expliqueraient telle ou telle option politique ou intellectuelle sont tellement enfouies dans le tréfonds d'une histoire personnelle, que ceux qui les défendent les ignorent eux-mêmes. Allez donc savoir, par exemple, pourquoi Pierre Trudeau s'est tellement acharné et s'acharne encore contre le Québec!

Si donc j'explique aujourd'hui comment et pourquoi j'ai opté pour une certaine politique ou choisi telle ou telle explication sociologique, ce n'est pas surtout pour les défendre, mais pour essayer d'aller au fond des choses. On ne naît pas sociologue engagé ni indépendantiste! On ne devient facilement pas non plus un retraité heureux qui veut oublier que ce qui aurait pu être son pays s'en va à vau-l'eau ni que la sociologie critique, selon une opinion qui a l'air de se répandre, n'est plus praticable aujourd'hui. Il est vrai, hélas, que d'autres qui ont partagé avec moi les mêmes combats et les mêmes espoirs, se laissent aujourd'hui séduire par toutes sortes de prix, de décorations et de hochets. Je ne leur en veux pas, mais il faut quand même tenter d'expliquer cette différence. Peut-être tout cela se passe-t-il tout simplement comme dans les romans de Simenon: il pleuvait ces jours-là et tout n'avait pas très bien marché avec leur petite amie; alors, il leur fallut se remonter le moral et faire paraître leur nom dans les journaux. Et tout ça enrichit le compte en banque et le curriculum! C'est peut-être aussi anodin que ça! Un ami m'avouait récemment qu'il avait accepté deux fois le prix du Gouverneur général du Canada; je lui dis de ne pas trop insister et pensai combien il devait en avoir eu envie pendant longtemps; il devait raisonner comme cet homme qui se disait que c'est si bon de pisser quand on en a grande envie que, s'il avait été riche, il aurait pissé tout le temps. Peut-être mon ami songe-t-il d'ailleurs au moyen de s'abonner à ce prix. D'autres font la queue et attendent patiemment leur tour... un peu comme le dit une publicité pour Loto-Québec.

Le temps de la mélancolie et du cynisme

On se sera déjà aperçu que cette entreprise de dire ces combats perdus ne peut pas ne pas être marquée par une certaine mélancolie et aussi par un cynisme qui m'apparaît comme une compensation de celle-là. Se dépêcher d'en rire de peur d'en pleurer, disait à peu près Nelligan. Arriver au bout de son âge et de son siècle, désespérer de son pays qui va se fondre dans l'Empire américain et voir la civilisation occidentale s'engouffrer tout entière dans cette république de l'argent et du spectacle n'a rien de réjouissant. Et, pour me rassurer, je me prends quelquefois à me souvenir des jugements les plus accablants que Tocqueville a prononcés sur la démocratie en Amérique. Celui-ci, par exemple: «En vain chargerez-vous ces mêmes citoyens, que vous avez rendus si dépendants du pouvoir central, de choisir de temps à autre les représentants de ce pouvoir, cet usage si important mais si court et si rare de leur libre arbitre, n'empêchera pas qu'ils ne perdent peu à peu la faculté de penser, de sentir par eux-mêmes, et qu'ils ne tombent ainsi graduellement au-dessous du niveau de l'humanité.» Au contraire, comme l'écrit Michel Delon dans le *Magazine littéraire*, la période que nous traversons ne ressemble-t-elle pas à d'autres? «La grande crise mélancolique de la Renaissance marquait la fin des certitudes médiévales et la recherche d'un nouvel ordre de choses.» À la fin de mon *Essai de sociologie critique* (1978), je citais Gramsci qui disait à peu près la même chose. «La crise, écrit-il, consiste justement dans le fait que le vieux meurt et que le neuf ne peut pas naître.»

Aujourd'hui, on a l'impression que de nouvelles certitudes ont été trouvées: on a baptisé l'époque «post-moderne» et on interprète et on réinterprète à tour de bras. Quelques petites rides de-ci de-là; on découvre ou l'on fait semblant de découvrir que Heidegger, que plusieurs considéraient comme le plus grand philosophe des temps modernes, était un fieffé nazi; que les étudiants de nos sociétés ne savent ni lire ni écrire; que des boursiers Rhodes et des académiciens sont accusés de fraude et de corruption. Mais tout est sauf puisque la croissance économique se poursuit et que les individus et les pays les plus riches continuent d'exploiter les plus pauvres. À un sommet économique récent, les grands prédateurs ont consenti à diminuer la dette du Quart-Monde pour mieux recommencer à les exploiter.

Comme le souligne Emma Rothschild (NYRB, 30 juin 1988), une autre liberté vient de s'ajouter aux autres libertés qui caractérisent les sociétés dites libres, c'est-à-dire celles qui ont adopté le modèle américain: la liberté de survivre. «À peu près 40 000 enfants de moins d'un an meurent chaque année aux USA, soit 17 000 de plus que si les USA avaient le même taux de mortalité que la Finlande... le taux augmente dans des endroits comme le centre de Harlem. Dans ces bâtisses vétustes, d'après le commissaire à la santé de la ville de New York, les enfants qui survivent pendant quelques semaines après leur naissance, meurent ensuite de pneumonie, meurent de froid et tombent des fenêtres.» Presque un demi-million d'enfants sont sous-alimentés aux États-Unis... Dans la seule ville de New York, il y a 97 000 enfants de moins de 16 ans qui s'adonnent intensivement à la drogue (*heavy drug abusers*).

La société duale — une société riche et une société pauvre, c'est-à-dire dont une partie devient de plus en plus riche et l'autre de plus en plus pauvre — n'existe pas seulement à l'échelon mondial mais même dans les sociétés les plus riches du monde, celles qui se réunissent chaque année pour se partager les dépouilles de leurs libres entreprises qui se déploient chez elles et partout dans le monde. Et qui émettent des communiqués à la fin de leur combines: tout va très bien, madame la marquise. Les pauvres n'ont qu'à bien se tenir!

Je suppose donc que devant tant de violences que l'on fait subir aux hommes, aux femmes et aux enfants, à la nature, à des pays qui ne demanderaient qu'à se développer sans qu'on les soumette à la guerre et aux massacres, on ne peut qu'être mélancolique devant ce qui aurait pu être et cynique, devant ce qui est; je n'ai donc pas à m'excuser mais seulement à regretter de ne pas le faire plus fortement. Qu'un petit pays n'advienne pas et qu'un vieil homme s'en désole, il n'y a pas de quoi en faire un drame. Je me dis quelquefois que si tous les êtres vivants, ou même seulement quelques-uns, avaient pu parler avant leur totale disparition, peut-être la cupidité des hommes se fût-elle atténuée et la destruction de la nature aurait-elle pu être stoppée. Aujourd'hui, des hommes et des

16

femmes prennent la parole au nom des bélugas que l'on est en train de détruire, d'empoisonner et d'exterminer; je doute quand même qu'on arrête le massacre si bien commencé avec l'arrivée de l'homme blanc; bientôt, dans le Saint-Laurent, sur le bord duquel j'écris ces lignes, il ne restera ni bélugas ni poissons d'ailleurs; que nos déchets industriels et domestiques, plus quelques baleines, le ventre en l'air, sur le rivage!

D'autre part, il est bien sûr que si je prends seul la responsabilité de dire comment j'ai vécu et tenté d'expliquer le presque demi-siècle dernier, tout cela reste doublement sujet à caution: d'abord, parce que c'est un témoignage où je suis juge et partie et ensuite parce qu'il y aura reconstitution d'événements et interprétations très éloignés dans le temps. Aussi, étant donné mon état d'esprit actuel, il est plus probable que loin d'enjoliver le passé, je le noircisse et que des hommes en qui j'ai eu confiance soient jugés moins favorablement aujourd'hui que je ne l'ai fait hier.

Un peuple traditionnel et catholique

On peut dire qu'il s'est passé au Québec à peu près la même chose que dans les autres colonies européennes en Amérique du Nord: un moment est venu où les «colons», «les habitants», ceux qui sont nés au pays même, se sont sentis différents des métropolitains et ont voulu s'en libérer. Ce fut le cas pour les descendants d'Anglais, d'Espagnols et de Portugais; seul, le Québec qui naît de la Nouvelle-France, dont la très grande majorité des habitants sont alors de souche française, n'a pas su se libérer et fait partie depuis 1763 de l'Empire britannique. C'est ce fait qu'il faut d'abord expliquer. On me répondra que ce n'est pas certain que l'indépendance politique soit un gage de progrès et de prospérité; on citera Haïti et quelques républiques d'Amérique latine. Je n'en disconviens pas, mais le fait de la dépendance continue reste quand même un fait à élucider.

Il est probable que l'Ancien Régime de France finissant n'avait ni le moyens ni le désir de défendre les «quatre arpents de neige» que mentionnait dédaigneusement Voltaire en parlant de nous. Ruinés par la guerre de Sept Ans, les «Canadiens» n'avaient pas les moyens de poursuivre la lutte contre l'Angleterre et ses colonies américaines qui sont alors toujours anglaises. Ne faut-il pas ajouter que l'Angleterre, sachant ou pressentant qu'à cause de l'attachement des paysans francophones à leur pays, ils le défendraient contre quelque envahisseur que ce soit, sut administrer sa nouvelle colonie francophone sans trop d'injustice, et s'attacher le clergé qui allait partager longtemps les valeurs de l'Ancien Régime français, et s'opposer à celles défendues par les Révolutions américaine et française.

L'historien Henri-Irénée Marrou va très loin quand il affirme qu'après la défaite de 1760, lorsque les Français qui le désiraient repassèrent en Europe, le Québec remonta profondément le temps. «Il ne faut pas y voir une survivance de l'ancien régime, voire du

Moyen Âge; c'est le résultat d'un nouveau départ, littéralement d'un nouveau Moyen Âge. Comme aux temps mérovingiens chez nous, écrit-il, le clergé canadien s'est trouvé, en 1763, seul représentant de la culture, de la conscience nationale, seule élite. Le caractère français n'aurait pas survécu si victorieusement si, en 1763, l'Église catholique était demeurée au stade missionnaire; mais, heureusement, elle était déjà solidement organisée, avec un évêque, des curés, tout un clergé et — chose capitale — un séminaire pour le former.» (*La Question du Québec*, p. 60)

Si l'on pose donc une deuxième question: pourquoi le Québec a-t-il développé une culture originale d'expression française?, et que l'on répète celle qui a trait à sa dépendance politique, on arrive à la même réponse: à cause de l'Église catholique du Québec. C'est donc dire que si l'Église a puissamment aidé à la survivance de la langue française dans une colonie britannique ainsi qu'à la création d'une façon originale de vivre et de penser, c'est-à-dire distincte de celle de la mère patrie et de celles des autres colonies d'Amérique du Nord, le peuple québécois a dû payer un certain prix qu'il ne pouvait pas ne pas payer.

Il faut d'abord rappeler que le premier devoir de l'Église, ici comme ailleurs, c'est de garder dans le giron de la religion catholique ceux dont elle a charge d'âmes, et ce avant tout autre devoir culturel, patriotique ou national. Et pour ce faire, rien de mieux que de tenir ses fidèles éloignés de ceux d'autres confessions. Et très vite l'Église comprit qu'elle pouvait faire coup double: la foi devint gardienne de la langue et la langue, gardienne de la foi. Je crois que cette équivalence d'abord expérimentée dans les faits, devint vite une espèce de dogme parce que, pour l'Église, cette double assertion devint vérité démontrée. Elle va être mise en pratique après avoir été acceptée comme vérité d'Évangile pendant près de deux cents ans. Sans l'avoir systématiquement mis à l'épreuve, je crois que cet énoncé comporte une très grande part de vérité. C'est pourquoi, par exemple, l'Église va regrouper autour de ses institutions ceux qui, au XIXᵉ siècle, émigrent aux États-Unis; elle les isole ainsi d'autres religions et en même temps de la langue anglaise. Dans les années 1930, Horace Milner, anthropologue américain, étudiant le petit village de Saint-Denis, près de Kamouraska, fut surpris d'apprendre qu'un villageois, qui était revenu à Saint-Denis après avoir passé plusieurs années en Nouvelle-Angleterre, ne parlait pas l'anglais. La politique de l'Église avait donc protégé la foi et la langue, même en plein territoire protestant et anglophone. À plus forte raison le fit-elle, sur le territoire même du Québec.

Il faut reconnaître qu'au début de l'occupation anglaise du Québec, la politique d'isolement de l'Église catholique était vue d'un bon œil par les Anglais qui craignaient le retour des Français. Après la Conquête, le Québec devient plus isolé et plus homogène qu'il n'avait jamais été jusque-là. D'une part, la présence d'Anglais en nombre de plus en plus grand aura pour effet de faire prendre conscience aux francophones qu'ils forment un groupe distinct; d'autre part, les contacts avec la France et les Français se font de plus en plus rares. L'historien de la littérature française en Amérique, Auguste Viatte, écrit: «La vallée du Saint-Laurent est traitée en chasse gardée. Tout émigré [il avait fui la Révolution en Angleterre] qu'il est, un grand seigneur comme le duc de la Rochefoucauld-Liancourt n'obtiendra pas, en 1795, l'autorisation de la visiter...» (*Q. du Q.*, p. 57)

Pour qualifier ce type de société ou de mode de production, j'ai employé, selon le cadre général théorique que j'ai tour à tour utilisé, la notion de folk-société inspirée de l'Américain Robert Redfield, et celle du mode de production des petits producteurs (MPPP) dont s'est servi Marx lui-même. Ce n'est pas le lieu de distinguer ce qui différencie les deux notions et qui tient surtout aux théories sociologiques auxquelles elles se rattachent, mais elles veulent désigner des agglomérations où prévalent la tradition surtout orale et une grande autarcie.

Ces habitants, ces petits producteurs qui pratiquent presque tous une agriculture de subsistance — excepté pour certains qui vont vendre leurs surplus à la ville — pratiquent donc ce que Redfield a appelé «la petite tradition»; c'est-à-dire qu'à peu près toutes les connaissances se transmettent de père en fils et de mère en fille — de la gigue à la sagesse populaire. C'est l'Église catholique qui rattache ce peuple à la grande tradition, à la tradition écrite et historique. Là encore, ceux qui forment cette Église se recrutent dans toutes les classes de la société et ne représentent pas, comme dans d'autres sociétés, un groupe séparé du gros de la population.

Dans les petits séminaires que l'Église crée sur tout le territoire pour former son clergé, elle instruit et éduque aussi des laïques; ceux-ci formeront bientôt une petite bourgeoisie professionnelle qui jouera, avec le clergé, un rôle prépondérant dans la constitution de la société québécoise. Encore ici, il n'y pas d'écart entre cette nouvelle bourgeoisie et la classe des habitants dont ils sont issus. Vers le milieu du XIXe siècle, lord Durham décrit en ces termes cette classe de médecins, de notaires, d'avocats, d'arpenteurs: «Ainsi les personnes les plus instruites de chaque village... appartiennent aux mêmes familles et au même rang de naissance que les habitants illettrés que je viens de décrire. Ils leur sont attachés par tous les souvenirs de l'enfance et tous les liens du sang. La plus parfaite égalité règne dans leurs relations: celui qui est supérieur par l'instruction n'est séparé du paysan singulièrement ignare qui le coudoie par aucune barrière d'usage ou de fierté d'intérêts. Il réunit donc l'influence que lui donnent les connaissances et l'égalité sociale; il exerce alors sur le peuple un pouvoir que ne possède, je crois, aucune classe instruite d'aucune partie du monde.» (*Q. du Q.*, p.72)

Pendant les premières décennies du XIXe siècle, certaines fractions de cette petite bourgeoisie disputèrent à l'Église le leadership du peuple québécois; plusieurs d'entre eux prirent part aux Rébellions de 1837 et 1838; la hiérarchie catholique ne les suivit pas. Seuls deux ou trois prêtres de la région de Montréal sympathisèrent avec les Patriotes. Durham se rangea avec le haut clergé qui avait appuyé l'autorité légitime pendant les Rébellions. D'autre part, Durham veut en finir avec ces soulèvements: «ce doit être dorénavant le but premier et constant du gouvernement britannique d'établir une population anglaise ainsi que les lois et la langue anglaises dans cette province et de ne confier son gouvernement à aucune autre législature que positivement anglaise.» (*Q. du Q.*, p. 84)

Cette période marque un rétrécissement tragique de la conscience des francophones du Québec; au lieu d'aspirer à l'indépendance, sur le modèle d'autres colonies qui se libéraient de leur métropole, les élites croient que c'est maintenant leur devoir, sous la menace non voilée de Durham et de l'Acte d'Union, de conserver la religion catholique, la langue française et un nombre indéterminé de coutumes et de traditions considérées comme propres aux Québécois francophones. L'Angleterre qui n'a rien à craindre de l'Église catholique lui assure les moyens de conserver sa place prépondérante dans plusieurs domaines de la société. Pendant ce temps-là, Louis Hémon fera dire à l'un de ses personnages dans *Maria Chapdelaine*: «Des étrangers sont venus qu'il nous plaît d'appeler barbares; ils ont pris presque tout le pouvoir; ils ont pris presque tout l'argent.»

Bien que le Québec s'industrialise et s'urbanise dans les décennies suivantes, l'Église catholique continue de garder toute son importance et son influence; les habitants, obligés de quitter les terres du Saint-Laurent, vont émigrer à la ville comme manœuvres ou, ce qui pis est, vont s'exiler dans les États de la Nouvelle-Angleterre. Dans les milieux de la politique et des affaires, certains vont faire des progrès dans l'échelle sociale, mais c'est le plus souvent en colla-borant avec la majorité anglophone qui s'identifie beaucoup plus avec le Canada qu'avec le Québec. Même si dans certaines provinces canadiennes, comme dans l'Ouest et en Ontario, on voit naître des mouvements de gauche pendant la crise des années 1930, le Québec suit sa pente naturelle et plusieurs membres du clergé et meneurs d'opinion penchent plutôt vers des mouvements de droite, quelques-uns flirtent même avec le fascisme. Ce qui nous mène à la Deuxième Grande guerre, au début de laquelle l'idéologie de conservation et les valeurs tradition-nelles continuent de prévaloir chez les dirigeants politiques et religieux.

On peut donc noter une espèce de divorce gran-dissant entre l'idéologie des définisseurs de situation, le clergé et les notables qui gravitent autour de l'Église, et le gros de la population qui vit dans une société qui continue de s'urbaniser et de s'indus-trialiser et qui pratique des valeurs différentes de celles qu'on lui prêche. Cette contradiction latente va s'exacerber même pendant la décennie 1930. Les réformistes de l'Action Libérale Nationale vont se buter, en 1936, aux anciens et nouveaux conservateurs qui, sous la houlette de Duplessis, vont s'efforcer de garder la société et la culture québécoises en l'état, c'est-à-dire dans sa forme pré-industrielle. Il faudra quinze ans de combats pour arriver à dépasser cette contradiction. Il n'est pas sûr que nous ne tenions pas là — dans la résistance du clergé et des politiciens conservateurs — l'une des clés qui expliquent la nature de la Révolution tranquille et certaines de ses suites qui engendrent les problèmes auxquels est aujourd'hui confronté le Québec.

Pour ma part, je soutiens que la Deuxième Grande guerre va mettre en place des fractions de classe contestataires qui pendant quinze ans, en gros de 1945 à 1960, vont combattre les fractions de classes traditionnelles et l'idéologie de conservation qui continuent d'être dominantes. En 1960 se déclenche ce qu'on appellera la Révolution tranquille.

Itinéraire personnel

Sans m'en rendre tout à fait compte et comme à petits pas, j'ai choisi mon camp. Élevé dans une famille traditionnelle, je fis mon cours classique au petit séminaire de Rimouski, qui, comme toutes ces institutions, préparait au grand séminaire, c'est-à-dire au clergé diocésain. C'est d'ailleurs là que j'y perdis la foi, à cause d'un prêtre dépravé. J'étais de ceux qui, n'ayant pas la vocation, comme on disait, choisirent le monde à la fin de leur cours.

Parce que j'avais vu la misère des gens pendant la grande crise économique des années 1930, je résolus à la fin de mes études, en 1939, de prendre le ruban de journalisme. Il devait me sembler, à ce moment-là, que c'était le meilleur moyen de dénoncer cette société qui permettait tant de misères et de souffrances. Pendant les vacances d'été, je travaillais au magasin de mon père et j'avais été à même de constater les drames du chômage et de la pauvreté.

Il n'est pas impossible que l'admiration que nous portions à Olivar Asselin, un journaliste célèbre qui avait fait ses études au Séminaire de Rimouski, n'ait été pour quelque chose dans ma décision de prendre le ruban de journalisme alors que d'autres se dirigeaient plus volontiers vers la prêtrise, la médecine et le droit; c'était la première fois qu'un finissant, m'a-t-on dit, choisissait le journalisme. D'autre part, à cette époque, paraissait un hebdomadaire nationaliste, *La Nation*, publié à Québec par Paul Bouchard. Des prêtres nous le prêtaient et le lisaient aussi avec ferveur. À ce petit séminaire, il ne serait pas exagéré de dire que le nationalisme, celui de l'abbé Groulx qui allait devenir chanoine avec le temps, se portait bien. Mais comme je n'avais déjà plus la foi, j'en prenais et j'en laissais. D'ailleurs, j'avais déjà commencé à lire bien des livres que l'abbé Bethléem proscrivait; je ne me souviens pas si quelqu'un avait dérobé la clef de l'enfer du Séminaire où s'entassaient les livres défendus, mais le sûr, c'est que quelques-uns d'entre nous connaissions bien des titres de livres qu'il ne fallait pas lire, puisés dans Bethléem même, et que nous arrivions souvent à nous les procurer.

J'ai dit plus haut que les étapes de mon évolution personnelle se faisaient presque insensiblement, sans que j'y attachasse beaucoup d'importance et de réflexion. Le fait que j'aie toujours été tendu vers l'avenir, vers ce qui va arriver, fait de moi un piètre mémorialiste. Et voici un exemple: des journalistes m'ont demandé plus tard quand, dans ma vie, j'étais devenu poliquement conscient, en d'autres termes, étant connu plutôt comme un homme de gauche, on me demandait quand je l'étais devenu. Je répondais que je n'en savais rien et que cela s'était sans doute fait au fil des événements sans que je puisse me rappeler de circonstance précise. Or, un beau jour, j'appris tout le contraire...

Il y a une dizaine d'années à peine, j'écoutais et regardais, avec une amie, un film à la télévision de Radio-Canada sur le régiment McKenzie-Papineau qui avait été levé au Canada et au Québec pour aller combattre les troupes rebelles de Franco. En voyant ce film, je me mis à pleurer à chaudes larmes, me souvenant soudainement que c'était la première fois que j'avais pris parti contre le fascisme, et je revécus avec émotion cet événement demeuré enfoui dans mon subconscient pendant des années. Je me souvins même de la façon dont je m'étais fait une opinion: un jeune prêtre du séminaire, de retour d'Europe, recevait l'hebdomadaire français *Sept*, publié par les dominicains; au grand scandale des orthodoxes, ce journal avait pris le parti des Républicains espagnols... ce que je fis, moi aussi, trop heureux d'ailleurs de profiter de la largeur d'esprit de certains catholiques.

J'ai peut-être tort de vouloir expliquer en termes personnels l'impact qu'eut sur moi la guerre civile en Espagne et surtout l'oubli de cet événement pendant de longues années. Ne serait-ce pas plutôt parce qu'étant Québécois et devant souvent faire front contre des adversaires extérieurs, nous avons peut-être tendance à oublier ce qui nous divise? C'est ainsi qu'ayant perdu la foi presque au début de mon cours secondaire, je finis ce même cours au même petit séminaire de Rimouski; ne voulais-je pas minimiser ce qui me séparait des enseignants et de mes confrères pour partager avec eux ce que j'aurais difficilement pu trouver ailleurs; à cette époque le secondaire public n'existait pas encore.

L'année suivante, après l'obtention d'un baccalauréat ès arts, j'allai, recommandé par l'évêque intégriste de Rimouski, étudier la philosophie chez les dominicains d'Ottawa. Est-ce un trait personnel d'une certaine hypocrisie ou une espèce de trait culturel québécois? Tout se passe comme si nous n'avions pas les moyens de nous priver, pour des raisons d'idéologie, de certaines choses ou de certaines compétences[1].

C'est probablement un trait de caractère qui nous sépare des Français, qui ont davantage les moyens de se différencier entre eux, étant plus nombreux et moins menacés. Il y a plusieurs années, l'Association internationale de sociologie m'avait demandé de recevoir au Québec les Africains du Sud, sociologues ou hommes politiques, de passage chez nous. C'est ainsi que j'invitai à dîner le ministre de l'Éducation de ce pays et sa femme, ainsi qu'un collègue québécois et un autre français. Pendant tout le repas, la conversation roula sur l'*apartheid*: mon collègue québécois et moi traitâmes nos invités de racistes et de fascistes sans nous départir de notre sourire et de nos bonnes

---

1.   Voir annexe III: «Un écrivain et son pays».

manières. Notre collègue français nous jura qu'il n'y avait que des Québécois pour se comporter ainsi.

Ayant déjà dit plus haut que mon évolution religieuse et idéologique me semblait s'être faite à petits pas et sans grand déchirement, je n'avais pas encore réfléchi un peu de rigueur sur la société québécoise. Ce n'est d'ailleurs qu'au début de la guerre de 1939 que j'entrepris des études universitaires que je devais poursuivre en France sitôt la paix revenue. Si cet ouvrage n'était qu'une autobiographie, je passerais tout de suite à cette période. Voulant plutôt analyser la société québécoise à partir des analyses que j'en ai faites et des réflexions qu'elles m'ont inspirées, je me permets de ne pas suivre l'ordre chronologique et de me demander, au moyen d'acquis plus tardifs, ce qu'était cette société au moment de la guerre et des années de contestation qui vont s'échelonner en gros de 1945 à 1960. Je ne veux pas le faire d'une façon exhaustive, mais simplement poser quelques hypothèses qui découlent de l'hégémonie de la religion et du clergé catholique pendant presque deux siècles d'isolement du peuple francophone du Québec. Et cela peut peut-être nous aider à mieux comprendre le dernier quart de siècle et peut-être aussi à supputer l'avenir du Québec.

Le Québec culturel en 1939

Il n'est peut-être pas inutile de dire que je n'entreprends pas de faire le procès du clergé ni de la religion catholique du Québec ni encore moins de le

blâmer indirectement pour l'avortement de la Révolution tranquille. Après tout, si nous sommes toujours
là comme peuple québécois, c'est surtout au clergé
que nous le devons. Qui nous dit que notre survivance
eût été possible sans cet isolement? Ce dernier comporte, d'autre part, la résignation devant ce qui est
considéré comme inévitable et développe des attitudes
qui conduisent à l'ambiguïté et à l'ambivalence devant
les gens et les choses. En somme, pour dire les choses
un peu plaisamment, j'essaierai de montrer avec
Flaubert que la résignation est la pire des vertus.

J'ai déjà dit plus haut que la reprise en main du
peuple québécois par le clergé, après la défaite des
Rébellions de 1837 et 1838 et de l'Acte d'Union qui
s'ensuivit, représente un rétrécissement tragique des
aspirations du peuple québécois. Au lieu d'être conçu
par ses élites comme une société qui aspire à l'indépendance nationale, c'est désormais une minorité
culturelle qui vise à la conservation; le temps privilégié, au lieu de se situer dans l'avenir, va retourner
dans un passé qui deviendra mythique avec les années
qui passeront. Ce retournement se fait pour justifier
l'existence d'un peuple qui veut garder une culture,
une langue et surtout une religion différentes de
celles que l'Empire britannique et ses représentants au
Canada voudraient lui voir acquérir; tout changement,
toute nouveauté est considérée comme une trahison
de la tradition, comme un piège qui cache l'assimilation.

Qui ne voit aussi que, devant les menaces objectives d'assimilation que représentent Durham et l'union

du Bas et du Haut Canada, la réaction catholique de Montréal en 1840-1841, telle qu'elle est décrite par le père Léon Pouliot, marque, dans le domaine des idées, des valeurs et de l'idéologie, un retour à la France d'Ancien Régime, à une société préindustrielle féodale et catholique; «notre maître le passé» va traîner toutes ces valeurs et ce temps privilégié qui ne peuvent être qu'en contradiction avec le gros de la population qui, lui, hélas! doit vivre le dur temps présent dans un milieu dominé, tant ethniquement que socio-économiquement. Même la classe des gens d'affaires francophones va commencer à s'allier et à collaborer avec les dominants anglophones pour lesquels le temps privilégié est l'avenir, ici-bas et au Québec; du côté francophone, l'élite vit dans un passé mystifié, un avenir céleste, le peuple dans le dur présent de la vie à gagner et les dominants étrangers dans un avenir à conquérir dès aujourd'hui en espèces sonnantes et trébuchantes. Voilà, en gros, comment la situation se présente au Québec au moment de la Deuxième Grande Guerre, dans un Québec encore aux prises avec la crise économique des années 1930. Ce n'est qu'au début de la guerre que Florentine Lacasse, de *Bonheur d'occasion,* se révoltera contre le mode de vie qu'a connu sa mère qui s'est, elle, résignée toute sa vie.

Avant d'essayer de comprendre ce qui va se passer pendant cette guerre et au cours de la période 1945-1960, celle de la contestation de l'idéologie de conservation et des élites traditionnelles qui ont été dominantes au Québec pendant presque deux siècles, je voudrais poser quelques hypothèses que nous examinerons pour tenter d'expliquer les événements des dernières décennies; je les énonce sans entrer dans les détails, quitte à le faire dans des cas historiques précis. La première hypothèse, que j'appellerai d'*harmonie généralisée,* se fonde sur ce qu'on nomme «la doctrine sociale de l'Église» qui prêche l'harmonie de la société et s'oppose à la lutte des classes. Hélène David, analysant dans *La grève et le bon Dieu* la grève d'Asbestos, écrit: «Le rôle des syndicats (selon l'Église québécoise) n'est pas de s'opposer aux employeurs mais de rechercher la concorde et l'harmonie entre le capital et le travail[2].» Les patrons et les ouvriers doivent collaborer à la réalisation de l'ordre voulu par Dieu et dans cet ordre sont compris l'État, les patrons et les ouvriers qui ont, chacun, des droits et des obligations. L'Église, elle, doit veiller à ce que tous soient justes les uns envers les autres; c'est un plaidoyer pour l'ordre établi, quelle que soit la nature de cet établissement. Le moins que l'on puisse dire c'est que cette doctrine sociale ne favorise pas une action ouvrière qui viserait à l'hégémonie des travailleurs mais assure celle des propriétaires des moyens de production parce qu'elle fait partie de l'ordre établi. Au point de vue moral, elle incite à la résignation: quand on est né pour un petit pain, on doit s'en contenter!

Si les dominants sociaux et économiques — les

---

2. *Sociologie et sociétés*, vol. 1, n° 2, novembre 1969, p. 260.

patrons, les propriétaires des moyens de production — ne doivent pas être combattus à cause de leur domination, il semble bien qu'ils ne doivent pas l'être non plus même s'ils forment une classe ethnique dominante, ce qui était généralement le cas au Québec et au Canada. Même s'il a fallu, à cause du nationalisme de droite d'une partie de la petite bourgeoisie qui gravitait autour de l'Église, que sa domination fût masquée par un roi-nègre bien québécois francophone! Hélène David souligne, toujours au sujet de la grève d'Asbestos de 1949: «Les capitaux étrangers (surtout américains) étaient attirés par des conditions d'opération extrêmement favorables telles que des taux de redevance très faibles, des privilèges fiscaux, des charges sociales faibles, un coût de la main-d'œuvre peu élevé...[3]» L'auteure parle de Duplessis dont l'Union Nationale règne de 1944 à 1960. Il est le dernier seigneur de la politique à s'appuyer sur les valeurs et les élites traditionnelles, et qui aura ainsi puissamment contribué à accentuer le décalage entre le passé qu'il voulait perpétuer et ce que le Québec était de plus en plus devenu: une société industrielle dominée. Son règne va se perpétuer jusqu'en 1960 et cet anachronisme expliquera — du moins c'est ce que nous posons en hypothèse — le caractère explosif et l'ampleur de la Révolution tranquille.

Si donc, d'après la doctrine sociale de l'Église, la

---

3. *Ibidem*, p. 258.

société, telle qu'elle se vit dans sa division en classes sociales doublée d'une division en classes ethniques, les dominants socio-économiques étant généralement non francophones, doit être considérée optimalement comme harmonieuse; cette vision n'est pas sans avoir d'abord des conséquences politiques: il ne doit pas y avoir de lutte entre ces classes puisque cette domination entre dans le plan divin. La conséquence de cette position peut être exprimée ainsi et de la façon la plus extrême: «Toute action est ainsi opposition à un adversaire... il n'est action qui ne soit opposition... selon Kojève, la négativité entendue en ce sens est l'essence même de la liberté[4].» Il se fait que la doctrine sociale de l'Église dont il est question ici est celle de l'Église québécoise dont le principe d'opposition est le péché, le Malin, et particulièrement le Malin sexuel; la liberté s'acquiert au niveau spirituel et non au niveau politique. La résignation devient une vertu, la pire des vertus, disait déjà Flaubert.

Hypothèse de la double ouverture

À partir de la première hypothèse que je viens de formuler sur l'état de la société et de la culture québécoises en 1939 et que j'ai appelée «l'harmonie généralisée», j'en formule une deuxième que je nomme «la double ouverture.» Si en effet il n'y a pas d'opposition, selon la doctrine sociale de l'Église, de l'Église

---

4.   Vincent Descombes, *Le Même et l'Autre*, Paris, Éd. de Minuit, 1979, p. 46.

catholique du Québec, très largement prédominante ici jusqu'à la Deuxième Grande guerre, entre les classes sociales et les classes ethniques, c'est donc qu'il existe une ouverture non seulement à l'intérieur de sa propre société et sa propre culture, mais aussi envers celles des autres. Je suis loin de penser que cette double ouverture soit exclusivement négative, mais dans le cas d'une minorité dominée, comme le Québec, elle donne lieu à des phénomènes assez troublants.

Si ce n'est qu'aujourd'hui que j'expose cette hypothèse, il y a fort longtemps que je m'intéresse à ce type de phénomène. Pendant une saison de terrain chez des Acadiens francophones du Nouveau-Brunswick, quelqu'un à qui je demandais où habitait un pêcheur me répondit ceci: «Emoyez-vous à la maison brown.» Avec un dialectologue de l'Université Laval qui m'accompagnait, nous déterminâmes, en notant la conversation que nous eûmes avec un vieux couple, que leur vocabulaire se composait à peu près également d'archaïsmes (dans ce cas-ci s'émoyer pour s'informer), de mots du français commun (maison) et d'anglicismes (brown). Alors que «brun» est aussi connu que «brown», pourquoi mon informateur employait-il «brown» au lieu de «brune»? J'en discutai, plus tard, avec un linguiste de l'Université de Montréal qui me fit part de sa théorie du «trou»; pour une raison ou pour une autre, si, à un moment donné, un mot de la langue maternelle vient à manquer, à se dérober, on emploie son équivalent dans une autre langue (que l'on connaît aussi). «Trou» étant une ouverture, j'adoptai ce dernier vocable et généralisai son emploi à des domaines autres que celui de la langue. L'hypothèse que j'avance maintenant pourrait s'exprimer ainsi: à cause de la double structure sociale et de la double culture (anglaise et française), on peut assez facilement passer de l'une à l'autre et retenir certains éléments des deux. Il me semble que le résultat de la participation des Québécois à cette double structure sociale et culturelle se traduit par l'ambiguïté et l'ambivalence parce qu'il n'y a pas d'opposition perçue entre des choix ou des aspects qui devraient ou pourraient s'exclure.

Si l'on parle d'ouverture, il peut s'agir de sortie et même d'exutoire. Il est à se demander si cette double structure dont nous venons de parler n'a pas eu cette fonction chez beaucoup de Québécois. Au plus haut niveau, celui de la société humaine et du ciel, l'au-delà a pu servir de moyen d'éviter de s'engager profondément dans les problèmes que pose la vie en société, un moyen d'éviter les ennuis de «la vallée de larmes»; on pouvait «se retirer du monde», s'occuper de son salut éternel et négliger ainsi d'affronter la vie terrestre et ses frustrations. Enfin, on pouvait certes aussi jouer sur les deux tableaux. Il est possible d'imaginer toutes sortes de variations sur ce thème.

En ce qui concerne l'État, les Québécois et les Québécoises sont assez gâtés, car là aussi il y a une double ouverture. Québec ou Ottawa ou les deux. Par exemple, si une organisation n'obtient pas ce qu'elle veut de l'État du Québec, elle peut aujourd'hui déchirer le fleurdelisé pour embrasser la feuille d'érable; le contraire peut arriver. Maintenir une sorte d'équilibre entre les deux a toujours été une manière de sport national.

Quant à l'appartenance à la classe sociale, surtout en ce qui a trait à la classe ouvrière, elle était minimisée en faveur de l'appartenance à toute la collectivité nationale francophone; c'est l'un des cas où la double ouverture n'a pas joué librement, car celle de l'appartenance et de l'ouverture envers la religion catholique et la langue française était plus ou moins imposée par l'idéologie dominante de conservation qui a primé jusqu'en 1939. D'autre part, on le sait, les classes ouvrières d'Europe continentale ont presque toujours été hégémoniques en ceci que, suivant généralement le schéma marxiste de la lutte des classes, elles ont aspiré à remplacer la bourgeoisie comme classe dominante, comme celle-ci avait pris le pas sur l'aristocratie et le clergé après la Révolution française. Or, dans la mesure où les syndicats québécois s'inspiraient plutôt de modèles anglo-saxons qui ne sont pas hégémoniques, ici, au contraire, l'ouverture vers les autres classes sociales s'exerçait, comme c'était le cas en Angleterre et presque toujours aux États-Unis.

Quant à la classe ethnique, à la culture et à la langue, il me semble que c'est surtout dans ces domaines que la double ouverture a joué. Il paraît évident qu'une classe ethnique dominée a tendance à imaginer toutes sortes de vertus à la classe ethnique dominante, d'où la propension à vouloir l'imiter ou à tout le moins à partager avec elle certains traits de caractère, de culture et de langue. D'autre part, il est évident que la cohabitation prolongée avec des ethnies étrangères qui dominent le continent, que la minorité anglophone du Québec partage avec elles, diffuse toutes sortes de traits de culture et de langue, même si l'ethnie dominée n'est pas volontairement partie prenante. Enfin, au Québec, a toujours existé chez certaines fractions de classe une double ouverture vers l'Amérique du Nord et vers l'Europe, la France particulièrement. Aujourd'hui encore, il semble bien que le gros de la population soit mieux disposé envers l'américanisation que ceux qui se nourrissent de culture française. Il n'est pas exclu que cet écart s'accroisse avec l'américanisation du Québec.

Le partage symbolique

Parmi tous les traits culturels que la minorité emprunte et finit par partager avec les dominants anglophones du Canada, j'ai tendance à isoler, à cause de sa grande efficacité, le partage des mêmes symboles par les dominés et les dominants. Je me propose de développer plus loin[5] ce sujet dont j'ai déjà dit quelques mots dans *Une saison à la Renardière* (L'Hexagone, 1988). Je soutiendrai que c'est là l'une des principales raisons pour lesquelles le gouvernement du Québec a perdu le référendum de 1980.

---

5.   Voir p. 299-301.

L'indigène, l'allogène et l'étranger

Enfin, en examinant ce qui s'est passé au Québec dans les dernières décennies, il faut tenir compte qu'avec la Deuxième Grande guerre débute une époque d'une plus grande ouverture au monde et qu'avec les années, ce qui se passe en dehors du Québec et même du Canada, aux États-Unis et ailleurs, va prendre de plus en plus d'importance. Cette situation n'est pas particulière au Québec puisque même les grandes puissances sont influencées par les mouvements éco- nomiques et technologiques relayés presque instan- tanément aux quatre coins de la Terre: c'est pourquoi la marge de manœuvre de petits pays comme le Québec devient de plus en plus mince. Ce qui se passe et ce qui se passera au Québec devient de plus en plus tributaire de ce qui arrive aux États-Unis et ailleurs. Même un grand pays de vieille civilisation comme la France subit de telles contraintes internationales; même sa politique intérieure en est grandement affectée.

Un autre facteur dont une analyse du Québec contemporain doit tenir compte, c'est celui qu'on peut appeler l'élément «allogène» dans la compo- sition de sa population; c'est le facteur noir et hispa- nique aux États-Unis et arabe en France; cette mixité ethnique et souvent religieuse que l'on observe dans plusieurs pays influence la vie publique et privée des pays qui la vivent, mais aussi la politique interna- tionale. C'est peut-être à cause des Haïtiens et des Chiliens qui vivent au Québec que nous devons plus conscients des problèmes que soulève la vie politique dans leur pays.

Pourquoi cet ouvrage?

À côté des livres qui décrivent ce qui s'est passé au Québec pendant les dernières décennies et dont certains sont assez exhaustifs, nos remarques sont beaucoup plus restreintes et pourraient se formuler de plusieurs façons. Pourquoi la Révolution tranquille a-t-elle échoué? Pourquoi le projet d'une société indépendante, distincte, fraternelle et juste est-il en train de devenir celui d'un petit État prospère, partie d'un Empire qui a amorcé son déclin? Quelle est la viabilité du Québec à long terme? Le Québec peut-il survivre comme région administrative du Canada? comme frontière est-nordique de l'Empire américain? Le Québec a-t-il plus de chance d'éviter l'américanisation complète s'il reste accroché au Canada?

1

LE QUÉBEC DANS LE SIÈCLE

Mode de vie et contestation 1939-1960

Le découpage historique est souvent arbitraire; souvent il se fonde sur des événements qui frappent l'imagination, mais dissimulent qu'ils ont été préparés par des séquences de plus longue durée qui ne se traduisent pas par une date précise, mais qui sont cumulatifs. C'est ainsi que si, analysant l'évolution des États-Unis, l'on se borne à examiner la succession des gouvernements républicains et démocrates comme le fait l'historien américain Arthur Schlesinger, on laisserait échapper une évolution sous-jacente qui conduit ultimement au déclin de l'Empire américain. Je crois que contrairement à ce qui se passe en économie et en politique, où les données sont chiffrables et datables, c'est dans le domaine de la culture, des mœurs, des «habitudes du cœur», comme disait Tocqueville, que les phénomènes sont cumulatifs et moins perceptibles. C'est ainsi que la Révolution tranquille n'est pas spontanée, mais est un aboutissement. De même deux événements de l'après-Deuxième Guerre, *Le Refus Global* de Borduas, publié en 1948, et la grève d'Asbestos de 1949, s'expliquent aussi par certains changements survenus pendant la guerre.

Si l'on examine le Québec jusqu'en 1939, on constate que l'idéologie dominante, qui est celle des élites traditionnelles gravitant autour de l'Église, s'est systématisée en même temps qu'elle s'est détachée de la vie réelle des Québécois; cette idéologie, comme la religion, est devenue inopérante dans la mesure où les deux sont devenues des espèces de rituels et qu'ils informent de moins en moins le vécu difficile des Québécois particulièrement pendant la grande crise économique des années 1930. Déjà un mouvement réformiste, l'Action Libérale Nationale, veut rompre avec certaines institutions et pratiques traditionnelles, mais Duplessis réussit à accaparer le mouvement et à trahir certains éléments de politique social-démocrate prônés par l'ALN. Déjà à la fin des années 1930, malgré l'Église et Duplessis, quelques protestations vont s'élever, mais sans grande résonnance. Jusqu'à la Deuxième Grande Guerre, Duplessis et les élites traditionnelles vont réussir à s'accrocher à une idéologie de conservation, définie au milieu du XIXe siècle; ils continuent leur lutte jusqu'en 1960. En somme, ce qui s'est passé longtemps au Québec c'est que, bien que la société soit devenue de plus en plus industrialisée et de plus en plus urbanisée, les définisseurs de situation traditionnels ont continué de privilégier le type de société préindustriel et de prêcher des valeurs compatibles avec ce mode de vie. Le drame pour l'ensemble du peuple québécois, c'est qu'il devenait de plus en plus mal préparé, spirituellement, économiquement et même technologiquement pour affronter la vie industrielle et, pendant longtemps, pour combattre efficacement les éléments non francophones qui géraient l'économie, la finance et le commerce.

Assez curieusement, c'est au moment où l'idéologie traditionnelle est la plus systématisée et la mieux exposée, par exemple, dans *Le citoyen canadien-français* d'Esdras Minville, publié en deux volumes en 1946, qu'elle est la plus éloignée de la réalité vécue et qu'elle devra subir les assauts d'une partie importante de l'intelligentsia québécoise. Tout se passe comme si les arbres qui allaient mourir bientôt fournissaient leurs plus beaux fruits avant que des vents mauvais et la froidure les abattent.

La guerre qui bouleverse (1939-1945)

Les quelques brèves années de la Deuxième Grande Guerre vont amorcer des changements qui se répercuteront pendant les décennies suivantes et qui expliquent en grande partie le Québec contemporain. Ici, la thèse qui soutient que ce sont les changements dans les forces de production, leurs modalités et leur concentration dans l'espace, qui précèdent les changements dans les valeurs et les idéologies, prend sa part de vérité. Voici, rapportés par deux économistes, les éléments les plus importants de cette transformation: «En un siècle, de 1839 à 1939, l'emploi dans les industries manufacturières n'a augmenté que d'un peu plus de 200 000 personnes. Mais il faut ajouter que le Québec a vu ses effectifs industriels s'accroître d'un nombre aussi élevé durant la courte période 1939-1950. Le rythme de la croissance industrielle pendant ces dernières années a été dix fois plus rapide qu'il l'avait été durant les années précédentes et plus rapide que celui de la croissance industrielle dans l'ensemble du Canada[1].» Quelles que soient les raisons strictement économiques qui expliquent ces phénomènes — telle que celle du déplacement économique continental —, les résultats sont les mêmes: urbanisation et industrialisation accélérées pour un peuple qui devait, selon l'idéologie dominante, vivre d'agriculture et donc hors des villes. Ces mouvements de la campagne vers la ville, d'une ampleur sans précédent, viennent mettre fin aux traditionnels «retours à la terre» qui avaient été la réponse aux crises dont souffrait périodiquement le Québec. Dans la décennie 1930, plusieurs paroisses avaient été ouvertes dans des régions excentriques pour contrer le chômage et la misère. Il était bien connu alors des curés que les citadins avaient beaucoup plus de mal à gagner le Royaume des cieux que les habitants qui vivaient une vie saine. Ainsi prêchait, par exemple, le curé de Saint-Denis de Kamouraska en 1937. Il était aussi d'opinion courante que si les Québécois venaient en ville, c'était moins pour travailler et gagner maigrement leur vie que pour se divertir et se débaucher. La lettre pastorale de 1944 reprend ces idées.

Ce qu'il faut souligner ici, ce n'est pas tant l'urbanisation et l'industrialisation du Québec qui avaient

---

1.   A. Faucher et M. Lamontagne, *L'histoire du développement industriel du Québec, Essais sur le Québec contemporain*, Québec, PUL, 1953, p. 23-52.

commencé bien avant, mais, en l'espace de quelques années, l'accélération de ces phénomènes. Et l'Église catholique qui, dans son ensemble, ne voyait de survie et de survivance pour le peuple québécois que dans la paroisse rurale qu'elle avait appris à régenter pendant au moins le dernier siècle, s'est vu imposer des changements auxquels elle avait résisté jusqu'ici. Le brassage de population qui s'opéra pendant la Deuxième Grande Guerre fut le commencement du déclin de l'Église et la condition de la contestation de l'idéologie des élites traditionnelles. Il faut aussi noter que, dès 1939, Duplessis fut mis au rancart, que le chômage se résorba lentement et que toutes sortes d'actions furent entreprises sous le couvert de «l'effort de guerre». C'est ainsi qu'Ottawa put arrêter le maire de Montréal, sans grandes protestations, tant les gens s'affairaient à profiter de la prospérité revenue.

Des contradictions qui s'accentuent

Le Québec était devenu en 1945 une société industrialisée et urbaine, mais ses contradictions s'étaient accentuées. Duplessis, le conservateur catholique et autonomiste — le roi-nègre par excellence — était revenu au pouvoir en 1944; l'Église catholique, avec sa mentalité d'Ancien Régime, continuait de dominer, par sa religion et ses valeurs, le système d'éducation ainsi que plusieurs institutions intellectuelles et spirituelles. Comme on le disait alors, le pouvoir était tripartite: le politique à Duplessis, la religion à l'Église, l'économie aux anglophones.

Après la guerre, tout s'est passé comme si de nouvelles fractions de classe issues de la guerre avaient décidé de réformer leur propre société avant de s'attaquer aux problèmes de la domination étrangère de leur pays du point de vue politique et économique. C'est ainsi que de l'immédiate après-guerre à 1960, les combats des nouveaux contestataires seront surtout dirigés contre Duplessis, les élites traditionnelles et l'idéologie de conservation. Le brassage de population intervenu pendant la guerre avait créé toutes sortes de spécialistes qui n'étaient pas à l'aise avec la domination clérico-petite-bourgeoisie, devenue un frein au développement du Québec. Cette domination durait depuis si longtemps qu'il faudra une quinzaine d'années pour remporter la première victoire décisive.

Deux phénomènes, la grève d'Asbestos et le manifeste *Le refus global* de Borduas de 1947 et 1948, symbolisent les premiers coups de canon de cette lutte contre l'ordre traditionnel; ces deux événements devaient avoir un effet certain jusqu'à aujourd'hui, devaient alimenter les contestations jusqu'en 1960 et nourrir la Révolution tranquille. Fait à souligner: si ces deux événements touchaient des milieux en apparence éloignés les uns des autres — travail, politique et religieux à Asbestos, artistique et intellectuel chez Borduas — les leaders des deux mouvements partageaient le même objectif: briser le monolithisme de la société traditionnelle. Jusqu'en 1960, on verra une grande unanimité des opposants, de ceux qui feront dire «feu l'unanimité» à des catholiques dits progressistes à l'orée des années 1960. C'est au tout début de cette Révolution tranquille que cette unanimité des opposants à Duplessis et au cléricalisme va éclater.

Une unanimité négative

Il est des intellectuels qui aujourd'hui éprouvent une certaine nostalgie envers cette unanimité des intellectuels des années 1950. Si je n'en suis pas nostalgique, je crois quand même qu'elle s'imposait et qu'elle s'explique. À cette époque, excepté ceux qui profitaient et participaient directement au césaro-cléricalisme du régime Duplessis, il n'est personne parmi ceux qui s'intéressaient aux problèmes de société qui l'approuvait. L'unanimité qui existe dans l'intelligentsia «québécoise» se réalise *contre* un régime politique, *contre* un catholicisme racorni et ritualiste plutôt qu'en faveur d'une autre vision de la société. À la fin des années 1950, certains pensaient déjà à l'indépendance du Québec, au socialisme ou à la social-démocratie. J'étais plutôt de ceux de la majorité des opposants qui pensaient qu'il fallait d'abord battre Duplessis aux élections, car, disais-je alors, «chaque minute, chaque seconde qu'il reste au pouvoir, il empêche la modernisation du Québec».

Un anti-duplessiste en exil

Revenu de Paris en 1947, devenu socialiste sous Blum et m'étant lié d'amitié avec quelques étudiants dont le séjour à Paris a avivé la contestation des pouvoirs traditionnels au Québec, je n'y ai point de place;

l'anthropologie n'y est pas enseignée et doit faire un peu peur. Je passe toutes ces années d'après-guerre à Ottawa, refuge alors des opposants au régime. Féru de sociologie française et d'anthropologie culturelle américaine, je me définis pendant quelques années comme un savant qui laisse aux autres le soin de mener des luttes plus engagées. Lorsqu'en 1956, je gagne la médaille Pariseau, je n'ai que trente-sept ans et me demande, en riant, ce que je ferai jusqu'à la retraite puisque j'ai déjà gagné la plus haute distinction québécoise de l'Association pour l'avancement des sciences. C'est probablement vers ce moment-là que je décide de m'engager plus avant dans des combats de libération nationale. Il faudra attendre la défaite de l'Union Nationale, en 1960, pour que je puisse rentrer au Québec.

La conjoncture et les habitudes du cœur

On pourrait dire, d'une part, que tout à changé en regardant le chemin parcouru par le Québec et ses ressortissants entre 1940 et 1960. Bien sûr, le chômage s'est résorbé, les industries se sont développées et les villes sont de plus en plus peuplées. Les élites de l'idéologie traditionnelle ont été de plus en plus contestées et, après la mort de Duplessis en 1959, vont être vaincues de justesse le 20 juin 1960. Ce qui n'a pas ou peu changé, ce sont la double ouverture, l'harmonie générale et les symboles partagés avec le Canada et quelques-uns, dont je parlerai, avec les États-Unis.

Si nous appelons période de contestation celle qui s'est déroulée, au Québec, entre 1945 et 1960, nous nous apercevrons qu'elle se doublait d'un combat politique entre les libéraux fédéraux et les partisans de Duplessis. Cette lutte prenait origine dans la double structure politique du Québec et du Canada et ne pouvait pas, à bien des égards, ne pas se confondre avec celle que livrait, à l'intérieur du Québec, la nouvelle intelligentsia, née de la guerre, contre les conservateurs provinciaux (Union Nationale de Duplessis). Or, il était de bonne guerre que les fédéraux aident les anti-duplessistes, selon le principe que les ennemis de nos ennemis sont nos amis. Il n'est évidemment pas certain qu'il y eût, entre les deux, ententes idéologique et politique, mais chacun en profitait à sa manière. On dit bien — et c'était vraisemblable — qu'il y eut dans certains comtés québécois des pactes de non-agression entre fédéraux et provinciaux, ce qui n'empêchait pas l'aide des libéraux à certains ténors de l'intelligentsia anti-duplessiste. Comme les tribunes publiques que ne régentait pas Duplessis — les universités comprises — étaient rares au Québec, certains opposants de son régime et de l'idéologie traditionnelle utilisaient, par exemple, Radio-Canada, l'ONF et l'ICAP (Institut canadien des affaires publiques) dirigés et subventionnés par les fédéraux.

C'est un art que je pratiquai moi-même. Bien que votant social-démocrate à Ottawa, je profitais des institutions fédérales dominées par les libéraux pour combattre Duplessis. Ce que continuèrent, même après la victoire des conservateurs fédéraux de Diefen-

baker en 1958, la plupart des fonctionnaires pour-
suivant les mêmes politiques libérales, les conservateurs n'y voyant que du feu.

Est-ce cette double ouverture vécue qui va inspirer
l'ébauche de l'idéologie de rattrapage qui deviendra
celle des vainqueurs du parti de Duplessis en 1960?
Deux de ses vedettes étaient Jean Lesage et Georges-
Émile Lapalme, anciens députés libéraux à Ottawa.
Notons, d'autre part, que les trois colombes, Trudeau,
Marchand, Pelletier, qui émigrèrent de Québec à
Ottawa étaient trois anti-duplessistes notoires qui se
sont manifestés très souvent dans les institutions culturelles fédérales au cours des années 1950. Depuis peu,
ce jeu du chiné joue contre les libéraux fédéraux.
C'est un jeu passionnant auquel il faudra continuer de
s'intéresser, car on la pratique avec ardeur dans les
années 1980.

Il va sans dire que dans ce chassé-croisé fédéral-
provincial, Québécois et Canadiens continuent à partager des symboles communs; mieux, même les mouvements contestataires les renforcent et les rendent
plus indestructibles encore. Le jeu de bascule entre les
pouvoirs provinciaux et fédéral renforcent sinon les
liens réels, du moins les symboles qui rattachent au
Canada ceux qui habitent au nord des États-Unis.
Peut-être Mulroney, avec son libre-échange, va-t-il remplacer le symbolisme canadien par l'aigle américain;
en 1960, ceux qui prennent le pouvoir à Québec ont
développé contre Duplessis, l'idéologie et les élites
traditionnelles, l'idée qu'à cause des idées et des
fractions de classes sociales qu'ils combattent, le Qué-

bec a pris du retard sur le Canada et les États-Unis, retard qu'il faut rattraper dare-dare. Ce qui est loin de marquer une rupture avec les symboles qui rattachent le Québec au Canada, mais qui accroît cette dépendance. En termes plus électoraux, l'équipe qui bat de justesse l'Union Nationale, en 1960, s'est donnée pour mission de «moderniser» le Québec. Une question qu'il faudra garder à l'esprit et qui vaut autant pour le Québec que pour d'autres pays est celle-ci: dans la seconde moitié du vingtième siècle, pouvait-on se moderniser sans s'américaniser?

Et l'harmonie généralisée?

Il semble bien, de prime abord, que de tous les legs de la pratique et de l'enseignement de l'Église catholique au Québec, c'est celui de l'harmonie générale qui est le plus mal en point. Les luttes qui se sont déroulées au Québec de 1945 à 1960, entre une certaine droite et une certaine gauche, battent en brèche cette harmonie où tous collaborent à la réalisation du plan divin. Si, d'une part, cette période concourt à discréditer durablement une collusion certaine de l'Église et du conservatisme tous azimuts, l'idéologie de rattrapage, qui deviendra vite dominante, va s'évertuer à rétablir et à renforcer des dépendances menacées de se dissoudre. L'harmonie générale sera restaurée quand des soi-disant gauchistes des années 1950 seront bientôt devenus députés, ministres, sénateurs et même premier ministre chez les fédéraux. Ils devraient tous mourir en odeur de sainteté.

Classe sociale et ethnie

Une des ambiguïtés de la période 1945-1960 qui tient à la fois à la nature du Québec, du Canada et du reste de l'Amérique du Nord et à la fois aux luttes politiques, c'est le fait que, d'une part, le gros des francophones appartiennent à des classes sociales laborieuses et dominées à l'intérieur du Québec et que, d'autre part, les francophones du Québec forment une classe ethnique dominée à l'intérieur du Canada et de l'Amérique du Nord. Avant 1960 — on verra ce qui arrivera après — ce clivage ne recouvre pas celui de la droite et de la gauche de ces années-là. Duplessis ne semble pas se soucier de défendre la classe ouvrière, en grande majorité francophone — on le verra faire tabasser des ouvriers, notamment à Louiseville, à Asbestos, à Murdochville, pour écraser les syndicats qu'il accuse de communisme. D'autre part, loin de se battre contre la domination économique du Québec par les anglophones du continent, il l'encourage. «L'exemple le plus connu, parce qu'il avait fait scandale à l'époque, est celui des gisements de minerai de fer du Nouveau-Québec dont l'exploitation avait été accordée à des entreprises américaines d'acier; alors que ces sociétés versaient au gouvernement québécois un cent par tonne de minerai extrait, le gouvernement de la province voisine percevait 33 cents la tonne pour l'exploitation de gisements identiques au Labrador[2].» Ce qui illustre bien le fait que

---

2.   Hélène David, *ibidem*, p. 258, note 18.

Duplessis était un roi-nègre qui voulait contrôler politiquement la colonie québécoise sans se soucier des revendications de la classe ouvrière ni de ceux qui déjà dénonçaient la domination économique et financière du Québec par des intérêts étrangers.

D'autre part, les francophones qui depuis la fin de la Deuxième Grande guerre — plus particulièrement depuis Borduas et Asbestos — combattaient Duplessis et sa clientèle cléricale, rurale et traditionnelle, s'allièrent avec une partie de l'intelligentsia anglophone du Québec — que l'on pense aux plus connus, Norman Bethune et Frank Scott, par exemple, pour combattre Duplessis. Les combats de cette période qui n'avaient pas pour enjeu ce qu'on appellera plus tard «la libération nationale» du Québec, se livreront entre des forces qui se clivent en fonction de ce qu'ailleurs on nomme la gauche et la droite; il faut ajouter que la droite utilisait la démagogie anticommuniste et la manipulation du processus électoral qui, entre autres injustices, minimise l'importance des grandes villes, au profit des comtés ruraux.

Le printemps du Québec

Pour ceux qui ont vécu la Révolution tranquille, le 20 juin 1960 représente plus qu'une date importante dans l'histoire du Québec; c'était le surgissement d'un espoir immense qui, bien sûr, touchait le Québec au premier chef, mais aussi l'ensemble du monde. Pour l'anthropologue que j'étais et qui s'intéressait à la condition humaine, je n'hésite pas à dire que ce fut le plus beau jour de ma vie. Plus beau que le 15 novembre 1976 parce que le désir de changer cette condition québécoise et humaine n'avait pas encore été émoussé par la dure réalité des choses. L'arrivée au pouvoir du Parti québécois représentait déjà la réalisation d'un désir, réalisation déjà empreinte de déception et de compromis. 1976 représentait un peu la fin de l'innocence, la fin de la morale de conviction et le début de la morale de responsabilité. Et le mélange des deux morales peut finir dans «le beau risque du fédéralisme». La victoire des anti-duplessistes, en 1960, celle qui marquait le début de la dite Révolution tranquille, n'avait pas encore de taches sur les mains; c'est aussi en cela qu'elle était tranquille; elle avait été acquise démocratiquement, contre l'Union Nationale, un parti dont les mœurs électorales avaient été dénoncées par deux abbés, Dion et O'Neil (*Le chrétien et les élections*) en 1956, quatre ans seulement avant 1960.

Quelques jours dans la vie d'un gauchiste

Chacune des Québécoises et chacun des Québécois qui a participé, d'une façon ou d'une autre, à la campagne électorale de 1960, l'a vécue différemment, selon son option politique et idéologique. Pour plusieurs, la défaite de l'Union Nationale, le 20 juin 1960, a marqué la fin d'une époque et la promesse d'une ère de libération dont la nature était loin d'être clairement définie. Si presque toute l'intelligentsia québécoise avait combattu *contre* tout ce que Duplessis représentait à ses yeux, ses membres étaient loin de s'entendre entre eux sur ce qu'ils désiraient pour la suite du Québec. Pour éclairer ceux qui liront le bilan que j'essaie de faire de ces trois décennies et pour éviter les malentendus, je veux raconter les quelques jours que j'ai vécus autour de ce 20 juin 1960.

Je dois d'abord dire que je ne votai pas à cette élection ni à aucune des autres qui l'ont précédée, puisque habitant Ottawa je n'avais pas le droit de vote au Québec. Aux élections canadiennes, je votais pour la CCF et puis le NPD, car comme je l'ai dit plus haut, j'étais devenu socialiste en France dans l'immédiate après-guerre. En 1956, c'est au Québec, en compagnie des électeurs du village que j'étudiais alors à titre d'anthropologue, que j'allai aux assemblées politiques; la CCF, que personne ne connaissait et dont personne ne parlait, était devenue «le parti de monsieur Rioux»; «ça a bien du sens» était la réponse de ceux à qui j'en parlais. C'était un accord tout théorique, puisque le parti n'était pas représenté en Gaspésie et que moi-même n'avais pas le droit de vote au Québec. À cette élection, Duplessis remporta une autre grande victoire, gagnant 73 sièges et les libéraux de Lapalme 19.

En 1960, je n'étais plus fonctionnaire, j'enseignais à l'Université Carleton d'Ottawa et les choses se présentaient mieux. Duplessis était mort l'année précédente; Sauvé, son successeur, était disparu au début de janvier de 1960, le nouveau chef libéral, Jean Lesage, ancien ministre fédéral, était plus charismatique et meilleur orateur que Lapalme et avait attiré, pour l'épauler, une «équipe du tonnerre». J'essayai d'amener avec moi mes amis libéraux d'Ottawa pour suivre les derniers jours de la campagne et surtout pour écouter et observer le résultat des élections, à Québec même. Les victoires successives de Duplessis en 1944, 1948, 1952 et 1956 avaient jeté une douche d'eau froide sur les espoirs de victoire de plusieurs. Maurice Lamontagne, l'un des plus prestigieux libéraux du Québec à Ottawa, me dit à la fin: «Descends à Québec, fais ton enquête personnelle et si tu crois que les libéraux vont gagner, télégraphie-moi et je te rejoindrai à Québec avec les amis.» Je me rendis compte qu'il me manifestait beaucoup de confiance et décidai d'apporter le plus grand soin à ce sondage.

Arrivé à Québec, j'alertai quelques collègues et amis de la faculté des Sciences sociales et nous examinâmes de près la situation électorale dans la région de Québec. Nous décidâmes que c'est dans Charlevoix (oui! déjà en 1960, 28 ans avant Mulroney) que nous irions faire un tour. Ce comté était détenu par l'Union Nationale et représenté depuis plusieurs années par un député qui n'avait pas trop mauvaise réputation. Nous nous disions que si ce député d'un comté sûr nous apparaissait en difficulté, le Québec basculerait dans les mains des libéraux.

Nous n'avions que très peu de temps et il fallait inventer un type de sondage éclair qui eût un semblant de validité: ce fut «le sondage à la volée». C'est Baie-Saint-Paul, petite ville de ce comté rural, qui fut choisie comme cible de notre expérience. C'était en juin, par beau temps, et il y avait en cette période d'élection passablement de gens dans les rues. Nous partîmes donc à quatre dans la voiture avec laquelle j'étais venu d'Ottawa. Voici le type de sondage que nous avions imaginé: la voiture longerait le trottoir et j'interpellerais les piétons; les autres noteraient soigneusement leurs réactions. Mon interpellation devait toujours être la même et répétée sur le même ton et avec la même mimique. Quelques mots pour expliquer notre choix: le slogan libéral de cette élection était: «Il faut que ça change.» Les duplessistes, constatant le succès de cette formule, rétorquèrent par la formule: «ça a déjà changé»; ils commettaient ainsi une erreur puisque les mots changer et changement étaient déjà identifiés aux libéraux: or, nous avions décidé de jouer sur cette ambiguïté. Nous avions posé en hypothèse que si je disais aux passants, de ma voiture qui longeait le trottoir, «il faut que ça change», les libéraux acquiesceraient de tout cœur et les duplessistes hésiteraient à le faire; ceux qui hésiteraient seraient classés duplessistes, et ceux qui accepteraient d'emblée le slogan seraient tenus pour des libéraux. Je ne me souviens pas du nombre des sondés, mais je sais qu'après avoir fait le compte des réactions, les libéraux l'emportaient. Je télégraphiai à Lamontagne qui descendit à Québec avec quelques amis le soir de l'élection. (Je crois me rappeler que les petits villages et les rangs sauvèrent *in extremis* le député unioniste de Charlevoix, qui se retrouva dans l'opposition.)

Donc, le soir du 20 juin 1960, nous sommes rivés, dans la maison d'un collègue de Laval, à cette télévision, cette invention récente qui va bientôt proclamer la fin d'un régime; elle annonce même que Duplessis, le comté, est tombé aux mains des libéraux. Quel symbole de victoire pour les anti-duplessistes que nous sommes et qui attendons la bonne nouvelle depuis tant d'années. Aussitôt qu'on annonce par extrapolation statistique la victoire libérale, je me souviens d'avoir dit à des étudiants et à des amis qu'aussitôt que j'apprendrais la défaite de Duplessis, à la seconde même, je redeviendrais le socialiste que j'étais devenu en France depuis 1947, cessant ainsi d'appuyer les libéraux. Prétextant que mon fils, qui avait fait une indigestion dans la soirée, requérait mes soins, je m'excusai de ne pas suivre mes amis qui s'en allaient «triompher» chez Lesage dont la résidence n'était pas très loin. Mon fils dormant au sous-sol, je restai seul au salon et savourai cette journée. Un ami téléphona et me demanda si je n'étais pas redevenu socialiste. Il me demanda s'il pouvait quand même venir me voir avec deux ou trois amis pour finir la soirée. Ils apporteraient moult libations pour célébrer ce jour mémorable. Tout étant clair, j'acceptai avec empressement.

Je repartis le lendemain, avec mon fils, pour rendre visite à ma mère dans le Bas-du-Fleuve. En passant par Trois-Pistoles, je vis mon oncle Désiré qui pérorait à la porte de son magasin devant de chauds libéraux. J'arrêtai et m'approchai de l'oncle. Il me présenta à la ronde, comme son neveu, le gauchiste, que l'historien Robert Rumilly avait dénoncé à la radio pendant la campagne électorale. Tout le monde me serra ardemment la main. Heureusement, personne ne me demanda ce que «gauchiste» voulait dire. L'euphorie de la victoire élargissait grandement la famille.

Le réveil de la Belle (province) au bois dormant

Si le 20 juin 1960, une majorité de Québécois et de Québécoises avaient indiqué par leur vote qu'ils ne voulaient plus de Duplessis, cette majorité semblait encore voir dans cette élection une élection comme les autres, c'est-à-dire une décision par laquelle les «rouges» reprennent le pouvoir sur les «bleus». Si, avant cette élection, étaient apparus des groupuscules qui prônaient l'indépendance du Québec, le socialisme ou même le communisme, tout semble s'être passé comme si pour la grande majorité des électeurs il fallait d'abord rejoindre le siècle, avant de continuer à s'interroger sur l'avenir du Québec. Pour la première fois peut-être de leur histoire, les Québécois allaient se poser les mêmes questions que beaucoup d'autres pays s'étaient déjà posées et se posaient encore. En 1968, je publiai dans la *Revue de l'Institut de sociologie de Bruxelles*, un essai intitulé «Sur l'évolution des idéologies au Québec», pour essayer d'expliquer les «grands choix de société» auxquels adhéraient les habitants du Québec; c'était l'époque où cette expression avait encore un sens; maintenant les choix se font plutôt par rapport à l'individu que chacun veut devenir dans une société de marchandise et de spectacle que presque personne ne remet en cause. J'y parlais d'idéologies de conservation, de rattrapage et de participation (je remplaçai ce dernier mot par celui de «dépassement» en 1969). Aujourd'hui, le mot «idéologie» est devenu un gros mot: même l'ancien PSU (Parti socialiste unifié) Michel Rocard, devenu premier ministre du gouvernement français, déclare: «Le temps des idéologies est fini.» (*Le Monde*, 4-5 septembre 1988) Ne voulant choquer personne, j'essaierai d'expliquer en d'autres termes quelle sorte d'avenir désiraient, pour le Québec, certains groupes de la société au tout début de la Révolution tranquille. Tout en me rendant compte qu'aujourd'hui il n'y a plus aucun suspense dans ce que je décris, car nous savons tous qui l'a emporté, je voudrais simplement dire qu'il y a plus d'un quart de siècle, les choses étaient loin d'être aussi évidentes. Il faut aussi éviter d'être piégé par les mots: conservateur, libéral, social-démocrate et socialiste existent encore dans notre vocabulaire politique, mais ils n'avaient pas le même sens il y a deux ou trois décennies. C'est que, depuis, nous avons inventé le jeu du chiné où tous les chats sont gris. Allez donc savoir, par exemple, ce que pense et veut un ancien péquiste devenu d'un bleu qui tire sur le rouge!

Si, aujourd'hui, dans la plupart des pays industrialisés d'Occident qu'on affuble de toutes sortes d'épithètes — post-industriels, post-modernes ou que sais-je? — comme pour faire oublier qu'ils sont capitalistes et soumis de part en part à la raison économique, les candidats au pouvoir se présentent comme des gestionnaires qui seront plus rigoureux que leur adversaires, il n'en était pas ainsi au début des années 1960.

Des groupes que l'on pouvait assez facilement identifier avaient des idées différentes sur ce que leur société pourrait être et, pour certains, sur ce qu'il fallait qu'elle devienne. La société n'était pas encore une très grande entreprise qu'il fallait bien administrer, mais un ensemble d'humains qu'il fallait soustraire à l'injustice, à l'oppression, à la domination et acheminer vers plus de liberté, d'égalité et de fraternité. La politique n'était pas un jeu de chiné, mais une démarche que guidait un idéal, qui s'exprimait en termes de morale plutôt que d'économie et d'administration.

Avant de décrire ces groupes qui vont commencer de s'affronter tout au long de ces années, il me faut faire état de certaines questions que l'on se posa vite au sujet de la Révolution tranquille. L'une des premières questions que formulaient des observateurs étrangers tournait autour de ceci: comment expliquer l'ampleur et la soudaineté de la remise en question de l'ensemble de la société québécoise? En d'autres termes, pourquoi un peuple qui semblait s'être résigné au conservatisme le plus étroit, et ce pendant plus d'un siècle, peut-il tout à coup poser toutes les questions à la fois et voir naître dans presque toutes ses couches des positions de plus en plus contestataires de l'ordre ancien? Nous savons aujourd'hui répondre à ces questions un peu mieux que jadis.

Même si l'on ne prend en compte que le Québec lui-même, il apparaît bien qu'au milieu des années 1930, une bonne partie de la population aurait été prête à changer de cap et à se donner des institutions qui eussent mieux correspondu à ce que la société québécoise était devenue; Duplessis et l'Église confisquèrent à leur profit les changements que, par exemple, l'Action Libérale Nationale de Paul Gouin préconisait. Ce qui explique en partie que, Duplessis disparu, l'Église qui avait lié consciemment ou non son sort au sien perdit vite de son ascendant.

Il faut aussi ajouter que ce que j'ai nommé l'idéologie de conservation était devenue tellement éloignée des préoccupations quotidiennes du gros de la population, tellement irréelle, qu'elle ne résista pas longtemps à d'autres conceptions de la société québécoise, fondées qu'elles étaient sur le type de société qu'elle était devenue: une société industrialisée et urbaine, dominée par des intérêts et des idées étrangères. Aux nouvelles idées qui fusaient de toutes parts le gros de la population n'avait pas d'arme pour répondre. Même le tout nouveau premier ministre, Jean Lesage, lui qui se croyait «en possession tranquille de la vérité», embarqua de plus en plus, et de différentes façons, dans ce qui n'était pas une victoire électorale comme les autres, mais une révolution tranquille qui se propagea à grande allure. Donnant, par exemple, un cours sur le marxisme, auquel assistaient maints gens d'Église, je me disais toujours qu'ils le rejetteraient et me rabroueraient vite; non, ils en redemandaient.

Il est évident que les conditions qui prévalaient au début de la Révolution auront des conséquences que je tenterai d'expliquer en partie à l'aide des hypothèses émises plus haut: double ouverture, har-

monie générale et symbolisme diffus. Très vite, la
question du Québec va se poser à deux niveaux: celui
du type idéal de société à bâtir et celui de la libération
nationale. Il n'est pas sûr que ce n'est pas sur la
difficile conjonction de ces deux points de vue que
bien des espoirs se sont brisés.

Les trois grands choix de société

Depuis le milieu du XIXe siècle, la défense et la conservation du patrimoine catholique et français de
l'héritage québécois étaient acceptées par tous ceux
qui s'arrogeaient le droit de définir les buts que la
minorité canadienne-française devait se donner. En
pratique, il s'agissait pour la grande majorité de
survivre dans une nature difficile et dans un continent
que d'autres dominaient. Dans ce conservatisme, il y
avait des nuances sur les moyens pour parvenir à
préserver l'héritage, entre les fractions de classe qui
bénéficiaient de cet état de choses et les autres qui
étaient durement exploitées, mais l'essentiel était la
survivance; certains s'engraissaient et d'autres vivo-
taient sur leur «petite terre de roche» et de la pitance
qu'un nombre sans cesse croissant recevait dans les
usines. Au pays de Québec, rien ne devait changer!
Duplessis et l'Église assurèrent ainsi leur domination
pendant le quart de siècle qui précéda la Révolution
tranquille.

Après quinze ans de contestations, les libéraux
réussirent, Duplessis étant mort en 1959, à gagner de
justesse l'élection du 20 juin 1960. Leur programme

était centré sur la modernisation du Québec, beaucoup ayant constaté que le pays avait pris un grand
retard sur le reste de l'Amérique du Nord, le Canada
en particulier; plusieurs d'entre eux ayant œuvré au
Parlement du Canada, c'est pourquoi j'appelai «rattrapage» ce choix de société qui était sous-jacent au
programme du parti libéral et à la vigoureuse campagne électorale qu'il lança contre les conservateurs de
tout poil rassemblés dans l'Union Nationale. Cette
élection de 1960 marque, à plusieurs point de vue,
une rupture historique très importante; et les commentateurs et les observateurs n'ont pas eu tort d'y
voir le début d'une révolution... tranquille. C'est le
début d'une cassure avec un passé dominé par une
religion et une philosophie sclérosées, un clergé et
une petite bourgeoisie professionnelle dont les intérêts de classe reposaient sur la domination qu'ils exerçaient sur l'ensemble de la population et le prestige
qu'ils s'étaient ainsi acquis. Cette élection, l'une des
seules qui au Québec fait le partage entre une droite,
fondée sur les traditions, la religion et la domination
d'une classe intellectuelle et spirituelle, et une gauche
qui veut changer la vie, moderniser et rattraper les
autres démocraties nord-américaines.

La troisième grande idéologie qui se développe à
partir de 1960 n'est pas représentée dans ce qui allait
bientôt devenir l'«Assemblée nationale du Québec»,
mais elle est diffuse chez certains libéraux de cette
cuvée électorale et même chez certains conservateurs
de l'Union Nationale. Ce sont surtout les tendances
social-démocrates de certains libéraux qui vont les

attirer vers ce que j'ai nommé l'idéologie de «dépassement» et ce sont plutôt les options nationalistes qui vont y attirer certains conservateurs. À partir de ce moment, le paysage idéologique du Québec va devenir plus complexe puisque deux grands thèmes vont émerger: la question sociale et la question nationale. Les formations politiques traditionnelles vont se diviser sur ces questions; ceux qui adhéreront à la nouvelle idéologie de dépassement — à l'état diffus avant 1960 — vont devoir affronter en permanence ces deux thèmes et souvent se diviser là-dessus. Avant de discuter plus en détail de cette idéologie — dans ses deux volets principaux, social et national, elle n'existe nulle part en Amérique du Nord — je vais tenter de la décrire très brièvement. Derrière le roi-nègre, personnifié pendant un quart de siècle par Duplessis, il y a le capitalisme, surtout étranger: *donc pour se débarrasser de la domination politique, il faut aussi se débarrasser du capitalisme sauvage, qui est toujours le même, fût-il indigène.*

Que faire après 1960?

J'ai raconté comment le soir même du 20 juin, écoutant le résultat de l'élection avec mes amis libéraux, sitôt la défaite des duplessistes assurée, je pris mes distances et refusai d'aller «triompher» avec eux chez Lesage. J'avais déjà mis un pied dans le dépassement en m'affichant socialiste; l'autre pied — la libération nationale — allait suivre un peu plus tard.

En 1960, chacun de ceux qui s'étaient mêlés de politique, de près et de loin, et surtout dans l'intelligentsia, le faisait pour essayer de contribuer à changer la société et moins par intérêt personnel. C'était d'ailleurs la mode dans l'Occident industrialisé. Aujourd'hui, on le fait plus pour augmenter son pécule et mieux se faire soigner. La société du spectacle était loin d'être aussi bien établie qu'elle l'est aujourd'hui.

À l'Institut canadien des affaires publiques (ICAP), copié sur une association canadienne mais qui en était totalement indépendant, la question se posa vite. Tout le monde savait que le forum public qu'il organisait avec la complicité de Radio-Canada était avant tout une machine de guerre contre Duplessis et tout ce qu'il représentait, et tous ceux qui gravitaient dans son orbite. Les duplessistes battus, que devait faire l'ICAP? Il était truffé de libéraux du Canada et du Québec qui, à ce moment-là, marchaient la main dans la main. J'en étais le président; mes deux grands électeurs avaient été Maurice Lamontagne qui devait devenir ministre et sénateur libéral et Pierre Trudeau qui à ce moment-là était loin d'être libéral, mais devait par la suite devenir ministre et premier ministre libéral. Ce dernier fait est passablement connu. L'Institut avait d'abord été un instrument et un lieu de défoulement contre Duplessis et le cléricalisme; je me souviens d'un auditeur qui avait dénoncé un manuel scolaire du Québec qui disait «qu'il fallait remercier le Créateur d'avoir fait couler le fleuve Saint-Laurent près des grandes villes». Un autre s'étonnait que dans son village on enseignât que saint Joseph était québécois.

Peu à peu, l'ICAP était devenu un lieu public où l'on discutait de liberté et de démocratie. Les syndicalistes nous avaient appris les façons de nous conduire dans une assemblée délibérante et civilisée, surtout nous, les intellectuels, qui avions la fâcheuse habitude de parler tous en même temps. Quant à l'avenir immédiat de l'ICAP, j'étais d'avis qu'il fallait poursuivre le combat contre le cléricalisme, contre la domination des francophones comme classe ethnique et contre l'exploitation de la classe sociale que formaient les travailleurs. La majorité libérale était d'avis qu'il ne fallait pas déstabiliser les libéraux nouvellement élus et qu'on devait leur donner le temps de s'installer au pouvoir. Je compris que ma présence à la présidence de l'institution n'était plus acceptée; j'en démissionnai et n'y remis pas les pieds. Devenu une sorte de filiale du pouvoir libéral, ayant perdu sa fonction contestataire et réformiste, l'Institut s'éteignit quelque temps après dans l'indifférence générale. Ma rupture avec les libéraux, commencée le 20 juin 1960, se poursuivit. Je gardai certains liens d'amitié avec quelques-uns pendant quelques courtes années. Ceux qui voulaient poursuivre la lutte pour changer la société aux niveaux socio-économique et national allaient devoir combattre en dehors des partis et des institutions établies; ils formaient, au début de la Révolution tranquille, des éléments dispersés et isolés, et allaient promouvoir ce que j'ai appelé l'idéologie de «dépassement» qui prônait, au-delà de la conservation de l'héritage et du rattrapage des autres Nord-Américains, une société libre et plus juste.

La fondation du Mouvement laïque de langue française en 1961 marque, elle aussi, une espèce de rupture parmi ceux qui avaient combattu le duplessisme. Malgré une certaine unanimité de façade entre ceux qui participèrent à sa fondation, il était évident que des catholiques comme Gérard Pelletier, ex-ambassadeur du Canada en France, et Pierre Trudeau, surveillaient de près ceux qui ne l'étaient plus et sentaient bien qu'une autre fissure menaçait d'apparaître parmi les bien-pensants de l'anti-duplessisme. Toute une gamme d'anticléricaux, d'anti-fédéralistes, d'anti-capitalistes, inquiétante parce qu'inconnue, commençait d'apparaître sur la route de ceux qui se dirigeaient allègrement vers le pouvoir. L'ère du doute et du soupçon apparaissait chez les libéraux bon chic, bon genre.

Il est assez curieux de constater que le cardinal Léger, alors chancelier de l'Université de Montréal, semblait s'inquiéter moins que certains libéraux de la fondation du Mouvement laïque. On m'avait dit que c'était lui qui avait finalement approuvé ma nomination à l'université, et ce contre certains évêques de province qui s'y opposaient. En 1961, au moment où je déménageais d'Ottawa à Montréal, il m'invita à déjeuner dans sa maison de Lachine. Je m'y rendis quelques jours après la première manifestation publique du Mouvement laïque à laquelle j'avais participé. Il me reçut comme un prince de l'Église qui accueille un agnostique de bonne foi, si j'ose ainsi dire. Déjà, à ce moment-là, il faisait le constat de «feue l'unanimité» et en tirait les conséquences. Sur la question du cléricalisme, il me raconta qu'évêque de Valleyfield, il avait refusé de continuer à inaugurer et à bénir des ponts en compagnie de Duplessis, parce qu'il s'était rendu compte qu'il perpétuait ainsi le régime.

En porte-à-faux?

Il est bien évident qu'écrivant sur une période qui s'étend sur près de trois décennies dont je connais les aboutissants et dont je tente de décrire les tenants, je me sente en porte-à-faux, parce que je ne peux faire semblant d'ignorer ce que je sais maintenant et que je ne savais pas en 1960. C'est pourquoi je me sens obligé de me poser maintenant des questions qui ne se posaient peu ou pas au cours des combats idéologiques et politiques d'alors; ou à tout le moins d'esquisser des hypothèses qui pourraient aider à mieux comprendre les événements, ou mieux, les processus latents qui sont à l'œuvre derrière eux. Par exemple, je ne peux essayer de bâtir une espèce de suspense autour du référendum, alors que tout le monde connaît le résultat. C'est pourquoi, tout en relatant des faits tels qu'ils sont rapportés par les manuels d'histoire, par exemple, je veux essayer de les évaluer à la lumière des questions et des hypothèses avancées précédemment.

Il apparaît donc que, très vite après le 20 juin 1960, le parti libéral, le parti du changement, emporta l'adhésion grandissante de la population qui se convertit elle-même de plus en plus au changement. En

1962, ce parti augmenta son pourcentage du suffrage populaire; en 1966, bien que battu par l'Union Nationale de Daniel Johnson, le parti libéral obtint 47,2% des votes, contre 40,9% seulement pour les conservateurs qui, entre-temps, avaient amplement respiré l'air du temps et s'étaient partiellement convertis à l'idée de changement, particulièremnt au niveau national. On peut dire que jamais depuis 1970 le parti de la conservation n'a réussi à se relever dans la faveur populaire; en 1981, il n'aura que 4% des votes; en 1985, il aura complètement disparu de la carte électorale. Ce qui ne signifie pas qu'il ne reste pas des poches de conservateurs dans la société que les autres partis accueilleront dans leurs rangs, mais le fait de cette disparition est à souligner. Si l'on compare le Québec à d'autres pays, les États-Unis, la France et même le Canada, il semble bien qu'à vue de nez on ne retrouve pas chez nous autant de dinosaures que dans le parti conservateur canadien, de lepénistes qu'en France et de fondamentalistes qu'aux États-Unis. Ce qui ne va pas sans nous amener à faire certaines observations et à nous poser quelques questions.

Que le Québec ait changé soudainement et très vite est une manière de truisme pour ceux qui ont connu le régime Duplessis —symbole et réalité — et la période d'après 1960. Ces changements si nombreux et si rapides, comprimés dans un temps social très court, sont un phénomène qui mérite attention. Pour en saisir la signification, il faut se rendre compte qu'il se déploie dans une formation sociale particulière bien caractérisée, donc située et datée. Il me semble que pour essayer de comprendre ce qu'est aujourd'hui devenu le Québec et ce vers quoi il pourrait évoluer, il faut tenir compte de tous ces traits particuliers.

Je ne veux donner qu'un ou deux exemples du type de question que l'on peut soulever au sujet de l'évolution récente du Québec, en soulignant l'ensemble des traits culturels propres à cette société. Étant donné l'importance extrême de la religion catholique pendant la plus longue partie de son existence comme peuple, comment expliquer qu'en un si court laps de temps, la pratique religieuse d'aujourd'hui se compare avec celle de pays dont la sécularisation s'est étendue sur un siècle ou deux? Ce phénomène affecte particulièrement la morale. Si l'on est d'accord pour constater qu'au Québec la religion avait tendance à se confondre avec la morale, quelle fut la morale de remplacement, une fois décrus la pratique et le rôle de la religion? Je me pose cette question depuis longtemps. J'ai essayé de montrer que dans un village québécois où tout le monde était nominalement catholique, et ce dans les années 1950, bien des individus passaient outre à la morale que prêchaient l'Église et le curé et avaient tendance à considérer comme désirable ce qui se pratiquait dans le village, fût-ce défendu par l'Église. C'était le cas, entre autres questions, de l'avortement, des enfants naturels et de la danse. Comment les choses se sont-elles passées, dans les grandes villes particulièrement, depuis la sécularisation progressive des populations? Dans cette étude[3], j'invoquais la sociabilité et la solidarité de la population qui ne lui permettaient pas d'exclure ou d'ostraciser des individus ou des petits groupes parce que la communauté isolée aurait été fragmentée. Dans la période de sécularisation accélérée qui a suivi le début de la Révolution tranquille, comment les choses se sont-elles passées? Si l'on ne doit pas exclure l'influence persistante de la famille et des isolats sociaux urbains, qui ne voit pas que devant leur éclatement, il faut chercher ailleurs les modèles de comportement? C'est ce que j'examinerai en essayant de comprendre la façon dont la société et la culture québécoises se sont modifiées au cours de ces décennies.

Action et réflexion

Le difficile du présent essai, c'est de tenter de donner à voir à la fois une prise de position dans les débats publics concernant des enjeux sociaux et nationaux et la justification théorique que j'y apportais alors. J'y ajoute une difficulté: un quart de siècle plus tard, tout le monde a changé, tant par sa connaissance des événements, tant au niveau des interprétations des résultats. Réunir ces niveaux, non pas d'une façon séquentielle mais concomitante, comme pour apporter un élément critique *post factum*, lequel fait naître d'autres interprétations de la pratique et de la théorie, c'est ce que je tente ici de faire. Voilà deux exemples de ce

---

3. *Contributions à l'étude des sciences de l'Homme*, Montréal, 1953, vol. 2, p. 61-73.

que j'essaie d'établir en tenant compte de ces niveaux différents.

L'équipe libérale qui prend le pouvoir avec Lesage en 1960 veut moderniser le Québec; elle constate que les conservateurs duplessistes et catholiques ont contribué à un retard accusé du Québec dans presque tous les domaines, et ce par rapport au reste de l'Amérique du Nord; de là le mot de rattrapage. La position de ceux qui, à ce moment-là et au fil des années, veulent plutôt une société politiquement indépendante et socialiste (dans toutes ses variantes) ne vient pas uniquement du fait que le Québec a accumulé de grands retards, comme les libéraux le proclament. Non seulement veulent-ils rattraper le Canada et les États-unis, mais un grand nombre désirent l'indépendance du Québec, d'autres que ce nouveau pays soit socialiste et certains les deux à la fois; c'est pourquoi j'ai appelé ces derniers choix de société: idéologie et dépassement. Je me rangeais avec ceux qui militaient pour un Québec indépendant et socialiste et admettais avec les libéraux le retard du Québec. Au sujet de ce retard, j'ai invoqué assez tôt dans mes écrits, cours et conférences ce que Trotski, après Veblen, a nommé «le privilège du retard historique». En deux mots cet énoncé veut dire qu'aucune société n'est tenue de répéter tous les stades de développement de celles par rapport auxquelles elle accuse des retards; elle peut sauter des étapes. C'est pourquoi, pensais-je, le Québec libre pourrait décider d'instaurer démocratiquement un type de société qui corrigerait les abus du capitalisme sauvage des Américains. Pour me faire comprendre, je donnais souvent l'exemple d'un pêcheur des Îles-de-la-Madeleine qui achète sa première baignoire: il va se procurer la plus fonctionnelle, et non pas la vieille baignoire haute sur pattes qui trône encore dans quelque vieille maison de Westmount, le quartier alors le plus riche de Montréal

Examinant cette hypothèse vingt-cinq ans plus tard, il me semble que cette loi du privilège historique s'est vérifiée, mais d'une façon tout autre que celle que j'envisageais. Au lieu de dépasser le capitalisme pollueur et sauvage des Américains, le Québec l'a rejoint en quelques années et l'a même dépassé dans certains domaines. Ce qui conduit à poser des questions sur les deux volets du «dépassement»: social et national. Même pour que l'un ou l'autre des deux volets du projet de dépassement se réalise et surtout pour que l'un et l'autre se réalisent, il faut qu'ils soient solidement liés. Ce qui suscite d'autres questions. Est-ce que les Québécois en votant «non» en majorité au référendum ont consciemment ou inconsciemment dit oui à l'américanisation du Québec, là même où leur américanité même les poussait? Est-ce parce que les deux volets des objectifs de dépassement ont été tragiquement dilués par le gouvernement péquiste que celui-ci a perdu le référendum? Pouvait-il en être autrement? Ou, plus brutalement, ne doit-on pas conclure que si un pays comme la France a du mal à résister au mal américain, comment espérer que le Québec y parvienne? J'essaie de montrer par cet exemple comment on pourrait revivre cette période historique, tout en y réfléchissant à la lumière de ce que nous savons maintenant. Peu importe si le constat est pessimiste, nous aurons à tout le moins essayé de comprendre pourquoi il l'est; il vaut toujours mieux savoir que l'on va mourir et comment, que de mourir en consommant abondamment cela même qui nous fait mourir. Et tant mieux si certains, voyant les dangers de lier notre sort à celui de l'Empire déclinant, essaient de renverser la vapeur.

Je voudrais terminer ces considérations en zigzag en partant des débats actuels sur le traité de commerce Reagan-Mulroney et en faisant quelques remarques qui nous ramèneront au début de la Révolution tranquille. On se rend compte que ce sont surtout les Canadiens de l'Ontario, le premier ministre en tête, qui s'inquiètent le plus de la souveraineté du Canada et se méfient le plus de l'Empire américain. Il faut remarquer que les Québécois, Bourassa et hélas! le Mouvement Desjardins en tête, sont en majorité pour ce traité. Il y a là une continuité historique dont je voudrais dire quelques mots. Pendant que depuis au moins l'Union des deux Canada en 1841 nous surveillons, à juste titre, les Anglais du Canada; eux depuis plus longtemps encore surveillent, à juste titre aussi, les Américains. Ce qui nous avait donné l'idée, à Susan Crean, une Ontarienne, et moi, que le Canada et le Québec, pays souverains, devraient s'associer pour combattre l'impérialisme américain (*Two Nations*, Toronto, 1983). Même si je crois toujours que ce point de vue est juste et l'objectif désirable — j'y reviendrai — c'est aux projets de société formulés au Québec à partir de 1960 que je veux revenir. Pour dire que les tenants du rattrapage et du dépassement ont été largement inconscients des dangers que représente l'Empire américain. Rattraper le reste de l'Amérique du Nord voulait surtout dire, en fait, les États-Unis parce que le Canada, loin d'être un modèle, nous était apparu comme l'ennemi à surveiller sinon à combattre. Même si, en dehors de la volonté politique de l'un ou de l'autre pays, le Canada, beaucoup plus américanisé que le Québec, contribuait à le drainer vers l'Empire à cause de la domination politique et économique qu'il exerce sur le Québec même. En somme, et nous le voyons bien aujourd'hui, rattraper les États-Unis voulait dire américaniser davantage le Québec.

Il semble que les libéraux, tout comme leurs adversaires, les nationaux (indépendantistes) et les sociaux (toutes les variétés de la gauche sociale), ont minimisé les dangers de l'impérialisme américain. L'intelligentsia canadienne, plusieurs fractions de classe et plusieurs régions de l'Amérique britannique du Nord ont été beaucoup plus vigilantes que nous, les Québécois. La gauche nationale et sociale a fait preuve de provincialisme au cours des dernières décennies: m'identifiant à cette gauche, je me reconnais coupable de cette étroitesse de vue. Il me semble qu'au-delà d'autres raisons qui expliquent les échecs de cette gauche, ce provincialisme est surdéterminant; peut-être la conscience du danger que représente l'Empire eût aidé à lier plus solidement, non seulement en théorie mais en fait, les gauches nationales et sociales du Québec. Ces réflexions veulent inciter ceux que le sort du Québec ne laisse pas indifférents à une lecture critique des faits et processus qui apparaissent et sont à l'œuvre dans ce «grand dérangement[4]» que fut la Révolution tranquille.

L'individuel et le collectif

Il est bien difficile, à la fin des années 1980 et du XXe siècle, de rappeler les années 1960 et 1970 dont les débats et combats, tant au niveau intellectuel que politique, faisaient une large place aux droits et obligations des collectivités, alors qu'aujourd'hui ils sont presque exclusivement centrés sur les individus; la part du collectif se réduit surtout aux droits des exclus et des éclopés d'un système où l'individualisme et l'égoïsme, fondés sur la raison économique, dominent la société de part en part. J'ajouterai que c'est particulièrement difficile au Québec, pays où les petits et les grands «entrepreneurs» compensent à vive allure le retard dans la croissance économique et la course à l'argent; tout se passe comme si le privilège du retard historique jouait à plein dans ce domaine. Un très gros entrepreneur déplore, par exemple, la dénatalité au Québec parce que, s'il n'y a plus d'enfants, il ne pourra plus bâtir d'écoles. De là à ce qu'on s'oppose aux campagnes contre la drogue parce que des milliers de revendeurs seraient mis en chômage, il n'y

---

4.   C'est ainsi que les Acadiens nomment la déportation de leur
       peuple par les Anglais dont ils furent les victimes en 1755.

a qu'un pas, pour certains décideurs bardés de statistiques.

Aussi invraisemblable qu'il puisse paraître aujourd'hui, en 1960 et les années suivantes, les débats et combats qui agitaient le Québec et plusieurs parties du monde se centraient sur le type de société qui devait remplacer le capitalisme ou, à tout le moins, en corriger les abus et excès les plus flagrants. Dans ce contexte, le Québec devenait un lieu privilégié d'expérience et d'observation. Inféodé au capitalisme nord-américain, dominé économiquement, politiquement et culturellement, ce pays montrait des signes de changement et une volonté «révolutionnaire» de plus en plus manifestes. Il arrivait encore que les dominants étaient aussi des «étrangers», c'est-à-dire des non-francophones. À cause de la nature particulière de cette formation sociale, le Québec représentait, selon le langage en vogue à cette époque, le maillon faible du capitalisme en Amérique du Nord. Cette situation exceptionnelle non seulement remplissait d'espoir les plus radicaux et même les plus réformistes des Québécois, mais inquiétait souvent et fascinait quelquefois des libéraux américains. Je me souviens d'avoir participé, en compagnie d'un collègue de l'Université McGill, à un colloque fermé (une vingtaine de participants américains) au Dartmouth College, l'un des fleurons de l'«Ivy League», ensemble des grandes universités du nord-est américain. Le sujet était le Québec. Mon collègue et moi y fîmes des exposés et répondîmes aux questions des spécialistes invités. Étant venu de Washington, un conseiller économique du président Kennedy ne semblait pas inquiété par la possible indépendance du Québec puisqu'il nous répétait, presque paternellement: «N'essayez pas de tout faire en même temps; donnez-vous un calendrier réaliste.» On avait invité, peut-être pour nous être agréable, un juge franco-américain — ou était-ce un gouverneur? Ce fut le plus désemparé des participants parce que dans nos propos, il ne reconnaissait plus son «Canada français» traditionnel. Pour lui, nous étions de dangereux mutants, devenus soudain agnostiques, socialistes et indépendantistes; même la langue que nous parlions avait perdu l'accent, rocailleux et provincial, des élites traditionnelles. Le cas du Québec inquiétait, mais fascinait aussi certains observateurs.

Je pourrais aligner plusieurs exemples de ce genre pour montrer que nous n'étions pas les seuls — de ceux qui partageaient l'idéologie de rattrapage et surtout de dépassement — qui croyions que le Québec représentait et faisait naître des possibles qui, s'ils se fussent actualisés, auraient eu non seulement des effets à long terme sur le cours de sa propre histoire mais aussi valeur d'exemple et d'entraînement. Tout cela paraîtra ridicule aujourd'hui que le cas du Québec s'est banalisé, mais il faut rappeler ces années où non seulement de nombreux Québécois mais certains étrangers croyaient à la naissance possible d'un pays qui résisterait mieux aux attraits de la marchandise et du spectacle. Non seulement savons-nous aujourd'hui que ces espoirs ont été anéantis ici, mais qu'ils ont sombré dans des pays et même des continents qui avaient plus de chances de réussir à casser le cycle infernal de la destruction de la nature et des cultures, et à faire naître des hommes et des femmes plus fraternels et plus justes. Ce qui veut dire qu'il serait absurde d'accabler de cet échec seulement les Québécois parce que c'est celui de tout l'Occident; ce qui était possible hier l'est devenu aujourd'hui de moins en moins.

Parlant du collectif et de l'individuel, il faut souligner qu'immédiatement après 1960 les deux idéologies qui devaient s'affronter, au moins jusqu'au Référendum, prirent des virages qui, par rapport à la tradition québécoise, marquèrent l'un et l'autre une rupture importante.

L'idéologie de rattrapage, aujourd'hui comme hier, privilégie l'individu; je dirai qu'elle s'est alignée et s'aligne encore sur une tendance bien marquée dans la tradition anglo-saxonne. Il n'est nul besoin de remonter jusqu'à Tocqueville pour montrer qu'aux États-Unis l'individualisme et l'égalitarisme étaient les deux enjeux de la démocratie telle qu'il l'étudia, il y a plus d'un siècle et demi. Récemment, en partant de cet auteur, j'ai soutenu que l'individualisme non seulement l'avait emporté sur l'égalitarisme mais qu'il avait dégénéré en égoïsme[5].

Parlant de démocratie, dans *La Question du Québec* (L'Hexagone, 1987, p. 63-64), je citais Frank Scott pour montrer que les Québécois francophones et anglophones en ont eu une expérience différente.

---

5.   Voir annexe I: «L'émancipation sociale est-elle devenue impossible?»

Scott écrit ceci: «il [le Canadien français] s'est servi de la démocratie plutôt qu'il n'y a adhéré comme à une doctrine. Son éducation catholique le rend plus conscient des devoirs et des obligations de l'individu que de ses droits personnels... Il insiste donc plus fortement sur les droits des groupes appelés au Canada droits minoritaires, que sur les libertés individuelles.» Après m'être déclaré largement d'accord avec le professeur Scott, j'ajoutais que c'est en raison de la constante menace que ce groupe d'individus acquis aux libertés individuelles (les anglophones) faisait peser sur eux, le groupe minoritaire (depuis 1855), que les francophones insistèrent sur les droits des groupes. J'ajoutais qu'aux États-Unis et en pays anglo-saxon on pratique un type de démocratie individualiste, libérale et bourgeoise, mais que ce n'est pas le seul type de démocratie; un autre type peut être plus collectiviste, populaire et égalitaire. En France, les deux se sont pratiqués et affrontés. Même en démocratie anglo-saxonne, le deuxième type a surgi et s'est imposé au long du XXe siècle dans des gouvernements travaillistes pour corriger les abus du premier. Qu'avec Thatcher et Bush le premier triomphe aujourd'hui, c'est loin d'être une raison de les prendre comme modèle.

Au Québec, on peut se rendre compte que le type anglo-saxon de démocratie que prônent les libéraux, surtout à partir de 1960, vise à corriger celui dont parle Scott; pour ceux qui défendent les droits de la minorité francophone au Canada, à partir de l'Union (1841), les droits des travailleurs ou de tout groupe minoritaire à l'intérieur du Bas-Canada et du Québec passent après ceux des francophones, définis comme catholiques. Les droits individuels sont sacrifiés à ces droits collectifs. Pendant plusieurs années les deux types de droit et de démocratie vont coexister en théorie et dans des textes juridiques, dans la clause «nonobstant» par exemple, mais dans la pratique, ce sont les libertés individuelles qui vont l'emporter, tout comme dans le reste de l'Amérique du Nord. Le déclin du syndicalisme aux États-Unis et même en France et en Angleterre s'explique peut-être par l'abandon de l'idéal de l'égalité. Plusieurs de ceux qui réfléchissent aujourd'hui sur le problème de la démocratie, qui se pose toujours dans les termes mêmes que Tocqueville a utilisés — liberté et égalité —, se demandent comment effectuer le dosage entre les deux idéaux. Les libéraux de 1960 et ceux qui devaient les suivre, dont Trudeau en particulier, voulant corriger les abus engendrés par la droite conservatrice du Québec, ont ouvert une boîte de Pandore où il ne reste, comme dans la mythologie, que l'espérance... de devenir riche le plus vite possible.

La majorité de ceux qui combattent le rattrapage et veulent le dépasser continuent la tradition québécoise qui défend les droits collectifs du peuple qui sera toujours minoritaire au Canada et surtout en Amérique du Nord, et dans la mesure où ils sont de gauche, mettent aussi, et avec d'autres, surtout l'accent sur les classes défavorisées. Le monde étant partagé entre le capitalisme américain et le communisme russe, la gauche nationale d'ici a tendance à négliger pendant quelques années les libertés individuelles au profit des droits collectifs. Au point de vue de la tradition, cette gauche provoque des ruptures au niveau de la doctrine sociale de l'Église — harmonie des classes — et souvent de la religion même.

Il faut ajouter que la décennie 1960 est marquée, sur le plan international, par la décolonisation de plusieurs parties du monde et, en France, dont se nourrit une partie de la gauche nationale d'ici, une bonne partie de l'intelligentsia est de gauche; bien qu'affaiblie par ceux qui quittent le parti communiste après Budapest, en 1956, elle reste largement marxiste et elle influence la gauche québécoise. Ainsi cette gauche qui appartient au dépassement du point de vue national (indépendance) et du point de vue social (socialisme) est beaucoup plus radicale que celle de l'Amérique du Nord qui fait partie d'un Empire qui combat l'autre Empire, le russe. Cette gauche surgit de toutes pièces en 1960 — certains éléments existaient avant, mais ils étaient peu nombreux et la jonction entre socialisme et nationalisme n'avait jamais été réalisée parce que le nationalisme québécois avait toujours été de droite et répugnait aux socialistes, tout comme ceux-ci étaient restés anathèmes pour les nationalistes traditionnels.

Ainsi le Québec prend le train du siècle en épousant l'air du temps et en y ajoutant certains ingrédients spécifiques. Ce qui, avec les années, va produire une formation sociale qui ira se divisant et se complexifiant. Si l'on ajoute à cette diversité idéologique grandissante de la majorité francophone une puis-

sante minorité anglophone dominante économiquement, et qui est largement nord-américaine par son
appartenance politique au Canada ainsi que les autres
composantes ethniques qui ne cesseront de s'établir
au Québec, on aura une idée du caractère mosaïque
du pays à libérer.

Qu'est-ce que la modernisation?

Modernisation: voilà un terme qui a des résonnances
bien différentes en 1960 et aujourd'hui. Si au lieu
d'écrire, comme Adam Smith en 1776, sur la nature et
les causes de la *richesse* des nations on peut écrire
aujourd'hui sur les causes de la *pauvreté* des nations,
c'est que la modernisation suscite actuellement bien
des questions et des accusations. La destruction des
patrimoines naturels et culturels de l'Humanité, la
pollution généralisée de la terre, l'apparition d'un
important *lumpen proletariat* dans les pays les plus puissants et la paupérisation du Tiers et du Quart-Monde,
voilà des faits qui rendent suspects les processus socio-
économiques liés à la modernisation.

Au Québec, comme ailleurs, en 1960, nous n'en
sommes pas à l'ère du soupçon; à part certains passéistes chenus, tout le monde veut tout moderniser:
valeurs, idées et institutions. C'est comme s'il ne s'agissait plus de *survivre* comme peuple, mais de *vivre*,
comme peuple et comme individus.

Le gouvernement Lesage, élu le 20 juin, a convaincu une faible majorité de l'électorat qu'il fallait
dare-dare s'engager dans la voie de la modernisation

du pays pour rattraper les autres Nord-Américains. En quelques courtes années (1960-1964), ce gouvernement va entreprendre des réformes qu'il mènera à bien; elles sont si considérables et si populaires que les gouvernements suivants de 1966, 1970 et 1976-1985 ne les remettront pas en question pour l'essentiel. Dans son acception la plus large, la Révolution tranquille va durer vingt-cinq ans. Ce n'est qu'en 1985 que l'État-Providence sera remplacé par l'État-Provigo[6]; le renversement de la tendance avait été précédé par celui de l'Angleterre et des États-Unis; en France, ce sera en 1985 et au Canada en 1984.

Notons tout de suite que le Québec se met vite au diapason des autres pays industrialisés et les dépasse dans certains domaines, surtout dans la démocratisation du processus électoral et dans celui des libertés individuelles. À la fin des années 1970, plusieurs fonctionnaires et chefs de file d'opinion française avouent à des Québécois qu'ils ne songent pas à amorcer ou à souhaiter une réforme sans d'abord constater ce qui s'est fait dans notre pays. Il est à peine croyable que tant de changements soient intervenus en si peu d'années. Il n'est pas loin le temps où des Français qui s'apprêtaient à venir au Québec étaient prévenus par le Quai d'Orsay de ce qu'ils devaient dire et ne pas dire dans un pays archaïque et conservateur.

---

6.   Tiré du nom d'une chaîne de produits alimentaires dont l'ex-président fait maintenant partie du gouvernement Bourassa.

Quand on essaie d'analyser l'état actuel de ce pays, il faut tenir compte de l'extrême brièveté du temps qu'il aura fallu pour réaliser ces transformations. Au-delà des changements accomplis au Québec pendant vingt-cinq ans, se posent des questions sur des sujets qui, pour être moins mesurables et datables que d'autres phénomènes, modifient plus durablement la culture et la société. Ce sont des processus qui ont la chance d'expliquer certains renversements globaux. Pourquoi, par exemple, le Québec, seul ou avec le Canada, est-il plus disposé que jamais au cours de son histoire à devenir le énième État américain? Pourquoi la vie de nos millionnaires est-elle devenue un conte de fées qui nous pousse à l'accumulation des richesses et nous rend plus insensibles aux inégalités de toute nature?

Les ambiguïtés de la modernisation

Jean-Jacques Servan-Schreiber, publiciste français qui se spécialise dans des publications étalées dans les grandes surfaces à grand renfort de publicité, pourchasse la modernité un peu partout dans le monde; quand il croit l'avoir trouvée, généreux, il l'offre en vente au reste du monde, car il désire qu'on sache bien où elle se niche et que c'est lui qui l'a trouvée. C'est un travail passionnant qui prend des allures de *polar*. Où est-elle? Ne serait-elle pas ici? Ou plutôt là? Il traque la modernité partout où son instinct d'avant-garde le mène.

Récemment, dans un article du *Figaro Magazine* — passer de *l'Express* à cette publication d'extrême-droite dénote déjà la grande mobilité de cette tête chercheuse — il avoue qu'alors qu'il serrait de près cette modernité aux États-Unis et au Japon, il pressentit qu'elle pouvait bien s'épanouir en Allemagne: «il court, il court le furet...»; il se précipite chez le chancelier Kohl.

Sa première question va droit au but: «Quelle est votre estimation aujourd'hui du niveau de modernisation, de performance, de l'économie allemande dans la nouvelle compétition?» À partir de cette interrogation pointue de ce chevalier de l'avant-garde, on peut commencer à examiner cette moderne quête du Saint-Graal. Qui est moderne? Comment peut-on être moderne? Les post-modernes qui se pressent aux portières du train de l'herméneutique n'ont qu'à attendre que l'on sache où va le convoi de la modernité.

La question de la modernité et de la modernisation est d'abord évoquée ici pour tâcher de rendre compte des processus qui ont été à l'œuvre dès le début de la Révolution tranquille; cela veut dire que quelles que soient les notions théoriques que nous dégagions des auteurs américains, français ou plus largement européens, il faut les situer et dater dans notre vie collective et personnelle, parce que plusieurs d'entre nous y avons participé à plus d'un titre à cette période. Il faut aussi bien nous rendre compte — dans la mesure où c'est possible — que nos explications d'hier ne sont pas celles d'aujourd'hui. Deux exemples.

Au plus fort de la crise d'octobre 1970, lorsque Trudeau, premier ministre du Canada, proclama la Loi des mesures de guerre au Québec, on m'a demandé d'expliquer à plusieurs centaines d'étudiants de l'Université Carleton d'Ottawa, où j'allais enseigner toutes les semaines, comment le Québec en était arrivé à se faire imposer la loi martiale et l'occupation de son territoire par l'armée canadienne. Je ne trouvai rien de mieux que d'expliquer les dix dernières années comme une intense période de *modernisation*; le Québec se voulait moderne et en payait le prix. Partisan moi-même de l'abrogation de toutes nos dépendances, je ne m'interrogeai pas sur les possibles effets pervers de ces changements; non que je voulusse les cacher, mais je ne me questionnais pas moi-même là-dessus. Ce que je vais faire maintenant.

Deuxième exemple: À la fin des années 1950, l'ICAP, dont j'étais le président, tint un congrès sur le Tiers-Monde; des participants de ces pays prirent la parole. Je notai alors que bien des auditeurs leur manifestaient beaucoup de sympathie, au point de s'identifier comme faisant eux-mêmes partie de ce Tiers-Monde. Je m'en réjouissais, car je constatais que la décolonisation que ces Africains et Asiatiques prêchaient pour leur pays devenait aussi un objectif pour le Québec. Aujourd'hui, on peut être plus critique et comparer l'évolution de ces pays et celle du Québec. Ce qu'il était désirable de faire à ce moment-là s'est réalisé dans le Tiers-Monde. Chez nous, c'est devenu possible en 1976 et impossible à partir de mai 1980.

Être moderne, quels que soient le pays et l'époque, comporte toujours l'idée de quelque chose qui s'oppose à la tradition et marque une évolution historique. La querelle des anciens et des modernes en littérature et celle du modernisme religieux montrent aussi qu'à certaines époques la modernité et la modernisation se déterminaient par des critères autres que ceux dont se sert aujourd'hui M. Servan-Schreiber. Aujourd'hui c'est l'instance économico-technique et sa logique qui prime et conditionne toutes les autres. Être moderne, c'est être productif, efficace et d'un rendement maximal; depuis la révolution industrielle, c'est la raison économique qui subsume la raison culturelle: c'est la fuite en avant éperdue pour s'emparer des meilleures techniques qui produiront, à leur tour, plus d'argent et de pouvoir. Le niveau de modernisation, aujourd'hui, est jugé en regard de la compétition, nouvelle et mondiale. La question que Servan-Schreiber adresse au chancelier de l'Allemagne rejoint celle que se posent les Européens par rapport à l'an 1993, au moment où les pays du Marché commun vont former une unité beaucoup plus intégrée; c'est aussi celle que soulèvent les Canadiens au sujet du traité commercial Reagan-Mulroney. Que les Québécois semblent moins s'interroger à ce sujet que les Canadiens me semble justifier l'analyse que je tente de faire de la modernisation réalisée ici à partir de 1960. Selon moi est amorcée, à ce moment-là, ce que Harold Rosenberg nomme «la tradition du nouveau». Ce qui nous ramène à l'importance de la notion de temps, celle du temps privilégié et surtout du temps historique de l'accélération de la modernisation au Québec.

Peut-être vaut-il mieux essayer de comprendre la généralité de ce processus avant d'en examiner la spécificité qu'il prend au Québec. Tant il me semble vrai que de plus en plus ce sont des phénomènes et des processus exogènes qui déterminent et détermineront le devenir socio-culturel de notre pays.

En 1957, un Américain, Norman W. Taylor, soutient une thèse de doctorat à l'Université Yale qui a pour titre: *A study of French Canadians as Industrial Entrepreneurs*; il y démontre, en somme, que les entrepreneurs francophones d'ici n'ont pas atteint le degré de modernisation de leurs collègues anglophones du Québec. Qu'est-ce à dire? Que les comportements et décisions des francophones ne sont pas aussi «rationnels», aussi purement économiques, aussi «modernes» donc, que ceux de leurs collègues anglophones. Les raisons de cet état de fait sont multiples; j'en donne quelques-unes: les entrepreneurs francophones viennent des couches sociales les moins privilégiées, les moins instruites. Et cela parce que le statut attribué aux affaires en tant que profession était relativement peu élevé. On jugera du changement intervenu en constatant qu'aujourd'hui ce sont des hommes d'affaires francophones qui font figure de héros et de modèles pour la population et particulièrement la jeunesse. En gros, les francophones, dit Taylor, personnalisent davantage leurs relations et décisions d'affaires, avantagent des membres de leur famille et ont, à un degré moindre que leurs collègues, le désir et la volonté de maximiser leurs profits[7]. Les études et essais qui composent ce volume concernent le Québec d'avant 1960. Le décalage de sept ans entre les publications de la version anglaise et française est-il un indice que les Canadiens s'intéressaient davantage, à cette période-là, au passé immédiat du Québec que les Québécois eux-mêmes?

Quoi qu'il en soit, pour expliquer les phénomènes observés par l'Américain Taylor et aller au-delà, il faut nous rendre compte que les changements engendrés par la modernisation qui sont amorcés dans les années 1960 sont loin d'influencer seulement les comportements économiques, mais sous-tendent d'importants changements culturels, voire la vision du monde des Québécois.

L'une des premières réalisations du gouvernement Lesage fut la mise sur pied d'une bureaucratie qui ne fut pas composée d'individus placés dans la fonction publique pour services rendus au parti. Un ami d'Ottawa, haut fonctionnaire, qui avait reçu des offres d'un pays du Tiers-Monde et du Québec, choisit le Québec parce qu'il croyait qu'il y avait plus à faire là qu'ailleurs. La «rationalité» et l'impersonnalité que comporte la modernisation se sont manifestées très vite dans cette nouvelle bureaucratie. Quand Duplessis, avant 1960, partait défendre notre «butin» à Ottawa, il emmenait deux ou trois fonctionnaires qui

---

7.   Reproduit dans M. Rioux et Y. Martin, *La société canadienne-française*, Montréal, Hurtubise, 1971, p. 279-302. La version anglaise parut en 1964.

savaient un peu de quoi il retournait. Peu de mois et d'années après, son successeur, Lesage, se présentait à Ottawa avec des dossiers extrêmement bien documentés et des fonctionnaires compétents. La défense que Duplessis avait faite à la fonction publique d'engager des diplômés en sciences sociales de l'Université Laval, parce que son fondateur et directeur était «rouge», avait alors été abolie; les compétences existaient; il ne s'était agi que de les embaucher dans la fonction publique. Ce fut le premier type de modernisation dans lequel le Québec s'engagea; son administration ne dépendait plus seulement du bon vouloir politique du gouvernement en place. Dans plusieurs grandes réformes économiques, sociales et éducationnelles qui devaient donner des résultats autrement plus importants que ceux de nature sectorielle et ponctuelle, c'est l'État du Québec, comme on commence alors d'appeler ce gouvernement à croupetons, qui amorça la modernisation. Il s'imposa vite et donna le *la* à toute la société. Les francophones ont historiquement attachés plus d'importance au gouvernement où ils sont majoritaires et ont été plus attentifs à ses politiques que celui et ceux du Canada. Quant aux anglophones québécois, déjà plus modernes que leurs concitoyens, ils ont appuyé massivement les réformateurs libéraux. Sois libéral, mais pas trop..., disaient-ils. C'est ainsi que Lévesque leur apparut vite comme un ultra-libéral et ils le combattirent avec leurs votes et leur argent. Il est indécent, selon eux, que l'indigène donne des leçons de libéralisme au dominant et au colonisateur.

La mise sur pied d'une bureaucratie d'État fut probablement la mesure la plus importante de la modernisation du Québec et celle qui amorçait le rattrapage des démocraties modernes qui, elles, en étaient dotées depuis de nombreuses décennies. Elle inaugure la «rationalité» dans la gestion de l'État, c'est-à-dire qu'idéalement elle tend à moduler les décisions en fonction de ses moyens et de ses buts; on verra qu'au fil des années, la rationalité dite politique est recouverte et absorbée par la rationalité économique, comme dans la plupart des États modernes.

Idéalement encore, les décisions et les règles ne tiennent pas compte des facteurs personnels ni des traditions ni des croyances locales, mais sont établies d'une façon anonyme. Malgré les dérogations dont se rendent coupables toutes les sociétés, leurs bureaucraties ont tendance à tenir compte des libertés individuelles et même à les promouvoir; elles ne traitent qu'avec des individus à longs numéros ou, occasionnellement, qu'avec des cas minutieusement décrits. Elle augmente ainsi, et réflète aussi, la séparation et l'émiettement généralisés des communautés et de la société. Si la bureaucratie moderne est l'une des conditions indispensables de l'État de droit, elle peut aussi devenir le pilier des États totalitaires d'Hitler ou de Staline. On voit, par exemple, que les difficultés immenses qu'a suscitées l'élimination des Juifs d'Allemagne et d'Europe ont été surmontées par des bureaucraties efficaces.

Modernité et tradition

La modernité, dans quelque contexte qu'elle se présente, comporte toujours, on l'a dit, l'idée de rupture avec le passé alors que la tradition évoque toujours celle de continuité et de persistance. Les analystes de toutes les spécialités et des disciplines sociales, littéraires ou religieuses parlent de conflit entre les deux, entre modernité et tradition et souvent, s'ils ont quelque rapport avec la tradition hégélo-marxiste, de dialectique entre le passé et l'avenir. Apparaissent des processus de réinterprétation de l'un et de l'autre.

Comment ces deux forces, ces deux phénomènes, ces deux mentalités, se sont-ils accommodés ici l'un de l'autre? Il faut observer tout de suite que le cas au Québec m'apparaît singulier et qu'il est bien difficile de trouver non seulement des cas semblables au sien mais des points de comparaison valables. Le seul qui me vienne en mémoire, c'est celui que décrit Margaret Mead; il s'agit des Manus des îles de l'Amirauté en Nouvelle-Guinée. Selon cette anthropologue, qui a étudié ce peuple sur le terrain, ils seraient passés, le temps de quelques brèves années, d'un état fort archaïque à un stade moderne: «De l'âge de pierre, les habitants sont passés à une intégration accélérée à la civilisation moderne[8].» Margaret Mead décrit ce cas dans son livre *New Lives for Old* publié en 1953. À la fin des années 1950, j'ai entendu Mead en discuter à un congrès international d'ethnologie; j'en ai débattu

---

8. Olivier de Sardon, *Encyclopédie universelle*, vol. 10, p. 648.

avec elle après la conférence, puis quelques années plus tard alors que je participais en sa compagnie à la réalisation d'un film. Pour elle, la raison principale du changement très accéléré qu'elle observa chez ce peuple est que, contrairement à ce qui se passe dans les cas où deux peuples d'inégal «développement» se rencontrent et où l'accès à la culture dominante est mesuré et limité, les Manus eurent accès à la totalité de la culture américaine, et cela sur les conseils de Mead elle-même qui tenait le rôle d'anthropologue-conseil pendant la Deuxième Grande guerre. Pour justifier son expérience, Margaret Mead, pendant sa conférence à Philadelphie et dans les discussions qui suivirent, compara ce qui se passe entre des peuples inégaux — dans ce cas-ci, les Manus et les Américains — avec le cas des adolescents à qui sont octroyés certains droits et certaines libertés, alors que les adultes s'en réservent de nombreux qu'ils ne veulent pas partager avec eux; de là, dit-elle, les crises et les tiraillements et souvent des conduites régressives chez les adolescents. Au moment où j'entendis Mead et en discutai avec elle, j'étais loin de rapprocher Manus et Québécois, mais aujourd'hui que je constate l'intégration très accélérée du Québec à la civilisation américaine, je me demande si l'on ne peut pas faire certains rapprochements. Pourquoi ne semble pas jouer ici la dialectique tradition-modernité, comme elle continue de jouer encore aujourd'hui en France, par exemple? Ne serait-ce pas parce qu'existaient ici tous les possibles de la modernité dont seules la religion et la petite bourgeoisie cléricale empêchaient la réalisation? Ne s'agissait-il pas d'un décalage entre ce qui était vécu et ce qui était valorisé par les définisseurs de situation? La rupture qu'apporte la modernisation du Québec, à partir de 1960, a trait davantage à la superstructure (institutions, idées, valeurs) qui ne correspondait plus à l'infrastructure du MPP, qui était celle du Québec francophone de la première moitié du XIXe siècle. Ce décalage, autrement exprimé, peut s'énoncer ainsi: au niveau du caractère social des individus, du type de liaison de chacun à la société; on peut aussi parler du type de solidarité et de cohésion qui détermine le comportement des individus. Dans le Québec traditionnel, cette solidarité envers des normes de comportement est imposée de l'extérieur; elle vient de la tradition, de la religion devenue une tradition dominante qui a tendance à intégrer et assumer les autres. Ce que les individus doivent faire et ne peuvent pas faire leur vient de l'extérieur. C'est ce type de cohésion que Durkheim appelle «solidarité mécanique». Dans les sociétés européennes et particulièrement celles de type anglo-saxon — type important pour le Québec puisqu'il se manifeste à travers les Anglais, les Canadiens et les Américains qui rompent, eux, avec la tradition —, on se rend compte au début de la révolution que les valeurs et les normes qui guident le comportement des individus ont été intériorisées; tout se passe, dit David Riesman, comme si l'individu possédait une espèce de gyroscope intérieur qu'il utilise pour savoir comment se conduire. L'autre stade, c'est celui de l'extéro-direction, qui est largement dominant dans la société hyper-capitaliste d'aujourd'hui. L'image utilisée par Riesman est celle de «radar»; l'individu cherche à savoir ce que font ses pairs et ce que les autres attendent de lui; il a tendance à devenir lui-même une marchandise qui cherche à se vendre et qui se conformera à ce qu'il croit que le marché attend de lui. Comme toute typologie, celle-là est un instrument heuristique qui sert à décrire la réalité. C'est la distribution de ces types à un moment donné, dans une société particulière, qui est importante. Au Québec, en 1960, ceux qui étaient guidés par la tradition et la morale catholique représentaient probablement la majorité; parce que ces complexes culturels étaient liés entre eux et, bien sûr, à l'idéologie de conservation, ils entrèrent vite en délitescence aussitôt que le processus de modernisation fut bien enclenché.

Il ne faudrait pas oublier qu'une partie de ceux que l'on range parmi les traditionnels s'appuyaient moins sur la religion et sa morale que sur une espèce de morale paysanne fondée sur la tradition orale, faite de sagesse et de bon sens populaires; j'ai rencontré, au cours de mes enquêtes dans des petites communautés rurales et dans ma propre famille, de ces gens, surtout des hommes, qui regardaient les prêtres d'un peu haut et les jugeaient selon leur morale à eux. Sans mettre en doute ouvertement les «vérités» du curé, ils avaient aussi la leur et qui valait bien les siennes. Cette espèce de morale laïque, ils l'ont transmise à certains de leurs enfants qui sont aujourd'hui dans le dernier quartier de leur vie — qui en seront, hélas! les derniers pratiquants.

Malgré l'espèce d'unanimité de façade qui a long-temps été celle du Québec, depuis toujours existent des individus et des familles d'esprit, relativement restreintes, qui rejettent l'Église et s'abreuvent à d'autres sources intellectuelles et morales. Étant donné la position monolithique de l'Église et la non-séparation de fait d'avec l'État, ces minoritaires ne forment pas un groupe organisé et actif au sein de la cité, excepté peut-être pour ceux de l'Institut canadien de Montréal, un siècle plus tôt. Ce n'est qu'au début des années 1960 que le cardinal Léger constate ce qu'il appelle «feu l'unanimité», parce que les dissidences deviennent publiques et s'organisent, mais cette unanimité même n'avait jamais existé. On n'a qu'à se rappeler, par exemple, le livre de l'historien Marcel Trudel, *L'influence de Voltaire au Canada*, pour constater que d'autres influences que celles de l'Église — et malgré son monolithisme — se sont fait sentir ici et ont influencé des hommes et des femmes tout au long de notre histoire. Revenant en 1960, deux remarques s'imposent: une partie de l'intelligentsia fondait déjà sa morale sur d'autres sources que celle de l'Église; parce que minoritaire et ostracisée, cette morale laïque n'a pas été enseignée et n'a donc pas non plus pénétré nos grandes institutions politiques et éducationnelles. Le drame — car c'est bien un drame — c'est que pour ceux qui abandonnent la religion catholique et sa morale, et qui deviennent vite majoritaires, n'existe pas d'autre morale de remplacement; excepté pour la vieille morale paysanne et celle d'une fraction laïque de l'intelligentsia (catégorie plus large que celle des «intellectuels»), c'est, et ce le sera davantage pour les plus jeunes, une espèce d'amoralisme, provoqué par l'abandon de la religion et l'absence d'une morale laïque qui n'a jamais été publiquement professée, qui en viendra à prédominer.

De sorte qu'ici au Québec, beaucoup moins qu'ailleurs, en France et aux États-Unis par exemple, à partir de 1960, la modernisation ne fut et n'est un combat entre l'histoire, et le présent et l'avenir. D'une part, parce que l'Église et les tenants de l'idéologie de conservation s'étaient annexés le passé et l'histoire, ceux-ci furent progressivement écartés au profit du présent; d'autre part, jusqu'en 1980, jusqu'au Référendum, persista la possibilité d'une harmonisation, spécifiquement québécoise, entre l'histoire, c'est-à-dire entre notre passé et notre avenir, et le présent que la modernisation prône et exalte. En dernière analyse, j'écris ces pages pour essayer de comprendre pourquoi la modernisation a triomphé au-delà de tout ce qui pouvait être attendu et même désiré par ses partisans mêmes.

Pour terminer ces remarques préliminaires et pour énoncer le fil conducteur de l'analyse de cette période (1960-1988), je cite quelques lignes du jugement de Jean Baudrillard sur la modernité. Dans mon livre *Le besoin et le désir* (L'Hexagone) et mon essai *L'émancipation sociale est-elle devenue impossible?* reproduit en annexe, j'avais déjà été influencé par les analyses de cet auteur. Ce que je cite ici de lui est en continuité avec ma vision de la société actuelle et avec celle d'un auteur qui m'a aidé à la formuler.

«La modernité n'est pas la dialectique de l'histoire: elle est l'événementialité, le jeu permanent de
l'actualité, l'universalité du fait divers par le moyen
des *media*.

La modernité n'est pas la transmutation de toutes
les valeurs, c'est la déstructuration de toutes valeurs
ouvrières sans leur dépassement, c'est l'ambiguïté de
toutes les valeurs sous le signe d'une combinatoire
généralisée. Il n'y a plus ni bien ni mal, mais nous ne
sommes pas pour autant "au-delà du bien et du
mal"[9]». C'est devenu très vite, au Québec, l'activisme
du bien-être, matériel et psychologique.

Le dépassement et le rattrapage

Quand on se pose «la question du Québec» en 1989,
si tant est que l'on veuille la poser, c'est de savoir
comment tout ce qui semblait possible en 1960, pour
ceux qui parlaient du «dépassement», ne s'est pas
réalisé et que le rattrapage de ceux qui considéraient
ce pays comme retardataire s'est réalisé au-delà même
de ce qu'ils désiraient. En effet, on constate qu'aujour-
d'hui le Québec n'a pas accompli sa libération nationale, ni atténué les effets pervers et déshumanisants
du capitalisme nord-américain, mais qu'il a, au contraire, accentué sa dépendance politique et économique et que son gouvernement tente de remplacer
l'État-Providence par l'État-Provigo. Tout indique

---

9. Jean Baudrillard, *ibid.*, vol. 11, p. 141.

aujourd'hui (18 novembre 1988) que les Québécois
vont voter en majorité en faveur de la continentalisation du Québec et du Canada. La question qui résume
toutes les autres est celle-ci: La modernisation d'une
formation sociale sous-tend-elle nécessairement son
américanisation? Ou plus particulièrement celle-ci: Le
Québec, qui se donne pour objectif en 1960 de rattraper les États-Unis, pouvait-il éviter de faire sienne la
devise d'un président américain, Calvin Coolidge
(1923-1929), qui disait: *The chief business of the American
peoples is business.* Ce que d'autres petits pays européens, les pays scandinaves par exemple, ont réalisé,
indépendance et social-démocratie, est-il impossible à
accomplir en Amérique du Nord? Et encore plus pré-
cisément, pourquoi le peuple québécois n'a-t-il pas
jugé bon, dans sa majorité, d'autoriser son gouvernement à annoncer la négociation pour essayer de changer son statut à l'intérieur du Canada? Cette question,
posée au Référendum en 1980, extrêmement timide et
modérée, le fut par un gouvernement soi-disant indépendantiste et qui passait pour social-démocrate et
mérita une réponse négative de la part de 60% de la
population québécoise, dont 40% de francophones;
c'est donc dire que ces francophones se partagèrent à
peu près également entre le oui et le non. C'est
surtout cet aspect du Référendum qu'il faut éclairer,
car le vote des anglophones et des allophones québécois ne peut que très partiellement s'expliquer à l'aide
des considérations et des hypothèses proposées ici.

Je suppose qu'en plus des faits eux-mêmes qui se
rapportent aux politiques proposées, à la conjoncture

socio-économique et à l'ensemble des phénomènes décrits et analysés par les manuels d'histoire contemporaine, il faut tenir compte d'un autre type de phénomène: celui des idéologies en présence, des fractions de classe qui les véhiculent et des images que ces projets de société et leurs propagateurs projettent dans la société par l'entremise de l'ensemble des médias.

Disons que d'emblée, le choix de rattraper le Canada et surtout les États-Unis ne présente pas de rupture, si ce n'est avec le passé et les fractions de classe qui le défendaient et voulaient le perpétuer. Dans une société depuis longtemps soumise à la concurrence et à la compétition, aller rejoindre ceux qui apparaissent en tête d'un peloton n'a rien de répugnant; c'est même la *Vulgate* du capitalisme! L'américanité que nous partageons avec les États-Unis est presque synonyme de conquête d'espace et de bénéfices accrus et nous impose le rattrapage, si l'on démontre que nous avons pris du retard.

Le «dépassement» dont j'ai qualifié l'option de ceux qui voulaient que le Québec devînt indépendant d'une part, et socialiste ou social-démocrate d'autre part, n'est pas synonyme de dépassement au sens économique et capitaliste du terme; en effet, dans le contexte du rattrapage, on court après d'autres pour les dépasser; le dépassement des concurrents est le premier précepte de la maximisation du profit. Le mot et la notion de «dépassement» que j'ai utilisés ont une tout autre origine; ils se veulent une traduction du terme allemand *Aufhebung* utilisé par Hegel et Marx.

C'est le dépassement des contradictions et des dysfonctionnements engendrés ici par la dépendance
politique et celles que fait naître le capitalisme. Le
dépassement de la situation politique du Québec ne
présente pas de rupture avec une option traditionnelle de bon nombre de Québécois qui ont depuis
presque deux siècles envisagé et promu l'indépendance de leur pays. Le dépassement que propose
l'option socialiste (ou social-démocrate) pour sortir
des contradictions économiques et culturelles du capitalisme est plus en rupture avec la tradition. Malgré les
Encycliques *Rerum novarum* (1893) et *Quadragesimo
Anno* (1933), toutes deux critiques des «abus» du
capitalisme, les Québécois depuis l'invasion de leur
pays par les marchands et les colons anglophones
vivent dans un régime capitaliste et le parasitent. Certaines fractions de classe collaborent et imitent les
classes dominantes. Si les Encycliques ont eu un certain retentissement dans la hiérarchie et chez certains
catholiques, elles sont vite oubliées à cause du danger
communiste, qui allait devenir, aux mains de certains
illuminés, un véritable épouvantail chez les bien-
pensants. À cause de la division du monde en deux
blocs, États-Unis et URSS, toute critique du capitalisme était perçue comme de la propagande communiste.

Au début des années 1960, les libéraux de Lesage
qui incarnent le rattrapage sont modérés sur la question nationale; ils combattent la centralisation des
pouvoirs à Ottawa qui s'était renforcée à la faveur de
la Deuxième Grande Guerre. Du point de vue socio-

économique, même modération; leur position se rapproche de celle des démocrates américains qui sont traditionnellement plus libéraux et plus favorables que les républicains aux mesures sociales envisagées pour redistribuer plus équitablement la richesse dans l'ensemble de la société. De ce point de vue, les libéraux attirent également les fractions de classe progressistes, autant les francophones que les groupes minoritaires, y compris les anglophones. Il faut aussi dire qu'aux États-Unis, en cette même année 1960, J.F. Kennedy est élu et inaugure une ère libérale qui vise à plus de justice économique, sociale et raciale. Dans d'autres parties du monde, c'est aussi l'époque de la décolonisation, marquée en France, par exemple, par la guerre d'Algérie. La victoire de Lesage se présente donc dans un climat continental et mondial avec lequel la population est en accord; son gouvernement est réélu en 1962 avec une très forte majorité.

Un couplage difficile

Pour ceux, groupes et individus, qui sont à gauche du parti libéral, et du point de vue national et du point de vue social le couplage des deux volets est difficile et ne sera jamais pleinement réalisé. Disons d'abord les choses un peu brutalement: traditionnellement, le nationalisme québécois, pratiqué surtout par la petite bourgeoisie et le clergé, avait toujours été à droite; le mouvement ouvrier s'est toujours méfié de ce nationalisme, parce que ses tenants n'ont jamais particulièrement défendu les ouvriers, faisant passer la défense des francophones avant la justice sociale. Au début des années 1960, la méfiance existait entre cette petite bourgeoisie nationaliste et le mouvement ouvrier. Pour ceux qui, comme moi, voulaient dépasser les contradictions de la situation coloniale et celles du capitalisme, cette méfiance, sinon cet antagonisme, sautait aux yeux. Participant aux mouvements d'implantation du Nouveau Parti démocratique (1961) cofondateur du Parti socialiste du Québec (1962), codirecteur de la revue *Socialisme 64*, j'ai été à même d'observer ce phénomène et j'ai essayé de réconcilier ces deux types de dépassement. À quoi bon devenir indépendants si nous perpétuons une société qui exploite et détruit la nature et les hommes? Pour changer cette société, il faut sortir de la dépendance politique et gouverner l'État québécois. Que les deux mouvements, national et ouvrier, aient réussi en de nombreuses circonstances à faire cause commune, voilà ce qui a conforté l'opinion que j'ai toujours eue que ces deux dépassements devaient marcher la main dans la main. Pourquoi les deux mouvements sont-ils allés à vau-l'eau depuis quelques années est l'une des interrogations principales du présent essai.

Pourtant cette jonction entre le national et le social s'était faite au Québec en 1833, décennie cruciale de notre histoire. En effet, le grand syndicaliste Émile Boudreau rapporte ce qui suit dans son ouvrage sur la FTQ (Fédération des travailleurs du Québec); parlant de l'Union des métiers de Montréal fondée en 1833, il écrit: «Dans un autre domaine, elle appuie les

Quatre-vingt-douze Résolutions des Patriotes sur la réforme du Parlement et sur les droits nationaux. Ce fut là, sans doute, l'une des premières sinon la première manifestation d'action politique syndicale. L'Union n'a pas vécu deux ans, mais même après sa disparition, les travailleurs maintiennent leur appui aux Patriotes, comme en témoignent les journaux de l'époque.» (p.35) Il faudra attendre la grève d'Asbestos, en 1949, pour que l'Église s'engage résolument en faveur des ouvriers; il faut dire que les syndicats locaux des travailleurs de l'amiante étaient affiliés à la Confédération des travailleurs catholiques du Canada (CTCC) et que leur grève n'était d'inspiration ni socialiste ni nationaliste; ils défendaient leurs maigres droits contre des exploiteurs américains et contre le régime Duplessis qui était acquis aux patrons. Il faudra attendre encore quelque dix ans avant d'assister à un début de convergence entre les contestations nationales et sociales. Au début de la Révolution tranquille, il arrivait que les entreprises et les patrons, contre qui les centrales syndicales luttaient pour obtenir de meilleures conditions de travail, étaient en majorité de langue et de culture non francophones. Coïncidaient alors les points de vue ouvrier et national. On verra que ce sont les grandes centrales syndicales qui ont maintenu jusqu'à aujourd'hui cette conjonction des deux points de vue. Il faudra tenter de dire pourquoi, même là, il y eut des ratés et pourquoi les deux volets du dépasssement sont presque disparus aujourd'hui des enjeux de la situation politique au Québec; s'il faut, au fil des ans, en chercher les raisons dans l'ensemble du monde nord-américain et occidental, il est loin d'être sûr que cet échec ne doive pas être aussi imputé à la spécificité de la formation sociale québécoise. Il faudra invoquer alors certaines hypothèses que j'ai posées au début de ces remarques.

Comment réaliser le dépassement politique?

Ceux qui, au début des années 1960, commencent à vouloir aller au-delà du parti libéral et de son idéologie de rattrapage et qui ont depuis longtemps abandonné et combattu le conservatisme de Duplessis et de l'Église, trouvent sur place, exactement comme aujourd'hui, une troisième force: le Nouveau Parti démocratique. Ce mouvement et ce parti, nés en 1933 pendant la grande Crise des années 1930, dans l'Ouest canadien, et qui se nomme la CCF, (Co-operative Commonwealth Federation) sont loin d'être inconnus au Québec, particulièrement de certains intellectuels anglophones éminents comme Norman Bethune et Frank Scott ainsi que certains professeurs de l'Université McGill; le parti attire les centrales syndicales du Québec, particulièrement la FTQ, et y trouve des résonnances très sympathiques. Dans leur lutte contre le régime Duplessis, des intellectuels francophones en étaient venus à se lier avec ces forces intellectuelles et syndicales. Avant 1960, Bethune et Scott se voulaient et étaient souvent à l'avant-garde du combat pour les droits ethniques et sociaux des francophones.

Il était donc naturel que Duplessis battu, les libéraux installés au pouvoir à Québec, ceux qui gra-

vitaient autour de cette troisième force que représentait le CCF-NPD, se réunissent pour bâtir des forces de dépassement; comme à l'élection fédérale de
1988, le NPD était alors décidé à pénétrer le Québec.
Je participai à cette tentative avec quelques collègues
francophones, des syndicalistes, de la FTQ surtout, et
des professeurs de l'Université McGill, dont Michael
Oliver, Charles Taylor et Jack Weldon. Je n'ai pas
gardé de notes des réunions et pourparlers et ne
saurais rapporter aujourd'hui comment ils se déroulèrent à cette époque. Je ne me souviens que de
l'échec de cette tentative et des raisons qui l'amenèrent.

Ce qui rapprochait des intellectuels des deux cultures et des syndicalistes, c'était un préjugé favorable
envers la classe ouvrière ou, comme on le dit aujourd'hui, envers les gens ordinaires. Mais, dans ce volet
même, nous nous rendîmes vite compte que nous les
francophones étions généralement plus radicaux que
nos collègues anglophones. Les accuser de «fabianisme» (doctrine qui inspirait le Parti travailliste britannique et les socialistes) n'arrangeait certes pas les
choses et donnait lieu à des discussions houleuses. Ce
n'était là que la première pomme de discorde, et ce au
sujet du volet social de l'idéologie globale de
dépassement.

C'est sur le point de vue national que les divergences se manifestèrent le plus. Bien que la coupure
entre fédéralistes et indépendantistes n'eût pas encore
été clairement consommée, s'affrontaient déjà des
conceptions divergentes sur les pouvoirs des pro

vinces, et particulièrement ceux du Québec et ceux du fédéral. Bien que le NPD fût, me semble-t-il, le premier à reconnaître le concept des «deux nations», cette reconnaissance de la spécificité socio-culturelle du Québec n'empêcha pas la fondation par les francophones du Parti socialiste du Québec; ce parti voulait occuper la scène provinciale du Québec et laissait le champ libre au NPD fédéral, qu'il considérait comme un parti frère. Vingt-cinq ans après, c'est le même problème qui confronte le NPD; ce parti doit-il avoir deux ailes, québécoise et canadienne, qui soient organiquement liées? La question se pose avec acuité après les élections du 21 novembre 1988. C'est la même qui surgissait déjà au début des années 1960; même à l'intérieur de la FTQ, les divisions étaient profondes; une majorité de syndicalistes optèrent contre le PSQ et continuèrent d'appuyer le NPD aux deux niveaux de gouvernement. Ce problème de la conjonction des deux volets de l'idéologie de dépassement n'a jamais été résolu; même si la position de la tendance PSQ se présentait comme la conciliation des points de vue national et social, comme l'écrit Émile Boudreau: «le document B-2, rédigé par Jacques-Yvan Morin, tranche en faveur d'une confédération dans laquelle l'État québécois aurait le statut d'"État associé". La souveraineté-association, quoi!» La fondation de la revue *Socialisme 64* représente cette tendance radicale et s'appuie sur deux courants de gauche, intellectuel et syndical, avec comme membres-fondateurs Jacques Dofny (U. de M.), Marcel Rioux (U. de M.), Émile Boudreau (FTQ) et Rolland Martel (CSN).

Quant à moi, j'ai dès le début adhéré au NPD et participé aux discussions avec les syndicalistes de la FTQ et ceux, moins nombreux, de la CSN. J'ai participé à la fondation du PSQ et, de très près, à celle de la revue *Socialisme 64* que nous considérions comme l'organe d'expression «du socialisme québécois et international». J'avais pris ces décisions après des années de collaboration et de discussion avec des anglophones de gauche de Montréal, d'Ottawa, de Toronto et d'ailleurs. Les courants d'opinion représentés par le PSQ et *Socialisme 64* se voulaient radicaux (et l'étaient par rapport à d'autres) sur le plan national (souveraineté) et sur le plan socio-économique (socialisme). Ces deux courants étaient modérés par rapport à d'autres, le FLQ (Front de libération du Québec), par exemple, sur le plan national et certains groupuscules ultra-gauchistes, sur le plan social.

Je pressentis que la gauche nationale allait l'emporter, et pour longtemps, sur la gauche sociale lors d'un débat-consultation que les dirigeants du mouvement Souveraineté-Association, conduit par René Lévesque, avaient organisé avec la FTQ. Cette centrale avait suggéré à René Lévesque, qui avait accepté, que je participe à la délégation de cette centrale et que j'assiste à la rencontre entre la direction du mouvement politique et des représentants de cette centrale. J'acceptai. D'autre part, des membres de la gauche du RIN (Rassemblement pour l'indépendance nationale) qui savaient que cette rencontre aurait lieu m'avaient demandé aussi d'y faire valoir les points de vue de cette aile de gauche. C'est donc à double titre que j'assistai à cette longue réunion. Jamais je n'écoutai tant ni n'analysai avec autant d'attention tout ce qui se disait de part et d'autre. Quoique pressé d'intervenir par des représentants de la FTQ, je n'ouvris pas la bouche de la soirée, tellement je devins vite convaincu que c'était inutile; il m'apparut rapidement que de la part des dirigeants du MSA, les jeux étaient faits et que la question nationale serait surtout mise de l'avant, fût-ce au détriment des positions socialiste et même social-démocrate. Le pire, c'est que les MSA m'avaient convaincu que, devenu parti politique — le PQ allait être fondé l'année suivante — il devait tout mettre en œuvre pour prendre le pouvoir; il devait essayer de rassembler au centre le plus d'électeurs possible; je compris que René Lévesque et ses collègues avaient estimé que la gauche sociale n'allait pas avoir d'autre choix que d'appuyer et de suivre ce parti politique. C'était peut-être la première fois que je me rendais compte des ambiguïtés et des contradictons de ce que le sociologue allemand Max Weber apercevait entre l'éthique de conviction et l'éthique de responsabilité; cette tension entre les deux allait s'accroître au fur et à mesure que le PQ s'approcherait du pouvoir et, à plus forte raison, quand il allait le détenir. Cette question est au cœur de plusieurs interrogations qui sous-tendent cet essai: pourquoi les forces de gauche ont-elles échoué au Québec, et ce à tous les niveaux, sur le plan politique et même sur le plan de la théorie sociale?

Le dépassement théorique

Jusqu'ici, il a été question dans ces remarques — et dans nombre d'ouvrages et de travaux sur la Révolution tranquille, — d'idéologies, de question nationale et de luttes des classes. Mais pour l'anthropologue et le sociologue que je suis et qui a pris parti sur les plan national et social, tous ces engagements et points de vue s'accompagnent d'options plus théoriques et donc plus générales.

Écrivant ces lignes à la fin de 1988, je constate, immédiatement, non seulement l'anachronisme flagrant de l'engagement d'un intellectuel, mais l'importance fluctuante des «sciences» humaines dans la vie de la cité, et particulièrement de la sociologie, au sujet de laquelle on pouvait à Paris, en mai 68, demander sarcastiquement «Pourquoi des sociologues?»; aujourd'hui, il n'y a plus là-dessus ni sarcasme ni même de question. Cette discipline est devenue, au même titre que l'économie politique, amenuisée elle-même en économétrie, une science lugubre (*dismal*). L'anachronisme atteint son comble lorsqu'il s'agit de sociologie critique qui non seulement ne se pratique presque plus, mais dont certains herméneutes affirment qu'elle n'a même plus de légitimité théorique.

Pour comprendre le désert politique, idéologique et intellectuel d'aujourd'hui, il faut revenir près de trois décennies plus tôt, à une époque où, non seulement au Québec, mais dans presque tous les pays du monde, existait la possibilité de changer la vie, de changer la société. En 1960, il est arrivé que la volonté des Québécois de changer la société et de bâtir un quotidien qui fût plus humain, était au diapason de bien des pays du monde. Même la métropole du capitalisme mondial, les États-Unis, avait élu un président millionnaire, Kennedy, qui s'était donné pour mission de rendre le capitalisme vivable et de diminuer l'influence des voleurs institutionnels et de la pègre. Je ne dis pas que le Québec d'aujourd'hui n'est plus au diapason du monde occidental, mais que ce monde lui-même s'est enfoncé dans les plus graves contradictions; le Québec a suivi et, dans certains domaines, l'a même devancé. Toujours le privilège du retard historique...!

Il faut donc revenir à une époque où l'attitude critique et, en ce qui me regarde, la sociologie critique héritée de la fin du XVIIIe siècle et du XIXe siècle, avait partie liée avec l'émancipation des hommes et des femmes. Aujourd'hui, comme l'écrit Peter Sloterdijk, dans sa *Critique de la raison cynique* que j'ai déjà citée: «La critique paraît être devenue encore moins possible que ne l'a pensé Benjamin. L'«humeur» critique se tourne nostalgiquement vers l'intérieur dans un jardinet philologique où l'on cultive des iris benjaminiens, des fleurs du mal pasoliniennes et des belladones freudiennes.» Il est vrai, comme l'annonce l'historien François Furet du haut de son orthodoxie néo-libérale, que la Révolution française est maintenant terminée. Le monde entier en prend acte, en 1989, l'année de son bicentenaire, en se gavant d'événements médiatiques tous plus éblouissants les uns que les autres. Seuls les érudits se souviendront des abbés Grégoire et Sieyès, les astres du jour, Mitterrand et Lang les ayant relégués aux ténèbres anté-catho-diques. Même chez nous, les deux abbés Dion et O'Neil, qui ont contribué à la naissance de la Révolution tranquille, sont aujourd'hui bien oubliés de ceux qui proclament très haut la victoire des «progressistes-conservateurs». En des temps moins sombres et moins débilitants, l'ancien directeur de la revue anglaise *Punch*, Malcom Muggeridge, avait fait des gorges chaudes sur le nom même de ce parti; pour lui, l'avenir en Amérique du Nord, un peu à la Toyn-bee, appartenait au Québec. Aujourd'hui comme s'en gargarisent les Boubou de tous les bouis-bouis, le Québec est devenu en 1988 le pivot de la victoire de ces brontosaures canadiens. Autres temps, autres mœurs!

Devant ce virage époustouflant du Québec de 1988, il n'est pas facile d'essayer de rendre compte des débuts de la Révolution tranquille où l'on vit toute une société s'embarquer allègrement dans toutes les voies du changement, les jeunes prêtres même con-testant vivement les vieux prêtres et les vieux bedeaux.

Comme il s'agissait alors d'un changement de société et de vie et non de recettes pour s'enrichir rapidement, on s'explique mieux aujourd'hui que l'intérêt des étudiants se tournât vers les sciences sociales plutôt que vers les disciplines comptables. Traditionnellement, tout ce qui touchait la société était pris en charge ici par la «doctrine sociale de l'Église»; comme ses tenants étaient en «possession tranquille de la vérité», ils voyaient d'un mauvais œil

116

qu'on pût oser faire des recherches sur la société sans risquer d'ébranler les vérités révélées depuis saint Thomas d'Aquin qui avait, selon eux, christianisé Aristote.

Je n'ai jamais pu m'expliquer comment deux ecclésiastiques influents de l'Université de Montréal en vinrent à penser que je pusse «doyenner» la faculté de ces sciences sociales dont ils sentaient qu'elle allait bientôt devenir très importante, et ce, ils le prévirent dès la fin des années 1950. Ils me convainquirent d'aller rencontrer celui qui occupait alors ce poste pour discuter de ma venue et m'entendre avec lui. Je me présentai chez lui un dimanche après-midi. Je n'ai rien noté de cet entretien, mais y surnagent une impression et une conclusion.

Tout de suite en entrant, j'eus l'impression de pénétrer dans la maison d'un petit bourgeois triste et résigné, dont l'intérieur était meublé et décoré au goût et aux teintes de sa personnalité. Pas ou peu de livres. Aux murs des chromos aussi tristes et aussi gris que le maître de céans. À mon arrivée, il écoutait religieusement l'*Heure dominicale* et il me l'imposa pendant de longs moments. Je sentis immédiatement que pour partager tant soit peu la vie de cet homme, honnête mais lugubre, il me faudrait déployer beaucoup de patience et d'endurance. Le jeu en valait-il la chandelle? Ma réponse ne fut pas lente à venir: la différence était trop grande entre sa conception de ce que devait être une faculté des Sciences sociales et la mienne. Pour lui, il s'agissait d'*enseigner* la vérité, pour moi, il fallait d'abord chercher à connaître la société et ensuite donner aux étudiants des outils pour qu'ils puissent eux aussi l'étudier et la connaître. Comme nous étions à la fin des années 1950, il m'apparaissait que pour que la faculté devînt dynamique, il fallait d'abord en finir avec Duplessis; c'est pourquoi je décidai de retourner sur le terrain aux Îles-de-la-Madeleine au lieu de venir m'enfermer dans un bureau de Montréal avec un homme triste. Quelque estime que j'eusse pour certains de ses travaux, je sentis que cet homme incarnait la fin d'une époque et la fin d'une idéologie. J'appris un peu plus tard que celui qui avait accepté le poste qui m'avait été offert s'était récemment converti au catholicisme en choisissant judicieusement parrain et officiant. Paris vaut bien une messe!

Je dus attendre le mois de juin 1961 — début de l'année universitaire, un an après le 20 juin 1960 — pour occuper le poste, qu'on m'avait offert et que j'avais accepté, à ce qui s'appelait alors la faculté des Sciences sociales de l'Université de Montréal; non pas comme doyen mais comme «simple professeur», disait aimablement ce doyen qui avait récemment connu son chemin de Damas.

Virage sur les chapeaux de roues

On peut probablement affirmer rétrospectivement que, si la Révolution tranquille fut mise en marche par une équipe politique qui voulait changer la société, les disciplines intellectuelles dont l'objet d'études est la société suivirent vite le mouvement. Elles le firent sans ambages! Au point d'inquiéter ceux qui ne voulaient que rattraper les Américains et moderniser le Québec! En sociologie, à ce moment-là, le fonctionnalisme triomphait dans les universités anglophones du continent; c'est la justification théorique de la société telle qu'elle existe à un moment donné; elle avait été mise sur pied aux États-Unis à la fin des années 1930 pour répondre à ceux qui s'alarmaient de la grande crise économique du capitalisme et contestaient les théories qui le justifiaient. À Montréal, on n'avait guère enseigné plus que la «doctrine sociale de l'Église», qui n'était qu'un fonctionnalisme théologique déguisé. À l'Université Laval, existait depuis la fin des années 1930 une École des sciences sociales, fondée par le père Georges-Henri Lévesque et qui misait sur la recherche et encourageait l'esprit critique. Au début de la Révolution tranquille, elle était bien en place et avait contribué à la défaite du régime Duplessis qui, sachant reconnaître le danger, avait défendu à *sa* fonction publique d'embaucher quelque diplômé de cette école. Certains, dont Jean Marchand, avaient, Dieu merci! réussi à se caser ailleurs et étaient parvenus à porter des coups très durs au potentat. Quand, tout de suite après sa victoire, Lesage entreprit de mettre sur pied une fonction publique au service de l'État, il trouva plusieurs spécialistes compétents, diplômés de Laval, prêts à aider le gouvernement dans la construction d'un Québec moderne.

À Montréal, on était loin d'en être là. La faculté sortait à peine de ses cours du soir où des catholiques de bonne volonté digressaient autour de la doctrine sociale de l'Église. On raconte même que l'un de ces zouaves lut, un soir, de sa plus belle voix, les premières pages d'un livre extraordinaire qui venait, dit-il, de lui tomber sour la main. Il s'agissait des premières pages du *Manifeste communiste* de 1848 dont la première phrase du premier chapitre se lit ainsi: «L'histoire de toute société jusqu'à nos jours, c'est l'histoire de la lutte des classes.» «L'auteur, ajouta ce nouveau croisé en lisant laborieusement ce nom si nouveau pour lui, c'est un dénommé Karl Marx.» (J'ai mis ces paroles entre guillemets parce que je cite le poète Gaston Miron qui m'a conté cette anecdote en m'assurant qu'il avait lui-même assisté à ce cours prophétique.) Toujours, le privilège du retard historique!

Parce qu'au début de la décennie 1960, il s'agissait un peu partout dans le monde, notamment en Afrique, en Asie et même en Amérique du Nord avec Kennedy, de changer la société, il ne serait pas faux d'affirmer que c'est la sociologie, vouée à l'étude générale des sociétés, qui prit la tête des disciplines intellectuelles connues sous le nom de sciences «humaines» ou sociales; elle attira non seulement des spécialistes de la monographie — étude détaillée d'un sujet précis relativement restreint — mais des *intellectuels*, qui traitent en termes plus généraux des sujets qui intéressent le public «cultivé» et dont la langue évite le jargon des spécialistes. Comme le démontre brillamment Russell Jacoby dans *The Last Intellectuals* (1988), cette espèce est en voie d'extinction aux États-Unis; elle l'est aussi en France et au Québec. Cette tribu, originaire d'Europe, de France et d'Allemagne surtout, avait émigré aux États-Unis et l'on cite volontiers parmi ceux qui s'intéressaient aux sciences de l'homme: Daniel Bell, Noam Chomsky, Wrigt Mills, Lewis Mumford; chez les économistes, qui sont toujours plus près des chiffres que des idées, on ne peut guère citer que John Kenneth Galbraith. Si cette espèce dérangeante est souvent de gauche, il arrive aussi, selon les époques, qu'elle soit de droite; ne citons, en France, que Joseph de Maistre et Louis de Bonald au XIXe siècle, et Pierre Chaunu aujourd'hui. Aux États-Unis, il n'est guère que Daniel Bell et William Buckley Jr. que l'on puisse désigner comme les derniers intellectuels de droite.

En 1960 que voulez-vous qu'un intellectuel, et quelquefois un «monographiste» qui épousait l'air du temps, fût, ou mieux, devînt? Marxiste, marxologue, marxien ou, à tout le moins, qu'il nageât dans la mouvance marxiste. La loi du privilège du retard historique joua à pleins gaz, encore ici. Et c'est, de tous les champignonnades que produisit la Révolution tranquille, le moins explicable et le moins attendu.

Que dans un pays colonisé, soumis à l'Église catholique depuis deux siècles, une province soumise pendant un quart de siècle à un roitelet qui vient à peine de mourir, l'auteur le plus cité et le plus admiré fut ce dénommé Karl Marx qu'hier encore les derviches tourneurs d'ici considéraient comme l'Antéchrist, donne une idée du renversement intellectuel presque instantané qui se produisit ici. Comment l'expliquer? D'où venaient les enseignants et les étudiants qui étonnaient de vieux marxistes français en leur disant que la lettre de Marx à Leske était datée du 1er août 1846 plutôt que du 26 août comme ils venaient de l'affirmer?

Parce que j'ai enseigné la «sociologie de Marx» pendant quinze ans au département de sociologie de l'Université de Montréal et que j'étais au nombre de ces néophytes, je crois devoir dire comment cela s'est passé pour moi et donner une idée des situations cocasses auxquelles cette vogue marxienne donnait quelquefois lieu.

Devenu socialiste en France, en 1946, sous le gouvernement de Léon Blum que j'ai d'abord estimé comme homme de lettres et particulièrement comme rédacteur à la *Revue Blanche*, je commençai à m'intéresser de plus près à Marx et à l'étudier plus systématiquement. Et quand vint le temps de choisir une chaire d'enseignement à l'université, je suivis le conseil du professeur Everett Hugues des États-Unis qui disait qu'il fallait enseigner des auteurs que nous connaissions à peine pour nous forcer ainsi à mieux les connaître. Ce que je fis! Je dois avouer que je naviguai quelquefois à la godille, tellement ma «science» était fraîche et les étudiants aguerris. Ce fut particulièrement le cas quand je traitai de l'austro-marxisme, de Karl Renner et de Rudolf Hilferding en particulier. Deux des étudiants qui suivaient ce cours, étant autrichiens et marxistes, m'obligèrent à serrer de près les différences de ces Autrichiens avec les doctrines des spécialistes de la patrie même du Maître. Heureuse époque où ce n'était pas la différence de prix entre le yen et le Deutsche Mark qui faisait saliver étudiants et enseignants.

Ce n'est pas immodeste d'avouer que ce cours que je donnais sur la sociologie de Marx attirait beaucoup d'étudiants; tous les cours de sociologie étaient populaires. N'étaient-ce pas les problèmes de société qui attiraient à ce moment-là les étudiants et le «vrai monde» aussi? Déjà les méthodes pédagogiques avaient évolué et nous avions mis au rancart le cours magistral. Avec les étudiants, j'avais mis sur pied des structures de participation tellement complexes que je consacrais une bonne heure à les expliquer. J'ai oublié bien des arcanes de cet exercice et ne me souviens que de «petits synthétix», de «grands synthétix» et surtout du «grand librairix». Ce dernier avait pour mission d'approvisionner les étudiants en ouvrages de Marx dont la lecture était particulièrement recommandée. Or, un jour, il vint me dire qu'il ne restait plus un livre de Marx dans les librairies de Montréal et la classe en avait encore besoin de quelque cinq cents. «Qu'à cela ne tienne, lui dis-je, je pars ce soir pour Paris et vous les ferai expédier demain par air-cargo; donnez-moi la liste des ouvrages désirés.»

Le lendemain, sitôt descendu à Paris, je me présentai, rue Racine, aux Éditions sociales qui vendent bon marché les ouvrages de Marx; je passai ma commande à Jonas qui n'en croyait pas ses yeux; il appela son collègue Pronteau et tous les deux crurent que le ciel leur tombait sur la tête. Comment! 500 ouvrages de Marx pour des étudiants québécois? Pour les agiter davantage, je leur fis remarquer qu'il ne s'agissait que

d'un seul cours, donné dans une seule université québécoise. Quand d'autres commandes viendront, il
faudra, leur dis-je, être bien approvisionnés!

Si la Révolution tranquille comblait d'aise bien
des anciens opposants du régime Duplessis, elle ne
manquait pas d'en alarmer d'autres qui sentirent
très vite qu'elle pourrait déraper vers des excès
comme l'indépendance ou la social-démocratie. À
l'Université McGill, on mit sur pied un comité dont les
membres devaient discuter de l'avenir de la Confédération. Pierre Trudeau m'invita à en faire partie,
ce cénacle était composé d'anglophones et de francophones; du côté francophone, c'étaient des intellectuels et des membres de l'intelligentsia locale; les
anglophones avaient invité, en plus de leurs intellectuels, quelques membres de la grande bourgeoisie
d'affaires. Je me rends bien compte du chemin que
nous avons parcouru depuis; aujourd'hui, si jamais un
tel comité devait être mis sur pied, je ne sais trop de
quoi l'on pourrait discuter entre anglophones et
francophones, après l'acceptation par la population
du traité de libre-échange. Y a-t-il encore quelque
chose à sauver? Il y a gros à parier que les francophones ne seraient représentés que par des hommes
d'affaires. Les «pelteux-de-nuage» de M. Gérard
Filion, l'ancien directeur du *Devoir*, se sont estompés
dans la pollution galopante... des affaires des hommes
d'affaires.

Nous étions reçus dans les meilleurs clubs universitaires anglophones et régalés des meilleurs mets et
de vins haut de gamme. Je remarquai que les plats

portaient tous des noms français; celui de «charlotte à la russe» me fit sourire doucettement.

Un soir, et je ne me souviens pas si c'était avant ou après la charlotte à la russe, un homme d'affaires avait entrepris de me séduire; très à l'aise dans la langue française et dans les manières de table et de conversation — charme certain de la bourgeoisie — il me dit que la ville la plus intéressante du monde était Montréal et que son plus beau fleuron était l'Université de Montréal; il ajouta, avec un sourire en coin, que cette université avait beaucoup changé ces derniers temps. Je me dis enchanté qu'il s'en soit aperçu et lui donnai quelques exemples de ce changement.

— Ce matin même, dis-je, le département où j'enseigne a refusé d'ajouter un autre cours sur Marx, sous prétexte qu'il y en avait déjà quatre.

Il était si bien élevé que ce chiffre ne le fit même pas ciller; tout au plus rit-il un peu jaune. C'est là que je lui assenai ma dernière botte.

— Vous avez bien raison, lui dis-je. Ça change à l'Université de Montréal! Voici un autre exemple: l'autre jour, je frappe à la porte d'un collègue et j'entre sans attendre. Aussitôt qu'il me voit, il s'empresse de fermer un tiroir de son bureau qui était grand ouvert. Comme il a l'air mal à l'aise, je lui demande en riant ce qu'il cache dans ce tiroir. Comme il n'a rien à craindre de moi, il l'ouvre. Savez-vous ce qu'il lisait? La dernière encyclique de Jean XXIII, *Mater et Magistra*. Vous vous rendez compte! Il y a deux ans à peine, c'eût été *le Capital* qu'il eût ainsi lu en cachette. Oui, vous pouvez le dire, ça change à l'Université de Montréal!

Je ne revis plus ce si charmant millionnaire, car je déclarai à Pierre Trudeau qui m'y avait amené: «c'est la première fois que tu m'amènes à une réunion où il ne s'agit pas de foutre le bordel en l'air, mais de la garder en l'état». Je n'y retournai pas. Quant à lui, il poursuivit dans cette voie-là avec le succès que l'on sait.

Choisir son camp

Ce n'est pas le fait que tant d'universitaires et d'analystes choisirent le marxisme ou à tout le moins plusieurs de ses concepts généraux, qui fait problème, mais le fait de la vitesse de diffusion de cette théorie et de cette idéologie. Si l'on se reporte aux années 1960, on s'aperçoit que le Québec commence sa révolution tranquille à une époque où, dans le monde entier, plusieurs pays veulent secouer le joug du colonialisme et du capitalisme qui ont eux-mêmes produit et avalisé, politiquement et théoriquement, ces dépendances humiliantes et dépossédantes. Le monde étant alors, beaucoup plus qu'aujourd'hui, divisé en deux camps, on ne peut pas ne pas choisir — ou du moins accorder un préjugé favorable à celui qui combat celui-là même que nous combattons. Il faut dire tout de suite qu'il existe une compatibilité certaine entre théorie et pratique, de même qu'il en existe une entre la théorie et les techniques de recherche. Ce qui veut dire que dans un Québec qui veut changer d'abord de régime politique (Duplessis), on se rend compte, de propre en proche, que dans le retard qu'il a pris par

126

rapport à d'autres pays et la domination qu'il subit, on doit mettre en cause le mode de production (type de société) et son stade suprême, l'impérialisme américain si l'on vit au Québec, ou russe si l'on est Tchèque aujourd'hui. Si donc, en 1960, le monde est divisé en deux blocs politiques et économiques, il l'est aussi du point de vue de la théorie générale des sociétés. Cela va de soi puisque les grands débats de cette époque se déroulent sur le plan de l'idée que l'on se fait de «la bonne vie et de la bonne société». Parce que le marxisme et le fonctionnalisme sont deux théories générales de la société — et les deux seules —, les intellectuels qui s'intéressent à et œuvrent dans les disciplines dites sociales n'ont pas d'autre choix que de choisir l'une *ou* l'autre. J'ajoute qu'en 1960 il y avait une alternative théorique et que, si la statocratie soviétique qui s'est bâtie en se réclamant du marxisme commençait à le gruger comme riposte théorique au fonctionnalisme, il était loin d'être prouvé alors, comme Sartre lui-même l'admit à la fin de sa vie, que «le ver était le fruit»; c'est-à-dire que l'application du marxisme conduit inévitablement à la dictature. Autrement dit, il était raisonnable de penser, en 1960, que le sanguinaire Staline était un phénomène russe, que le cas soviétique n'était qu'une grossière déviation et qu'un dévoiement asiatique du marxisme; l'écrasement en 1956 de l'insurrection de Budapest par Malenkov, le successeur de Staline, n'avait pas eu ici le même effet que sur certains intellectuels français qui rompirent non seulement avec le communisme, mais, pour quelques-uns, avec le marxisme même. Il faut dire qu'ici il n'y eut pas ou très peu de liens entre ceux qui s'inspiraient du marxisme dans leurs travaux intellectuels et le parti communiste, comme c'était le cas en France, par exemple. Je crois d'ailleurs que ce n'était pas seulement le cas des Québécois, mais de la grande majorité des marxistes nord-américains de toutes tendances, pour la bonne raison que les partis communistes de ce continent étaient, sinon proscrits, du moins persécutés et clandestins.

Sur le plan théorique, celui de l'analyse globale de la position du Québec comme société nord-américaine en Amérique et dans le monde, ainsi qu'à celui de la structure interne du Québec, il apparaissait à plusieurs que ni le fonctionnalisme à la Talcott Parsons ni la doctrine sociale de l'Église, telle qu'enseignée et diffusée par l'École sociale populaire des jésuites et les «Sciences sociales» du père Papin Archambault, ne pouvaient ni analyser ni épauler le désir de changement des Québécois, ni surtout fournir les outils conceptuels nécessaires à la critique et au dépassement, dans la formation sociale que constitue le Québec. Je me rends compte qu'en énonçant cela, j'ai déjà tenu pour acquis, en utilisant des concepts marxistes — ceux de critique et de dépassement —, qu'il fallait analyser la situation, la critiquer et la dépasser, c'est-à-dire aller au-delà des contradictions qu'engendrent la situation de dépendance du pays et celles de la condition ouvrière. Mon interprétation ne peut être aujourd'hui que rétrospective et ne peut rendre compte que de choix anciens. Il me semble, d'autre part, que si nous nous reportons au début des années 1960 et au désir des Québécois de changer, exprimé démocratiquement à l'élection de 1960 — «il faut que ça change» — et à celle de 1962, qui portait d'abord sur l'étatisation des centrales électriques, il faut convenir que les analystes devaient prendre en compte ces faits.

Il serait oiseux de faire la critique détaillée de la sociologie catholique d'ici, pratiquée surtout par les jésuites, ainsi que du fonctionnalisme américain, mais il faut en dire deux mots, même au risque d'être injuste. La doctrine sociale catholique était surtout une morale qui défendait l'idée selon laquelle les individus et les groupes sociaux devaient réaliser ici-bas le plan divin; tous devaient concourir au bien commun, quelle que fût la place de chacun dans la société et sa société dans le monde. Loin de reconnaître les luttes de pouvoir entre les classes sociales, les ethnies et les États, elle prêche l'harmonie entre elles; elle enseigne à tous la résignation et cela pour réaliser le plan divin et se gagner le ciel. Bien sûr que l'Église réprimandera les individus et les groupes qui profiteront trop de leur puissance, car il faut opprimer «justement» les autres. Les Québécois, devenant de plus en plus conscients qu'ils sont opprimés comme nation et doublement comme travailleurs, doivent chercher ailleurs une théorie qui non seulement leur permette de comprendre leur situation, mais justifie leur volonté de changer les choses.

Le fonctionnalisme américain (Talcott Parsons en est le théoricien le plus raffiné) est une machine théorique aussi complexe et aussi savante — je devrais dire savantasse — que la plus fricotée des interprétations du marxisme — l'althussérisme, par exemple, chacune pouvant se sublimer en une espèce de mysticisme; c'est ce qu'affirme de celle d'Althusser, son maître et aussi écrivain catholique, M. Jean Guiton. Existe entre les deux théories une différence fondamentale: le fonctionnalisme explique en long et en large pourquoi les sociétés sont ce qu'elles sont et le marxisme, de son côté, veut prouver que les sociétés ne sont pas ce qu'elles pourraient et devraient être. C'est ce que j'ai appelé, en 1966, la sociologie aseptique — soi-disant purgée de tout jugement de valeur — et la sociologie critique qui prône, qui valorise l'émancipation sociale. Rétrospectivement, et même aujourd'hui, la différence entre les deux théories est facile à constater: on peut expliquer, d'une part, pourquoi le Québec est ce qu'il est le plus savamment du monde et, en suivant la maxime de la sociologie aseptisée «les faits sociaux sont des choses», ne pas s'engager avec la majorité des citoyens à concourir au changement de la société. En rétrospective, on se rend compte que les politiques et les intellectuels, qui ne faisaient que constater les retards accumulés par la société québécoise par rapport au reste de l'Amérique, contribuaient ainsi à l'américanisation du Québec; ce qui, je dois le constater, aujourd'hui, est en voie de pleine réalisation. J'admets volontiers que telle n'était pas l'intention de ceux qui prônaient et partageaient l'idéologie de rattrapage; ceux qui s'opposaient à eux — et j'étais de ce nombre — ne prévoyaient pas non plus cet effet catastrophique et n'en faisaient pas grief à leurs adversaires. Pour nous, d'autre part, qui combattions et suivions la voie marxiste admettant la spécificité culturelle du Québec, c'est-à-dire qu'il formait, parmi les sociétés humaines, une entité bien individualisée, nous prônions qu'il se modernise sans s'américaniser complètement et continue de se développer de la façon qui lui était spécifique. Nous croyions que toute culture enrichit l'humanité en s'actualisant, selon ce que l'histoire l'a faite, et que la disparition et l'affaissement de l'une d'entre elles dépossèdent l'humanité d'une partie de son patrimoine. Écrivant cela en 1988, je me rends compte que c'était peut-être là un projet chimérique, mais que nous nous devions à nous-mêmes et à nos anciens et à nos anciennes de l'émettre et d'essayer de le réaliser. Je suis aussi conscient qu'à l'époque de la continentalisation généralisée, fondée sur l'efficacité économique, cette thèse et cette idéologie culturelles non seulement semblent désuètes, mais risquent même d'être incompréhensibles. À chaque gain de l'économisme correspond une perte culturelle; la concurrence économique internationale et la recherche généralisée de l'argent et des marchandises, comme le disait Marx au XIXe siècle, sont devenues aujourd'hui et partout «la loi et les prophètes». Qu'il se soit trouvé, il y a quelque vingt-cinq ans, des individus et des groupes dans une petite colonie nord-américaine pour penser à sauver une culture et à l'incarner dans une société libre qui mettait de l'avant son destin collectif plutôt que l'enrichissement

131

de quelques barons de l'industrie et de la finance, voilà ce qui aujourd'hui relève presque de la mythologie. C'était tellement incroyable qu'un anthropologue américain est venu récemment sur place étudier ce phénomène pendant quelques saisons.

Richard Handler a publié, en 1988, un livre làdessus qui s'intitule *Nationalism and the Politics of Culture in Quebec.* Sa conclusion peut se résumer ainsi: il n'y a pas de *culture nationale* au Québec, et ceci, qui est encore plus draconien: l'objet d'étude de l'anthropologie qui, depuis le milieu du XIXe siècle, a été *la culture* n'existe plus. Et pourquoi cette double négation péremptoire? Ce n'est qu'à la dernière page de son ouvrage, comme après coup, qu'il donne la véritable raison de l'évaporation de la culture et de l'effrondement progressif des cultures autres que celle des États-Unis. Je traduis son constat: «... la «culture» est devenue une catégorie résiduaire ambiguë. Elle est résiduelle parce que nous la considérons comme un phénomène secondaire, moins importante que les «dures» réalités de l'économie et de la politique [de là, marginalité du ministère des Affaires culturelles dans le gouvernement du Québec].» Je crois qu'il a raison: quand la culture *fast food* sera répandue dans tous les domaines de la vie quotidienne, peu importera quand et comment elle sera déglutie et déféquée. Que nous en soyons là, à la fin des années 1980, fait ressortir une espèce de paradoxe: alors que selon la plupart des observateurs, même américains, les États-Unis ont amorcé leur déclin économique et ont perdu la première place qu'ils ont longtemps tenue, leur culture, disons plutôt leur civilisation, a essaimé dans le monde entier; alors que les Japonais sont en train d'acheter les États-Unis, ce sont ces mêmes États-Unis qui continuent de faire la loi jusque dans les domaines économique et financier, au point que c'est le Japon qui protège et sauve le dollar et que les Russes leur demandent assistance pour rebâtir leur économie.

Toutefois, il y a un quart de siècle, les jeux ne semblaient pas être faits et le Québec, qui partageait et partage encore avec les États-Unis une américanité qui tient au fait que nous partageons le même habitat-continent, n'était pas encore américanisé à un point de non-retour et se présentait, à cause de son histoire et de sa culture, comme le maillon faible du capitalisme en Amérique du Nord. C'est pourquoi plusieurs analystes, sociologues ou autres, crurent que le changement devait se faire non pas vers le rattrapage des États-Unis, mais vers la mise sur pied d'un autre type de société. Le fonctionnalisme américain qui avait été élaboré à la fin des années 1930, justement pour combattre le marxisme qui s'infiltrait à la faveur de la grande crise économique, était adapté à une société qui ne voulait pas changer mais surmonter certains de ses dysfonctionnements. Si le Québec était considéré comme une colonie intérieure du Canada et celui-ci comme une colonie extérieure des États-Unis — Frantz Fanon et Jacques Berque avaient introduit ce mot et cette notion de colonie chez nous —, il était normal qu'on utilisât, pour analyser ces phénomènes, une théorie qui en tînt compte. Si, d'autre part, la

classe ouvrière du Québec apparaissait comme doublement colonisée en tant que francophone et en tant
que prolétaire, il était aussi normal qu'on se servît de
concepts marxistes pour l'analyser et en changer la
condition.

Restait à concilier ces deux points de vue. Historiquement, c'était le clergé et la petite bourgeoisie
professionnelle — les notables du pays — qui gravitaient dans l'orbite de l'Église qui avait pris sur elle,
comme on l'a vu précédemment, de défendre les
droits collectifs des Québécois; d'autre part, les mouvements ouvriers qui défendaient le prolétariat francophone s'étaient inspirés de ceux des États-Unis et
souvent y étaient affiliés; ce qui ne manquait d'être vu
d'un mauvais œil par l'Église, parce que ces syndicats
américains n'étaient pas catholiques. National et
nationalisme avaient tendance à évoquer chez les
ouvriers et les syndicalistes des idées de conservatisme,
de religion et donc de droite. Ceux des intellectuels
qui voulaient faire la jonction entre le national et le
social étaient d'abord perçus avec méfiance par
l'Église et le mouvement ouvrier; celle-ci avait peur du
communisme et celui-là du monolithisme religieux. Si
leur désir de dépasser les contradictions engendrées
par la domination nationale et l'exploitation ouvrière
devait se réaliser, on devait trouver d'abord une justification qui favoriserait une action commune aux
deux niveaux.

Dès 1962, mon collègue Jacques Dofny et moi
nous publiâmes dans la *Revue française de sociologie* (III,
3, juillet-septembre 1962, p. 290-300) un article sur les

classes sociales au Canada français, qui, sans avoir explicitement pour but de réaliser cette jonction, y contribua d'après le témoignage de Roch Denis. Il écrit dans *Luttes de classes et question nationale au Québec, 1948-1968* ce qui suit: «c'est sur cette base que doivent se régler, au moins dans la nation dominée, la fondation et l'orientation programmatique de l'action politique pour le socialisme. Telle est l'utilisation politique qui est faite au début des années 1960 de l'hypothèse sociologique de la classe et de la conscience ethniques. Comme la tendance nationaliste au sein du NPD-Québec, les partis nationalistes, tel le RIN, y trouvent une argumentation théorique de premier choix. Cette hypothèse constitue en fait, pour eux, un appui théorique non négligeable à leur combat d'orientation nationaliste: cet appui est doté du prestige scientifique de l'université.» (1979, p. 356)

Avant de résumer très brièvement cette hypothèse dite de «la classe ethnique», il faut dire qu'elle fut diversement reçue par les théoriciens québécois et français. Ici, je crois qu'elle fut mieux acceptée par les nationalistes que par les théoriciens marxistes; ces derniers y voyaient une déviation intolérable, l'usurpation à des fins nationales du concept marxiste clé de «classe sociale»; les ultra-gauchistes eurent toujours d'ailleurs beaucoup de mal à épouser franchement quelque lutte nationale que ce fût. Ils interprétaient mécaniquement le primat théorique et pratique de la lutte des classes énoncé par Marx, lui qui avait quand même appuyé, en son temps, les nationalistes irlandais. Leur rejet de la classe ethnique se fonde en partie sur ce texte de Marx. En 1845, il écrit: «La nationalité du travailleur n'est pas française, anglaise, allemande, elle est le *travail*, le *libre esclavage*, le trafic *de soi-même*. Son gouvernement n'est pas français, anglais, allemand, c'est le *capital*. L'air qu'il respire chez lui n'est pas l'air français, anglais, allemand, c'est l'*air des mines*. Le sol qui lui appartient n'est pas le sol français, anglais, allemand, c'est quelques pieds *sous la terre*.» Maximilien Rubel ajoute en note que c'est ainsi qu'il faut entendre la phrase du *Manifeste communiste* : «Les travailleurs n'ont pas de patrie.» (*Possibles*, été 1988, Montréal, p. 34, reproduit en annexe). Et pourtant, en 1988, une enquête menée par un mouvement féministe révèle que dans la fonction publique du gouvernement du Canada, les femmes, comparées aux hommes, subissent une discrimination vexatoire, d'abord parce que femmes, mais *surtout* parce que *francophones*. Même le professeur Gurvitch, mon maître et ami, n'approuvait pas mon utilisation de classe — il était lui-même un spécialiste marxiste de la classe sociale — et m'accusa dans *Les cahiers internationaux de sociologie* de donner raison à son ennemi, Raymond Aron; la bataille entre les deux était tellement poussée qu'elle en était venue à des subtilités qui échappaient même à ceux qui, comme moi, suivaient leurs travaux respectifs. L'ultra-gauche qui s'appuyait sur des interprétations divergentes de la doctrine sacrée aura saboté ainsi bien des efforts. Je pourrais nommer un de mes anciens étudiants qui, à lui seul, a fait mourir, par son dogmatisme hystérique, au moins trois revues de gauche. Je me souviens qu'un jour nous nous réunîmes, quelques-uns qui donnaient des cours sur Marx, pour discuter des relations entre théorie et pratique. Pour ce faire, deux des participants nous obligèrent à relire *Le Capital* en groupe et nous commençâmes la première réunion formelle par la lecture de la première ligne du livre premier, de la première section du chapitre premier du *Capital*; nous n'allâmes pas plus loin que la deuxième page parce que déjà nous achoppâmes sur la définition de *valeur d'usage*. Non seulement y avait-il des sectes à l'intérieur des groupes qui se réclamaient de Marx, mais également des sous-sectes; ainsi les trotskistes se divisaient surtout en deux groupes: les «lambertistes-healystes» et les «pablistes», les autres groupuscules, eux-mêmes trotskistes, étant considérés par les deux principaux comme de simples déviationnistes avec lesquels ils discutaient quand même à perte de vue.

Je crois qu'il faut donner une idée de ces palabres logomachiques, ne serait-ce que pour suggérer que les colonisés québécois ont pu dépasser très vite leurs modèles français dans les arguties fractionnistes. Toutes ces discussions étaient loin de se terminer dans le sang; elles sombraient souvent dans le ridicule. Un jour je donnais un séminaire avec un jeune collègue qui disait à tout venant et d'une façon non équivoque qu'il venait de rompre avec le marxisme. Rendu dans la salle du séminaire, je m'aperçus qu'elle était truffée de trotskistes placés à tous les points stratégiques: aux quatre coins de la salle et dans les deux premières rangées, comme pour bien encadrer les tièdes et les dissidents. J'avertis mon collègue qu'il ne fallait, en aucune façon, provoquer la salle en affichant son tout nouvel anti-marxisme avec trop de panache. Il se fit que la première question de l'auditoire portât sur un point de doctrine que mon collègue possédait à fond. Il répondit si savamment et si longuement qu'à peu près tout le séminaire fut consacré à la justification théorique de la notion de plus-value chez Marx. Non seulement n'avait-il pas provoqué la salle, mais il avait exposé brillamment ce que la plupart des étudiants étaient bien aises d'entendre et d'apprendre.

À ce même séminaire, j'exposais, un jour, comment à partir de Marx on pouvait tenter de comprendre la conjoncture et la structure du Québec. Chaque fois que j'employais une notion ou un concept que je donnais pour marxiste, le bras d'un chef, juste devant moi, se levait presque mécaniquement. Il me posait invariablement la même question: «Est-ce bien là un concept marxiste? Si oui, voudriez-vous, s'il vous plaît, donner le titre, le chapitre, la page et la ligne où nous pouvous le retrouver?»

C'était devenu une exégèse serrée où triomphaient les plus livresques et les plus érudits. Il était exclu de vouloir se servir de Marx pour comprendre la formation sociale qu'était alors le Québec; il fallait plutôt se livrer aux plus savantes considérations herméneutiques pour découvrir le *vrai* Marx. On me croira à peine si je raconte qu'étant de passage à Paris, je reçus un télégramme d'Espagne par lequel on m'invitait à un colloque pour discuter la notion de mode de production chez Marx. Je répondis plaisamment à cet ami espagnol que sachant la réponse, je voulais la garder pour moi et n'avais aucune envie de la partager avec qui que ce soit.

J'ai raconté quelques-unes des joyeusetés — des pantalonnades, penserait-on aujourd'hui — de naguère pour mieux faire comprendre la difficulté de faire la conjonction théorique et surtout pratique de ce que Henri Lefebvre nomme le principe national et social. Si l'essai que Dofny et moi publiâmes en 1962 ne me semblait pas encore valable aujourd'hui pour étayer l'idéologie de dépassement, je n'y attacherais pas l'attention que je lui porte ici. Il est bien évident aujourd'hui que les deux points de vue sont complètement gommés par l'État-Provigo, toutes ces considérations ont l'air antédiluvien et semblent se rapporter au peuple «Kasar». J'y vais quand même, ne serait-ce que pour mémoire.

Si l'on se reporte un quart de siècle plus tôt, on admettra que depuis les grèves d'Asbestos, de Louiseville et de Murdochville, l'attention du public avait été alertée au sujet de la question ouvrière et de la collusion entre le gouvernement Duplessis et la partie patronale. C'était un fait dont les analystes devaient tenir compte et que les plus idéologisés d'entre eux devaient mettre en évidence. Quant à la situation des francophones au Québec et au Canada, elle était depuis longtemps l'objet de récriminations nationales dans plusieurs couches de la société et chez les leaders d'opinion. Pour la première fois dans l'histoire du Québec, les points de vue national et social se rejoignaient et le premier ne pouvait plus occulter l'autre comme il l'avait naguère fait.

Il s'agissait donc pour des intellectuels qui, en plus d'analyser la situation socio-historique du pays voulaient dépasser l'exploitation et la domination des francophones, d'asseoir théoriquement ces deux types de revendications; comme on l'a vu plus haut, seule la théorie marxiste s'offrait à cette fin; et c'est ce qui explique sa diffusion rapide chez les intellectuels et l'intelligentsia.

Je vais résumer et citer le plus brièvement possible l'essai de mon collègue Dofny et de moi, dont Roch Denis dit qu'il a contribué à la jonction des principes national et social; il s'intitule «Les classes sociales au Canada français».

Il a été écrit en 1961 et publié à Paris en 1962, alors que le Québec s'appelait encore le Canada français; ce n'est que quelques années plus tard qu'on réservera le nom de Canada français à la diaspora québécoise qui a essaimé au Canada. Aujourd'hui que tout se délite, on a tendance à revenir à «Canada français» (traduction de *French Canada*) pour nommer tous les francophones du Canada; ce sera de courte durée puisque ce «Canada français» sera bientôt devenu, avec l'«*English Canada*» le 51e des États-Unis. Ainsi va la vie des mots et des gens... elle évolue inexorablement.

Donc, disions-nous, «si nous examinons... le Canada français, nous nous rendons compte qu'à travers l'histoire cette entité socio-culturelle se considère et est considérée à la fois comme une société globale et une minorité ethnique à statut reconnu (*chartered*) à l'intérieur du Canada. Une double distinction s'impose ici: d'une part, il faut distinguer entre les aspirations d'une certaine partie de la population canadienne-française vers la société globale, et la réalité objective qui n'a jamais coïncidé avec ces aspirations, le Canada français ayant toujours fait partie, à divers titres, d'une société plus vaste. D'autre part, si l'on distingue *société* et *culture* globales, le Canada français peut être considéré beaucoup plus facilement comme une culture globale [c'est beaucoup moins vrai en 1988] (c'est-à-dire un système total de valeurs, d'idées, de symboles qui influent sur le comportement d'une société humaine et ses œuvres de civilisation) que comme une société globale (c'est-à-dire un ensemble cohérent d'institutions, de rapports sociaux et de comportements spécifiques d'un système social total. Alors que la culture canadienne-française est assez homogène et assez forte [c'est douteux en 1988] pour réinterpréter la plupart des éléments allogènes (anglais et américains), la société reste tronquée notamment dans son système économique (axé sur les États-Unis) et dans son système politique (participation minoritaire à la Confédération canadienne). C'est cette situation de non-concordance ou de concordance partielle ou tronquée entre le système culturel et le système social qui fait la spécificité du problème des classes sociales au Canada français.»

«Classe sociale et minorité ethnique reconnue et de grande envergure partagent beaucoup de caractères communs: multi-fonctionnalisme, propension à résister à la société globale, conscience collective, cadre des œuvres culturelles et élaboration d'une idéologie. Notre hypothèse est que la plupart des caractères particuliers du problème des classes sociales au Canada français tiennent au fait que, d'une part, cette entité socio-culturelle se considère et est considérée comme une société globale, comme une nation et qu'à ce titre le problème des classes sociales se pose comme dans tout autre société en voie d'urbanisation et d'industrialisation; que, d'autre part, les Canadiens français se considèrent et sont considérés comme une minorité ethnique reconnue qui, à l'intérieur du Canada, envisagé à son tour, joue le même rôle que celui d'une classe sociale à l'intérieur d'une société globale. C'est l'interaction entre ces deux situations de fait et la prédominance de l'une ou l'autre conscience de «classe» à un moment donné qui explique la physionomie de chaque époque et les alliances et les luttes idéologiques qui y apparaissent. En surimpression et pour expliquer certains phénomènes plus généraux, il faut faire appel à une troisième dimension, celle de l'Amérique du Nord. Certaines valeurs, certaines institutions, la plupart des techniques, un grand nombre de comportements sont nord-américains avant d'être canadiens ou canadiens-français. Pour ce qui nous occupe plus particulièrement ici, on doit dire que l'idéologie de la classe moyenne est essentiellement nord-américaine et plus spécialement «étatsunienne». Ainsi lorsqu'on considère le Canada français, on se trouve en présence d'une société ultimement emboîtée dans deux ensembles plus grands, phénomène qui rend compte d'un certain nombre de caractères communs aux sociétés nord-américaines.»

J'ai cité très longuement cet essai pour montrer comment je jugeais la situation du Québec à ce moment et sur quelle hypothèse sociologique ce jugement était fondé. Il est évident que cette analyse ne vaut plus aujourd'hui et ce livre que j'écris l'est pour rendre compte de comment et pourquoi le Québec est devenu, en un quart de siècle, ce qu'il est aujourd'hui; en première approximation je dirais que ce qui apparaissait en troisième dimension en 1961, le facteur continental, l'Amérique du Nord, pour ne pas dire les États-Unis, est devenu la variable lourde pour comprendre et expliquer le Québec. Tout me porte à penser que la domination économique s'est prolongée en domination politique et culturelle. Le vote massif que le Québec a accordé au Parti conservateur, qui seul défendait le traité de libre-échange entre les États-Unis et le Canada, va accélérer les processus d'intégration qui sont à l'œuvre depuis longtemps.

Pour résumer la suite de cet essai, il faut aussi mentionner quelle hypothèse Dofny et moi avancions pour le Québec, à ce moment-là, quant à son avenir. Après avoir dit que jusqu'après la Deuxième Grande guerre, c'est la conscience de classe ethnique qui a prévalu au détriment de la conscience de classe sociale, on se retrouvait à partir de 1960 avec la conjonction des deux types de conscience; c'est-à-dire que les Québécois avaient de plus en plus conscience d'être dominés économiquement et politiquement au sein du Canada; plusieurs études statistiques dont

143

celles de la Commission royale d'enquête sur le bilin-guisme, allaient bientôt confirmer ces faits. D'autre part, la classe ouvrière du Québec avait bien cons-cience d'elle-même depuis la fin de la guerre et la conscience d'être doublement exploitée comme tra-vailleurs et comme francophones.

Après avoir dit que le Québec comme société globale, tronquée et dominée, manifestait une struc-ture sociale et une culture distinctes et spécifiques, nous formulions quelques hypothèses sur l'évolution de ces phénomènes à court et à moyen terme, dont celle-ci qui me semble aujourd'hui s'être réalisée: «...il peut se trouver que les valeurs et les intérêts éco-nomiques et politiques soient de plus en plus soumis à l'influence des valeurs nord-américaines... défini-tivement ou absorbées par le pouvoir des États-Unis sur tous les plans...», écrivions-nous et, dernière remarque: «À l'heure de l'automation, les classes sociales en Europe et aux États-Unis voient leur configuration et leurs objectifs se transformer. On a dit qu'on passait du régime du prolétariat ouvrier à celui du salariat généralisé...»

Si notre dernière hypothèse, celle de l'améri-canisation généralisée, est celle qui s'est confirmée — et je le crois — il faut se demander comment c'est devenu un fait, si ce dénouement eût pu être évité et enfin, s'il est possible, à court et à moyen terme, de s'en sortir ou, à tout le moins, d'en minimiser les effets.

Il reste à répéter ceci: si, au début des années 1960, trois idéologies, c'est-à-dire en gros trois projets de société, pouvaient se disputer le choix qu'allaient faire les Québécois, aujourd'hui on se rend compte que le projet de conservation qui avait dominé le Québec pendant 120 ans, de 1840 à 1960, est, à toutes fins utiles, complètement disparu. Le mot de conservation ne s'emploie plus aujourd'hui qu'en relation avec la nécessité de conserver un peu de cette nature que tout un chacun de nous, à la suite des grandes entreprises, ces grands pollueurs, avons allègrement détruite. Chaque jour nous amène sa ration de catastrophes écologiques; malgré l'accumulation colossale de yen, de dollars et de deutsche marks, notre état de dénuement et de détresse est tel que nous ne sommes plus du tout certains de trouver suffisamment d'air, d'eau et de nourriture purs, non seulement pour vivre mais pour survivre. Il n'est pas sûr qu'après avoir détruit tant d'espèces de la flore et de la faune, l'homme n'en vienne à se supprimer lui-même. Mieux, chaque pays, chaque petit potentat cherche, jour et nuit, à attirer chez lui les plus grands pollueurs de la planète.

Quant à l'idéologie de rattrapage, c'est le projet que faisaient en 1960 tous les bien-pensants de rejoindre les plus performants dans la croissance économique et technique; il s'est réalisé au-delà de toute espérance. Reste-t-il un seul village au Québec dont le maire et les échevins ne rêvent, à tous les instants de leur vie, d'attirer dans leur «parc industriel» des rapaces de haut vol qui viendront détruire la nature et enchaîner les hommes et les femmes à une quelconque chaîne de montage ou mieux, à quelque ordina-

145

teur avec lequel ils passeront toute leur vie en veston et tablier blancs.

Ce qui reste pour moi de plus estomaquant, c'est de constater qu'aujourd'hui on vient de l'étranger admirer nos barons de l'industrie, hier encore cultivant la terre, pour leur entendre dire qu'ils sont parfaitement bilingues — ils parlent anglais et français en même temps, dans un même coup de langue —, qu'ils peuvent très bien jouer le jeu capitaliste et qu'ils feront beaucoup d'argent. Comment le Québec est-il passé, en si peu d'années, de la seule théocratie — «North of the Rio Grande do Norte» — à une espèce d'«entreprenocratie» qui se dit prête à rivaliser avec les États-Unis et même à les dépasser. L'ancien président américain Calvin Coolidge disait dans les années 1920: «The principal business of the United States of America is business.» Se pourrait-il que l'américanisation du Québec se traduise aujourd'hui par l'adoption, en théorie et en pratique, de la formule de ce vieux Calvin. Le ministre chargé de défendre la loi 101 (loi qui voulait stopper l'anglicisation), comme pour justifier l'impéritie de son gouvernement à défendre la langue française, déclare à la télé que les Québécois ont désormais tellement confiance en eux qu'ils peuvent se montrer plus tolérants par rapport à l'application de cette loi; il s'appuie, bien entendu, sur un périodique d'«affaires». Parodiant le titre de la pièce de Jules Romains, *Monsieur le Trouadec saisi par la débauche,* on peut dire que les Québécois, vivant maintenant dans l'État-Provigo, sont saisis par l'argent.

Quant à ceux des Québécois et des Québécoises

qui partageaient le projet qui visait à faire de leur société un pays libre, plus humain et plus juste, qui voulaient dépasser le rattrapage tout en le sortant d'un régime clérico-autocrate, ils constatent aujourd'hui que le Québec est en train de dépasser le rattrapage même. On n'a pas rattrapé les États-Unis pour faire autre chose — ce qui semblait possible, étant donné la spécificité socio-culturelle du Québec — mais on est en position d'accentuer les traits les plus délétères de l'Empire en déclin. C'est le cas où l'*américanisation* prolonge et dépasse l'*américanité* : c'est l'habitat que les Québécois partagent avec les Américains qui prend le pas sur les facteurs socio-culturels qui jusqu'ici, c'est-à-dire depuis la colonisation de ce continent par les immigrants de France et de Grande-Bretagne, avaient prévalu. Pouvait-il en aller autrement? Jusqu'à aujourd'hui, il semblait possible que dans un même continent on pût élaborer des formations sociales distinctes et continuer à les développer. La question des relations entre ce que l'on a appelé l'habitat, d'une part, et le genre de vie, d'autre part, se pose depuis le XIXe siècle. Les sciences sociales avaient alors tendance à imiter les sciences de la nature et à d'abord chercher, pour expliquer le genre de vie de tel ou tel peuple, une cause unique; c'est ainsi que fleurirent des théories et des doctrines dites déterministes qui expliquaient les différences socio-culturelles entre les peuples étudiés; la plupart des facteurs, à partir de la biologie jusqu'à la géographie, furent proposés comme facteurs explicatifs d'un genre de vie particulier. À la fin du XIXe siècle, c'est probablement le géographe allemand Ratzel qui alla le plus loin dans la relation causale entre habitat et genre de vie; il fut suivi par plusieurs écoles dites de géographie humaine. Aujourd'hui, cette théorie du déterminisme géographique est réfutée, même chez les spécialistes des relations entre l'habitat, l'œkoumène, disait mon professeur Maximilien Sorre, et les sociétés humaines; Durkheim n'aura pas peu contribué à discréditer les théories mono-causales. Toutefois, comme il arrive souvent, on a eu tendance, comme on dit, à jeter l'enfant avec l'eau sale du bain. Si, en effet, l'habitat ne peut évidemment pas tout expliquer, comme le voulaient les théories mono-causales de toute nature, il n'en reste pas moins que l'habitat joue un rôle dans la vie des peuples. Comme c'est un phénomène difficilement mesurable et qu'aujourd'hui on a tendance à tout mesurer, on ne s'intéresse pas à ce phénomène qui ne peut pas faire l'objet de sondages à la Gallup. Il n'en reste pas moins que tout au long de ma vie de chercheur et d'enseignant, j'ai buté sur des faits et des hypothèses qui, faute d'être mesurés, ne m'en ont pas moins semblé importants. Toujours pour m'interroger sur les relations entre américanité et américanisation, je vais aligner certains faits et observations qui tendront à ramener l'attention sur l'influence de l'habitat sur les faits sociaux. Je pourrais avoir recours à la notion de vision du monde, de *weltanschauung*, pour qualifier ce qui pour moi est surtout influencé, chez des peuples, par des habitats différents. Toutefois, la notion de vision du monde, comme celle de culture, employée par les anthropologues et même par Piaget, ainsi que celle de structure, ont le désavantage d'être trop exclusivement intellectuelles et cognitives; en plus de fournir des informations sur le monde extérieur, ce que recouvrent ces notions tient aussi du volet affectif de la connaissance; non seulement servent-elles à appréhender (saisir et concevoir) la réalité, mais elles dénotent une préférence affective pour certains traits de la réalité et peuvent servir d'écran sélectif. Longeant une clôture qui ferme un champ de baseball pour y pénétrer sans payer, le petit urbain américain sera davantage sensible au bruit que fait une pièce de monnaie en tombant, alors que le petit rural sera distrait par le chant des grillons.

Cela dit, je vais énumérer ce qui m'a semblé intriguant dans l'observation et l'interprétation des relations entre nature et culture, comme on dit dans les traités d'anthropologie. Tout le monde sait que, déjà à la fin du régime français, se manifestaient des différences, sinon des heurts graves, entre les métropolitains français et les *habitants* québécois. Le jésuite français qui faisait *relation* de ces faits à ses supérieurs métropolitains attribuait ces dissemblances aux différences entre les habitats de l'Ancien et du Nouveau Monde. Quand pour expliquer que les habitants, fussent-ils du clergé, ne respectaient pas assez les métropolitains, le père Charlevoix écrit: «Il semble, dit-il, que l'air qu'on respire sur ce continent contribue à l'acquisition de ces défauts, mais l'exemple et les habitudes des aborigènes, qui mettent tout leur bonheur à être libres et indépendants, sont plus que suffisants à faire naître ce caractère ...Le jeune

Français... n'aime pas la paix et s'entend bien avec les indigènes dont il gagne facilement l'estime et l'amitié.» Cela donnera la race métis! «En 1730, Mgr Dosquet se plaindra de l'esprit audacieux et indépendant des prêtres canadiens. Ils sont devenus si insolents, ajoute-t-il, que seulement trois d'entre eux suffisent pour devenir les maîtres du pays et pour soumettre tous les évêques... Les chanoines ne veulent pas reconnaître de lois, de statuts, ni même de supérieurs. Ils traitent leur doyen comme un inférieur et leur évêque comme un égal[10].» Même si le jésuite et le prélat semblent penser que les Amérindiens font partie de la faune, donc de l'habitat, le premier parle bien de «l'air que l'on respire sur ce continent» et l'on peut interpréter, selon moi, cette opinion comme référant à l'ensemble de l'habitat. Quoi qu'il en soit, si les Amérindiens semblent avoir gardé cet amour de la liberté et de l'indépendance, il paraît bien avoir disparu aujourd'hui pour la grande majorité des Québécois; peut-être la liberté d'entreprise a-t-elle aujourd'hui tout englobé au rayon des libertés?

Pour différencier les Européens des Américains du Nord, sinon de tous les Américains, on a parlé de peuples du temps pour les premiers et de peuples de l'espace pour les seconds. À des espaces habités et quadrillés au cordeau depuis des siècles correspondent, au Nouveau Monde, des habitats immenses qu'il a fallu conquérir en se déplaçant continuellement. On

---

10. Voir Marcel Rioux, *La Question du Québec*, Montréal, L'Hexagone, 1987, p. 44-45.

admettra que la relation qu'entretiennent les individus et les peuples avec le temps et l'espace les différencie durablement, mais on n'a jamais pu, à ma connaissance, évaluer de façon quelque peu précise les conséquences sur les attitudes et les comportements des uns et des autres. Ces faits primordiaux et importants sont ceux que l'on reconnaît généralement, mais que l'on s'empresse d'oublier parce qu'ils ne sont pas mesurables. Les Québécois sont de toute évidence un peuple de l'espace — le fait que nous sommes en train de perdre la mémoire le prouverait assez — comme le sont nos voisins du Sud. Ce serait là l'une des raisons pour lesquelles l'américanisation tend de plus en plus à prolonger l'américanité commune aux Québécois et aux Américains.

Dans mon enseignement, j'ai souvent insisté sur la question de l'habitat, ne fût-ce que pour tenter d'expliquer la différenciation progressive qui, à la fin du Régime français, apparaît entre Français et Québécois; c'est donc dire que depuis longtemps je suis à l'affût des faits qui pourraient se rapporter à ce phénomène. Je vais donc raconter quelques événements auxquels j'ai participé et qui m'ont amené à utiliser cette hypothèse.

Un jour, j'assistai dans une lointaine banlieue de Paris à un colloque international qui portait sur «le changement et les jeunes», un thème fort à la mode après mai 68. Y assistaient beaucoup d'Européens dont des Russes et des représentants de certains pays socialistes, des Américains du centre et du sud de la péninsule; j'étais le seul participant de l'Amérique du

Nord. C'était un colloque fermé, c'est-à-dire que tous les participants étaient logés sur place et sortaient rarement des lieux qui étaient spécialement aménagés pour recevoir des colloquants. Quelques-uns d'entre nous avaient apporté certaines choses de leur pays, dont ils faisaient bénéficier les participants; les Russes, dont un membre de l'Académie des Sciences, avaient apporté des biscuits, des chocolats et un disque qui comprenait un enregistrement de l'hymne national des Républiques socialistes soviétiques. À un moment donné d'une de nos pauses récréatives, un Latino, un Péruvien je crois, fit jouer *Guantanamera*; il arriva que tous les Latinos se mirent à danser avec émotion et frénésie; je me surpris à les accompagner, moi qui ne sais ni danser ni comprendre l'espagnol. Tous les Européens demeurèrent de marbre et s'étonnèrent grandement que cette musiquette nous fît entrer en transe. La seule explication que j'ai trouvée, c'est que l'américanité dont j'ai parlé à propos des États-Unis et du Québec s'étend aux deux Amériques. Ce qui séparait les Européens des Américains, ce soir-là, c'était l'habitat et non l'idéologie, par exemple, à cause de la référence à Cuba dans la chanson, car nous étions tous des socialistes de très bon teint. Inutile de dire que je n'ai pas cherché à établir un questionnaire autour de cette hypothèse et me suis donc privé des plaisirs de la mensuration. C'est à ranger dans la rubrique «Impressions d'un colloquant québécois», ce qui mériterait, dans un ouvrage sérieux, d'être omis et oublié.

J'insiste sur cette question d'américanité et d'américanisation parce que, pour le Québec et même le Canada, c'est une question importante. Et dont on ne parle jamais! Il est vrai que pendant toute notre histoire, nous avons constamment surveillé les Anglais du Haut-Canada pendant qu'eux surveillaient les Américains. Ce qui donne finalement des résultats paradoxaux. Peu avant le Référendum, lors d'une émission de télévision diffusée à la fois par la CBC et Radio-Canada, à laquelle participaient trois francophones et deux anglophones — John Robarts, l'ancien premier ministre de l'Ontario et un représentant de l'Ouest canadien — je déclarai que pendant que les Québécois et les Canadiens essayaient de régler leurs affaires, l'oncle Sam veillait dans l'ombre, prêt à nous croquer tous les deux; nous ne nous en souciions guère, acharnés que nous étions, les Québécois, à réclamer notre autonomie sinon notre indépendance, et les Canadiens à la repousser comme si c'était «un crime contre l'humanité» (Trudeau). C'est le premier paradoxe. Aussitôt après l'émission, j'en observai un autre. Assis avec John Robarts sur la banquette arrière de la voiture qui nous ramenait à nos domiciles, je lui dis que l'ethnographe que j'étais était curieux de connaître l'emploi du temps d'un ancien premier ministre devenu avocat d'affaires. J'appris qu'il allait souvent au Texas et je lui dis qu'à mon avis il se surmenait (il m'apparaissait comme à bout de souffle et quelque peu apoplectique). Il mourut à quelque temps de là, terrassé par une crise cardiaque. Ne surveillait-il pas les Américains de trop près? N'est-ce pas aussi le cas des anglophones du Haut-Canada qui, à force d'épier les Américains, sont pris de mimétisme et sont en train d'en mourir eux aussi.

Que répondre au président du Parti National d'Écosse (SNP) qui demandait au sociologue que je suis si le fait de parler en Écosse une langue qui est commune avec l'Angleterre empêcherait son pays de parvenir à l'indépendance? Il faut ajouter qu'au moment où j'étais en Écosse, le SNP, parti qui prônait l'indépendance de ce pays, avait obtenu certains succès, surtout à cause de l'élection de la *pasionaria* du mouvement, Bernadette Devlin. Les jeunes militants du S.N.P. trouvaient bien modestes les projets du Parti québécois, qui ne se battait pas pour l'indépendance pure mais pour ce qu'il appelait la souveraineté-association. Le président, homme d'âge mûr et dont la langue et les manières ne se distinguaient pas, à l'entendre et à le voir, de celles d'un gentilhomme anglais, était moins assuré de la réussite de son parti; c'est pourquoi il me posa la question. Je lui répondis que le fait que le dominé parlât la langue du dominant, avec ce qu'il comporte de traits et de valeurs culturels, pouvait être un obstacle majeur, un empêchement dirimant à l'indépendance de l'Écosse. Pour illustrer mon propos, je lui citai l'exemple du Canada qui partage aussi avec les États-Unis, puissance dominante, l'usage de la langue anglaise; à la fin des années 1970, j'étais convaincu que l'américanisation du Canada avait atteint le point de non-retour, c'est-à-dire un degré tel d'américanisation qu'il est aujourd'hui impossible de faire marche arrière, qu'il faut «manger le morceau». C'était aussi l'avis majoritaire des participants, de jeunes Canadiens venant de toutes les provinces du Canada (Québec exclu), à un séminaire tenu à l'Université Carleton en 1971, qui, toute l'année, se posa la question de savoir si le Canada avait atteint ce point de non retour. Le traité de libre-échange Reagan-Mulroney vient confirmer et entériner cette dérive fatale. Que les Québécois aient voté plus nombreux pour la continentalisation du Québec et du Canada que les Canadiens eux-mêmes, demeure pour moi le fait le plus extraordinaire, le plus extravagant. Que les Québécois francophones qui sentent leur langue menacée par celle du reste du continent, qui savent que leur natalité est parmi les plus basses du monde, que leur culture se délite, que la langue qu'ils parlent se mâtine davantage tous les jours, qui, du fait de leur propre incurie, invitent les Américains dans leur bergerie en votant massivement pour le libre-échange sous prétexte qu'ils pourraient s'enrichir davantage, est cauchemardesque. S'agit-il de ce désir de mort qui hante l'âme des colonisés, comme l'a naguère entrevu Jean Bouthillette? Ou est-ce toujours le privilège du retard historique? Ou des deux à la fois?

Il est bien évident que si, pour moi, les jeux sont faits pour le Canada et que l'américanisation a déjà fait son œuvre, je m'étonne que les Canadiens eux-mêmes continuent de croire qu'ils ont su y résister et y résistent encore. S'il est tout à fait louable qu'en 1988 ils aient résisté mieux que les Québécois aux mirages du libre-échange, il me semble qu'ils démontrent leur américanisation en ne prenant en compte presque exclusivement que la domination *économique* des États-Unis et en ignorant ou en occultant la domination culturelle. Cela, je le déduis de ma connaissance générale du Canada — j'y ai résidé pendant plusieurs années, enseigné régulièrement pendant deux ans et donné des conférences dans plusieurs de leurs universités — et particulièrement, d'une expérience que j'ai vécue pendant quelques jours à Toronto, métropole du Canada.

On se souvient du coup de tonnerre que provoqua au Canada l'élection du Parti québécois en 1976; un parti politique venait d'être élu au Québec, qui avait pour mission de *détruire* le Canada. Il n'en fallut pas plus pour déclencher toutes sortes d'actions et de réactions. Dans les milieux universitaires — à Toronto, comme il se devait — on eut recours aux colloques au cours desquels des *gentlemen* discutent posément et objectivement d'une question ou d'une situation. L'Université York de Toronto, la plus jeune, avait organisé un premier «pow wow» sur cette grave menace. L'Université de Toronto, la doyenne, pour ne pas être en retard, organisa le sien peu après. Je fus invité à y prononcer la première conférence du colloque. Trois jours allaient y être consacrés dont une demi-journée pour la culture et deux jours et demi pour l'économie. Pendant les quelques jours qui précédèrent, le président du colloque — un aspirant gouverneur général du Canada, pas moins!— me laissait des messages téléphoniques à tous les endroits où il pensait pouvoir m'atteindre. Je le laissai poireauter pendant un bon moment et l'appelai finalement. Dans un français très correct et avec tout le charme d'un grand commis, il me suggéra benoîtement de ne pas trop insister sur la culture de façon que les discussions s'engageassent le plus tôt possible sur les problèmes économiques, qui sont très importants comme vous le savez. Je lui répondis très poliment que j'abrégerais, tout en me promettant *in petto* que je parlerais deux fois plus longtemps que je ne l'avais d'abord envisagé.

Au début des années 1960, des économistes et des intellectuels de Toronto avaient dénoncé la domination économique des États-Unis sur le Canada; le livre de Georges Grant *Lament for a nation* avait eu aussi beaucoup de retentissement dans le public éclairé de Toronto et s'était diffusé dans l'ensemble du Canada. La domination culturelle des États-Unis — celle des valeurs, des idées, du genre de vie — ne semblait être ni perçue ni énoncée. Pour moi qui observais ce phénomène de l'extérieur, tout semblait se passer comme si ces Canadiens reprochaient aux Américains de les empêcher, par leur domination économique du Canada, de vivre dans une société aussi opulente qu'eux. À ma connaissance, seul l'économiste torontois Abe Rostein, le directeur du prestigieux Massey College, s'est hasardé à établir que la domination culturelle des États-Unis était encore plus étendue que la domination économique; il le fit, *en français*, à l'Université Laval de Québec. Susan Crean, dans son livre *Who's afraid of Canadian Culture?*, démontra aussi le même fait au sujet de la production et des industries culturelles du Canada.

À ce colloque de Toronto, à la fin des années

1970, il m'est apparu que la culture était considérée comme une espèce de *skelton in the closet*, c'est-à-dire comme un scandale familial dont personne n'a le mauvais goût de parler à table. C'est pourquoi le président du colloque m'avait suggéré d'être très bref en parlant de la culture. Tout en étant très poli et un tantinet triomphaliste — après la victoire du Parti québécois en 1976, le Québécois que je suis ne marchait-il pas d'un pas assuré vers l'indépendance? — je réitérai que la forme la plus pernicieuse de la domination est celle qui s'exerce sur sa propre culture. Peut-être les Québécois n'avaient-ils pas tout à fait prêché dans le désert, puisque ce sont les Ontariens qui ont déclenché, au nom de la culture canadienne, le dernier baroud d'honneur contre l'intégration économique du Canada aux États-Unis. Et les Québécois, comme pour s'opposer une dernière fois à l'Ontario, au Haut-Canada, ont voté massivement pour cette intégration. Est-ce encore là une manifestation du privilège du retard historique?

Je ne saurais quitter cet événement sans en raconter le dernier acte. Le jour qui suivit la fin du colloque, un dimanche, la CBC (Canadian Broadcasting System) organisa là-dessus un débat télévisé d'une heure; les quatre participants choisis furent John Evans, président de l'Université de Toronto, Clarence Barber, professeur d'économie à l'Université du Manitoba, John Meisel, professeur de sciences politiques à l'Université Queen's et Marcel Rioux.

Le débat se déroula fort civilement, les uns et les autres écoutant et s'exprimant à tour de rôle. Il faut que je dise comment les protagonistes de ce «show» étaient physiquement disposés, avant de confesser que je brisai quelque peu cet exercice de fair play. Les participants étaient assis, deux par deux, à une espèce de pupitre; un espace avait été aménagé entre les deux pupitres pour permettre la circulation de l'un des techniciens qui réalisaient ce spectacle. Au pupitre de droite, le politicologue et l'économiste qui parlaient plutôt comme spécialistes; à celui de gauche, le président de l'Université de Toronto et moi-même, qui avions tendance à parler comme des intellectuels, c'est-à-dire dont les commentaires s'essaient à transcender les points de vue particuliers. Il va sans dire qu'entre M. Evans et moi-même s'était développée une sorte de solidarité contre le politicologue et l'économiste. Malgré cela, je coupai brutalement la parole à M. Evans et je terminai l'émission dans une envolée contre le fédéralisme et M. Trudeau, le premier ministre. Aussitôt hors des ondes, mes trois partenaires me demandèrent comment j'avais réussi à avoir le dernier mot de l'émission, en tenant seul le crachoir pendant deux minutes; je leur répondis en souriant qu'il s'agissait d'un hasard, ou plutôt du flair et de l'habitude que j'avais acquis de ce médium. Ce que je ne leur dis pas, c'est que peu avant l'émission, le réalisateur, un Écossais nationaliste qui avait reconnu en moi un frère, me dit que d'un endroit qu'il me désigna, il m'indiquerait qu'il ne resterait plus que deux minutes et qu'il savait que j'en profiterais. En me serrant la main, il me dit que les amis de la liberté devaient s'unir et qu'ils n'avaient que leurs chaînes à perdre.

En ces jours d'après le traité Reagan-Mulroney, d'après la dernière «bourassade et son dernier maquignonnage» (l'endroit et l'envers, l'être et le paraître), il me semble que nos chaînes, loin d'être tombées, se sont alourdies et que le Québec s'enfonce de plus en plus dans l'américanisation. Faut-il boire le calice jusqu'à la lie?

Moi qui remonte dans le temps pour explorer la naïveté et l'innocence d'un grand nombre de Québécois, je me sens obligé de citer l'une des expressions de cette utopie naïve. J'ai consulté l'ouvrage qui renferme les communications de ce colloque pour y chercher les noms et les titres de ceux qui participèrent à l'émission de télévision dont je viens de parler; je n'ai pas résisté, par masochisme, à lire les preuves de mon défunt optimisme[11].

Le sujet imposé qu'on m'avait demandé de traiter s'intitule *Communautés et Identité au Canada*. Après avoir sacrifié aux rites de la tribu universitaire dont j'étais, c'est-à-dire après avoir cité moult dictionnaires et ouvrages, j'en vins au vif du sujet, non sans avoir d'abord fait quelques remarques préliminaires qui se terminaient ainsi: «Les difficultés du dialogue interculturel s'accroissent du fait que, même à l'intérieur du même univers linguistique et culturel, les grilles d'analyse varient. Il est bien évident que selon que l'on adopte une grille ou une autre — avec chacune son vocabulaire plus ou moins particulier — on aura

---

11. *Options*, Université de Toronto, 1977, p. 15-16.

de la difficulté à commencer même à dialoguer. L'engeance avec laquelle il est le plus difficile d'entrer en communication est celle qui croit que «the facts speak for themselves», suivie de près par ceux que Marx considérait comme «les chiens de garde de la bourgeoisie»: les économistes bien ordinaires.»

Ma conclusion s'intitulait *Lueurs d'espoir?* Je ne remercierai jamais assez le signe interrogatif de l'intitulé; cela montre que je n'étais pas très sûr de mon espoir. Voici quelques lignes de cette conclusion. «Il semble bien que l'un des résultats les plus paradoxaux de la victoire du Parti québécois, le 15 novembre 1976, ce ne soit pas que les yeux se braquent sur le Québec, mais aussi sur le Canada et que l'on reconnaisse de plus en plus non seulement la spécificité culturelle du Québec, mais aussi *celle du Canada* (souligné dans l'original). On reviendrait ainsi, petit à petit, à la problématique de M. Lester Pearson qui institua une commission royale d'enquête non seulement sur le bilinguisme, mais sur le *biculturalisme* (dans l'original) au Canada. M. Trudeau, braqué qu'il était et qu'il est contre le «séparatisme», biffa ce *biculturalisme* (dans l'original) de M. Pearson et le remplaça par le *multiculturalisme* (original), ce qui ne veut rien dire ou en dit trop. La vérité, *c'est que ces deux cultures existent et qu'elles sont toutes les deux menacées.* (original)

Et voici le couplet le plus utopique de mon essai, celui auquel les Québécois même opposèrent un cruel démenti lors du Référendum: «D'une façon encore plus paradoxale, on peut dire que c'est dans la mesure où le Canada deviendra conscient lui-même de sa

propre culture et de son importance que le dialogue
entre le Canada et le Québec pourra s'engager fruc-
tueusement... Si donc les Canadiens et les Québécois
reconnaissaient que de plus en plus, dans le monde
contemporain, le phénomène culturel global est
devenu l'aspect le plus important de la crise de civilisation dans laquelle nous sommes entrés; si les Canadiens et les Québécois se reconnaissaient comme les
porteurs de cultures distinctes qu'il leur incombe à
chacun de conserver et de développer; si, de part et
d'autre, l'on reconnaissait que ces espèces culturelles
sont fragiles et en danger constant de mort, c'est-à-
dire d'américanisation, peut-être que de proche en
proche s'ouvrirait une ère d'acceptation réciproque et
de collaboration en vue de promouvoir l'épanouissement de ces deux cultures qui sont, après tout, des
surgeons de deux des plus grandes civilisations occidentales.» (p. 16)

C'est curieux comme tout aujourd'hui est renversé. Lors de la récente intégration du Canada aux
États-Unis, de nombreux Canadiens ont senti leur
culture menacée; à Québec, l'on a seulement réclamé
plus d'«entrepreneurship». Les franglais et glaisfranc
triomphent.

Le dépassement dépassé

Même si, à ma connaissance, il n'avait pas été prévu
par ceux qui, au début des années 1960, s'opposaient
à l'idéologie de rattrapage qu'elle allait mener au-delà
de ce qu'elle visait à rejoindre, il est arrivé que cela est
en train de se produire.

Quant à l'autre idéologie, celle qui s'opposait à celle du rattrapage, j'ai déjà dit que c'est le couplage — national et social — qui y a toujours été difficile; dès la création du Parti québécois, c'est le point de vue national qui a prévalu. Dans sa stratégie de prise du pouvoir, qui est le but de tout *mouvement* politique au moment où il devient parti politique, j'ai déjà mentionné que je ne pouvais qu'être d'accord avec le Parti québécois. Je ne crois pas que ce soit le cas pour tous les partis de gauche qui devraient s'incliner devant le volet national de leur option politique, mais je crois qu'au Québec, il n'y avait pas d'autre possibilité. En France, par exemple, il est possible, en temps normal, que des partis de gauche se forment et influencent le pouvoir, mais aussitôt que la nation est en péril — comme en 1914 — , c'est le point de vue national qui prend la vedette. Au Québec, la nation étant toujours menacée d'extinction et d'assimilation et toujours dominée, il est presque normal que le point de vue national l'emporte sur le point de vue social. Le grand risque, c'est que le parti national tombe aux mains de la droite et c'est ce qui est arrivé au Parti québécois.

Il arrive aussi que même ceux qui désirent le couplage du national et du social doivent admettre que pour réaliser démocratiquement des idéaux de gauche au Québec, il faut d'abord conquérir le pouvoir politique; et même quand cet objectif est atteint, la réalisation de ces objectifs est extrêmement difficile; de cela aussi, le Parti québécois en a donné la preuve. Faut-il s'en surprendre? Le parti socialiste français a tenté l'expérience en 1981; dès 1983, il a été contraint de revenir à une politique de bon gestionnaire du capitalisme; en 1988, il s'est rangé au centre, même pendant la période électorale; aujourd'hui au pouvoir, il se voit contraint de mener la même politique de gestionnaire qui était sienne de 1983 à 1986. Cela tendrait à suggérer que ce sont des contraintes extérieures, celle surtout de l'ouverture des économies nationales sur les blocs continentaux, qui rendent compte de l'échec d'une politique de gauche tant en France qu'au Québec. Faut-il ajouter que le Québec est encore plus contraint puisqu'à la domination internationale s'ajoute le fait qu'il fait partie d'un État où il est minoritaire et dominé. Ce qui rend le Québec doublement et même triplement fragile: les plis et les stigmates qu'il a acquis pendant ses résistances contre la colonisation pendant deux cents ans (1760-1960), sa fuite en avant depuis le début de la Révolution tranquille et les effets délétères de l'impérialisme américain. On peut alors se demander si le couplage voulu par une majorité de ceux qui épousaient l'idéologie de dépassement (les centrales syndicales, par exemple) n'a pas été victime de toutes les fragilités que je viens d'énumérer. Le pire, c'est que ces facteurs négatifs ont tous joué ensemble, avec plus ou moins de force, à différents moments, parce que cette idéologie de dépassement comportait elle-même deux objectifs et qu'elle prêtait éminemment flanc au piège mortel de ce que j'ai appelé «la double ouverture».

Avant de commencer à parler de la période qui commence en 1960, j'ai tenté de dégager avec quel héritage socio-culturel les Québécois francophones abordaient cette période cruciale de leur histoire. J'ai décrit le processus culturel auquel je viens de faire allusion: la double ouverture. Parce que j'ai forgé cette expression d'abord pour rendre compte de ce que j'ai observé ici au Québec, je n'exclus aucunement que le même phénomène puisse exister dans d'autres cultures dominées. Il me semble toutefois nécessaire de préciser que la double ouverture dont il est question n'est pas synonyme de «double bind». Cette dernière expression a été créée par Bateson et peut se traduire par «double contrainte»; elle n'est pas non plus la traduction que l'historien Jacques Julliard fait de «double bind»; ce dernier écrit dans *Le Nouvel Observateur*. «...enfermés dans un conflit psychologique que les spécialistes appellent «double bind...»; dans son contexte, cette phrase utilise «double bind» pour qualifier l'état psychologique de ceux qui ressentent envers quelqu'un, ou quelque chose, de la sympathie et de la déception. L'emploi que je fais de double ouverture est différent de contrainte et de conflit.

Si, comme je l'ai montré, la société québécoise manifestait en 1939, dans des domaines importants de sa structure et sa culture, des ouvertures surtout binaires, cette double structure — qui est aussi ouverture, exutoire et aussi équilibre — va jouer au moment où des changements importants vont se produire, pendant la guerre, de l'après-guerre à 1960 et surtout à partir du début de la Révolution tranquille.

On peut dire que cette double ouverture, comme celle que j'ai notée dans la langue de l'Acadien dominé d'une part par une société à majorité intérieure anglophone — le Nouveau Brunswick — et, d'autre part, par le Canada et les États-Unis, se présente comme un effet global de cette double domination. Pour les individus qui vivent dans des sociétés libres et souvent dominantes, les choix qu'ils ont à faire sont plutôt individuels que collectifs. D'ailleurs, dans les sociétés capitalistes où l'économie est la variable lourde, les choix sont économiques; la loi du marché qui domine ces sociétés est fondée sur la maximisation du profit; c'est cette loi prétendument naturelle qui guide les choix individuels. Quant aux choix collectifs — quel type de société et de culture représentent la bonne vie et la bonne société? — ils sont censés être faits, eux aussi, par les individus; on se rend vite compte, toutefois, que ce sont des groupes dominants à l'intérieur de la société qui prennent ces décisions et que, dans la très grande majorité des cas, ce sont des groupes économiquement dominants ou, à tout le moins, les groupes qui composent «l'élite du pouvoir», comme la désignait Wright Mills, qui font ces choix pour l'ensemble de la société. Ce sont les fabricants d'automobiles et les constructeurs d'autoroutes et de maisons qui dépeuplèrent les centre-villes des États-Unis et amenèrent les plus fortunés d'entre eux dans les banlieues; les choix individuels se limitaient à choisir entre un garage pour une voiture ou pour deux voitures.

Je crois que le paradoxe qui se dégage de la problématique dominant-dominé, c'est de constater qu'en théorie le peuple dominé semble pouvoir faire plus de choix que le peuple dominant: en effet, il peut

166

apparemment choisir le statu quo ou la libération nationale; ses réformateurs peuvent choisir la libération nationale, le statu quo de la tradition de résignation et aussi un autre type de société et une autre forme culturelle. On s'aperçoit qu'à l'époque de la mondialisation de l'économie, les choix du dominé sont singulièrement détruits et annihilés. Dans les temps passés, les empires, quoique puissants et étendus, ne régnaient que sur une partie de l'humanité; restaient toujours, dans ses franges, des barbares et des sauvages qui pouvaient continuer à vivre une vie minimalement influencée par les empires du moment. Aujourd'hui, les barbares et les sauvages s'exterminent les uns et les autres au nom de l'Empire et de ses rivaux momentanés; les survivants veulent s'intégrer à l'économie mondiale et en ramasser des miettes. En pratique, les choix des peuples dominés sont extrêmement restreints: se détruire entre eux ou s'intégrer à l'un des deux empires, eux-mêmes en déclin. C'est tellement reconnu qu'on ne discute même plus chez les dominés, qui deviennent de plus en plus nombreux au fur et à mesure que l'ordre économique enserre la terre, qu'on n'envisage même plus d'autres possibilités. À l'intérieur des empires et de leurs satellites, la seule coupure qui existe se fait entre ceux qui sont encore dans la course à la richesse et ceux qui en sont exclus; à l'extérieur du premier monde, les autres mondes qui sont plus ou moins à la traîne; nous en sommes au Quart Monde; à quand le Quint Monde? La pauvreté, à l'image de la richesse, se hiérarchise.

167

En toute innocence

Au début de la Révolution tranquille, il m'apparaît quelque trente ans après que la très grande majorité des Québécois étaient plongés dans l'innocence de ce printemps; tout allait changer et tous les possibles allaient s'accomplir. Ce peuple qui avait déjoué tous les trébuchets de tous les Durham, allait maintenant pouvoir se développer et s'épanouir. Il y avait ceux qui regrettaient le beau temps de Mgr Paquette et de Duplessis; il y avait ceux qui voulaient rattraper les États-Unis; il y avait ceux qui, plus naïfs et plus innocents, et dont j'étais, qui voulaient faire autre chose, qui voulaient un Québec libre et, disons le gros mot, socialiste.

Comme la majorité des Québécois avait élu le Parti libéral qui se présentait comme le parti de la modernisation, il semblait évident que cette majorité avait opté, dans le choix qui lui était offert, contre la tradition — deuxième volet de cette ouverture d'alors. Comme ceux qui commençaient à désirer la libération nationale et sociale rejetaient aussi le traditionalisme clérico-duplessiste, il ne faut pas s'étonner que ce dernier choix de société disparût si vite; les derniers partis politiques qui tentèrent de concilier tradition et rattrapage, l'Union Nationale et le Crédit social (quelque peu ubuesquement) sont maintenant disparus après une courte agonie. Le dernier carré des notables de l'Union Nationale, devenu presque indépendantiste, se joignit au Parti québécois; ce dernier enrichissement le conduisit presque à la mort, en 1985.

Seul le Parti libéral est demeuré le parti de la dépendance politique et économique et, dans l'ouverture qui s'offre à tout parti d'un pays dominé, il entraîna le peuple québécois vers l'intégration finale dans l'Empire en 1988; il fit mieux encore: pour des motifs obscurs de politicaillerie bourassienne, il entraîna le Canada tout entier dans le gouffre du continentalisme américain. Ce mot de «continentalisme», qui n'apparaît pas dans les éditions du *Larousse* et du *Robert* que j'ai sous la main, signifie selon les périodes que les États-Unis veulent s'isoler dans leur continent ou leur hémisphère contre tout autre pouvoir extérieur. Aujourd'hui, je l'ai entendu définir ainsi par un économiste reaganien: devant le déclin de l'Empire américain et devant les achats massifs que le Japon pratique des morceaux de choix de sa métropole, les États-Unis eux-mêmes, les plus futés de ses stratèges, prennent les grands moyens; c'est de s'annexer plus formellement, par des traités de libre-échange, le Canada (y compris la Belle Province) ainsi que le Mexique. Le premier lui apportera ses ressources naturelles et le deuxième une abondante main-d'œuvre à bon marché. Les États-Unis seront alors prêts, pense l'économiste américain que j'ai entendu à la télé américaine entre deux annonces de savon, ils seront parés à la guerre des continents qui se prépare. «Y a gros à gagner», pense Bourassa, car tout est déjà perdu. Je ne suis d'ailleurs pas sûr que des Québécois ne dépasseront pas certains Amerloques. En veulerie, par exemple, et en maquignonnage! Quel Yankee a été aussi loin que d'inventer la loi dite 178? Pour amadouer ses clientèles électorales, M. Bourassa, gérant de la succursale québécoise du Canada, décrète que l'affichage commercial sera en français à l'extérieur des magasins et en anglais et en français à l'intérieur; il ne reste plus qu'à déterminer à quelle heure ces temples et échoppes seront ouverts, parce que, danger appréhendé, l'anglais de l'intérieur pourrait être visible de l'extérieur, et pour prévenir d'autres aussi obscures catastrophes.

La gauche nationale aujourd'hui

À la fin des années 1980, ce que j'appelle la gauche nationale, c'est-à-dire la théorie et l'idéologie de ceux qui non seulement militent pour l'indépendance du Québec mais aussi pour une société plus juste et plus humaine, donc qui cherchent à remplacer la société capitaliste, est sur la défensive et est assez isolée. Ce sont les centrales syndicales, FTQ-CSN-CEQ et l'UPA pour les agriculteurs, qui représentent les derniers bastions de la gauche nationale; comparé à ce qui se passe en Angleterre, aux États-Unis et même en France, on peut dire que ces organisations continuent de représenter ici une force progressive qui continue les mêmes combats du début des années 1960. Malheureusement, comme dans tous les pays industriels, les organisations syndicales sont en perte de vitesse parce que le nombre des syndiqués diminue et que leur influence s'amoindrit. En France, la CFDT, à laquelle les syndicats québécois ressemblent peut-être le plus, n'a pas réussi à surmonter les contradictions qui naissent des pratiques des nouvelles sociétés de spectacle et d'argent. Malgré cela, alors qu'à peu près toute la classe politique du Québec, l'intelligentsia et l'ensemble des électeurs donnaient tête baissée dans le continentalisme américain, seules les centrales syndicales y résistèrent; étant donné l'énorme majorité que les hommes d'argent remportèrent au Québec, il n'est pas sûr que l'ensemble des ouvriers syndiqués et des agriculteurs ont suivi les positions de leurs leaders; plus récemment, sur la question de la loi 101, la gauche nationale semblait à la remorque de ce que l'on peut appeler la droite nationale. Comme je l'ai raconté plus haut, aujourd'hui comme en 1968, lors de la fondation du Parti québécois, c'est la gauche nationale qui est annexée aux forces de ceux qui défendent la patrie en danger. Peut-être qu'après tout, étant donné le désarroi général de la gauche — qui date de longtemps mais qui s'amplifie aujourd'hui — ne pouvait-il hier et ne peut-il maintenant en aller autrement?

Il m'apparaît désormais que si la gauche québécoise est confrontée aux mêmes problèmes que toutes les autres gauches nationales, il fut un temps où des facteurs proprement québécois expliquaient davantage ses propres difficultés et ses propres possibilités. Je voudrais essayer de donner non seulement mon interprétation de ce qui s'est passé pendant ces trois décennies, mais aussi de la façon dont je les ai vécues comme sociologue engagé dans cette gauche nationale. C'est moins pour justifier action ou théorie que pour comprendre mieux ce qui s'est passé.

Si pour les libéraux la double ouverture traditionnelle des Québécois colonisés a disparu assez tôt,
cette double ouverture est demeurée pour la gauche
nationale, non pas parce qu'elle était traditionnelle,
mais parce qu'elle visait deux objectifs qui étaient la
libération nationale et la libération du capitalisme sauvage. Le couplage de l'une et de l'autre était d'autant
plus difficile que la libération nationale elle-même a
échoué et que le Québec, avec le Canada, se retrouvent à la fin de 1988 formellement liés à l'Empire
américain par un traité signé par deux des plus grands
comédiens de ce temps, Reagan et Mulroney, et vont
devenir colonie intérieure américaine. Il est évident
qu'au début des années 1960, nul ne prévoyait une
aussi belle fin pour le Québec. La droite nationale a
échoué dans son objectif d'indépendance, la gauche
nationale a aussi raté ses deux objectifs, indépendance
et socialisme; seuls ont réussi et seuls probablement
pouvaient réussir ceux qui, à l'origine, voulaient
moderniser le Québec comme colonie capitaliste.

Si les libéraux modernisateurs triomphèrent vite
des conservateurs traditionnels, c'est que leur seul
souci était de moderniser le Québec tout en récu-
pérant, ici et là, des revendications nationales et sociales émises par la droite et la gauche. L'exemple le plus
frappant, est celui de Bourassa (toujours lui) qui,
voyant les nationalistes culturels le menacer au début
des années 1970, inventa une espèce de compromis
semblable à celui de la loi 178 d'aujourd'hui: la *souveraineté culturelle*; le raisonnement est à peu près le
suivant: un peuple peut être *dépendant* politiquement

172

et économiquement, mais peut être *souverain* culturellement. Aujourd'hui qu'il est revenu terminer sa
modernisation, non seulement le Québec n'est-il pas
souverain culturellement, mais on ne parle plus de
culture québécoise, au sens où la BB parlait naguère
de biculturalisme. Le dernier retranchement du Québec, sa langue «maganée», Bourassa s'y attaque par la
facétieuse et bouffonne loi 178. La boucle est bouclée;
plus de culture, bientôt plus de langue, le Québec est
fin prêt pour les défis économiques de demain.
Amenez-en des petits Japonais de quatre pieds et de
grands Amerloques de six pieds, Bourassa va les
knock-outer! Rétrospectivement, l'on est surpris de
constater cette ligne droite des libéraux de Bourassa.
Le jour où l'on a accepté de rester une colonie et de
la moderniser, on finit par quitter les limes de l'Empire pour pénétrer dans son enceinte.

La gauche nationale, composée de ceux qui
optent non seulement pour un Québec libre, mais
aussi pour une société différente de l'américaine,
hérite du coup de la double ouverture. On pourra
alors, selon la conjoncture, opter pour le principe
national, tout en trouvant que la société capitaliste
n'est pas à déjeter, ou soupirer après le grand soir, en
jugeant bien provincialistes les revendications nationalistes du Québec. Je crois bien que c'est à propos de
ce difficile couplage des deux principes que les théories les plus savantes ont été bâties et que les plus
cinglantes défaites politiques ont été encaissées. Contrairement aux libéraux qui, après la rapide disparition de la droite traditionaliste, sont vite devenus la

173

droite coloniale et la droite capitaliste, et qui n'ont eu qu'à se laisser porter par l'américanisation et le fétichisme de l'argent, la gauche nationale a dû justifier théoriquement ses choix et ses actions. En d'autres termes, il s'agissait pour elle de prouver, d'une part, que rien ne servait aux Québécois de devenir indépendants s'ils devaient retrouver une société qui fût de même type que celle dont ils se seraient libérés; et que, d'autre part, ils ne sauraient bâtir une société plus juste et plus fraternelle que s'ils conquéraient d'abord leur indépendance politique. Encore plus que pour n'importe quel autre pays, cette double perspective représentait pour la gauche nationale d'ici une espèce de quadrature du cercle; il ne faut pas s'étonner outre mesure si elle n'a réalisé aucun de ses deux objectifs. Même un pays de grande civilisation comme la France, qui n'avait pas à faire son indépendance nationale, se retrouve aujourd'hui moins socialiste qu'en 1981 et beaucoup plus soumise aux contraintes des financiers internationaux; ici, la gauche nationale se retrouve représentée par les grandes centrales syndicales — ouvriers et agriculteurs — qui s'opposent autant à la cession du Québec aux États-Unis qu'aux bouffonneries de Bourassa sur la langue française. Tout est perdu, sauf l'honneur.

Il reste à tenter d'expliquer brièvement — ne serait-ce que pour la mémoire et pour quelques-uns des plus jeunes que cette question intriguerait — comment le Québec du début de la Révolution tranquille, qui passait pour le point le plus chaud de l'Amérique du Nord, est devenu aujourd'hui la province la plus conservatrice du Canada après l'Alberta — pays de tous les dinosaures —, en même temps que la plus bilingue, sinon la plus américanisée et la plus médiatique. Comme le disait un jeune élève du primaire, à qui l'on demandait d'écrire les paroles de l'*Ô Canada*: «ton histoire est une des pas pires!» Est-ce toujours là «le privilège du retard historique» qui se manifeste? Pendant ce temps, un survivant de la tribu des intellectuels continue de se demander si une porte de magasin doit être ouverte ou fermée; c'est la question qui tient tout le monde en haleine, ces jours-ci, à cause de son impact sur le bilinguisme d'affichage.

La bonne vie et la bonne société

Peut-être surprendrai-je mes lecteurs, en affirmant que la gauche nationale a d'abord été la recherche de la bonne vie et de la bonne société, c'est-à-dire que même pendant ses déviations savantes ou chauvinistes, cette gauche était mue par l'indignation morale devant ce qu'était devenu le Québec, ce pays dominé et ces citoyens humiliés.

J'ai parlé plus haut de la diffusion foudroyante du marxisme comme grille d'analyse de la situation québécoise et comme remplacement de la doctrine sociale de l'Église et du fonctionnalisme américain dont se contentaient les traditionalistes et les libéraux; j'ai aussi parlé des aberrations savantasses d'une sorte d'ultra-gauche sociale qui n'a pas peu contribué à la désincarnation de la situation québécoise. Il reste à dire aussi que dans certains segments de cette

175

gauche nationale, un lien a toujours existé entre le pays réel, la théorie et la pratique. C'est dire qu'aucun des trois éléments constitutifs de la problématique qui était nôtre n'a été isolé et réifié, bien que la possibilité et les dangers des dérives et des dérapages fussent toujours présents. Même si l'histoire de la gauche du Québec doit faire son constat d'échec, comme toutes les gauches nationales d'aujourd'hui, il reste qu'à cause de la singularité du Québec d'alors, elle avait peut-être autant sinon plus de chance de réussir que d'autres. Plusieurs d'ici et d'ailleurs l'ont cru.

Le difficile aujourd'hui, c'est d'expliquer ou à tout le moins d'essayer de faire comprendre comment et pourquoi l'espérance de ces Québécois a été si désireuse d'arriver à changer la vie dans l'extrême pointe nord-est du continent américain. En 1985, s'est tenu à Paris, au Goethe Institut, un colloque sur Ernst Bloch et György Lukács pour marquer leur centième anniversaire de naissance. Plusieurs des participants se sont posé à leur sujet la même question que je viens de formuler. Comment faire comprendre aux lecteurs d'aujourd'hui que Bloch ait pu, dans les années 1920, écrire ses deux grands livres *L'esprit de l'utopie* et *Le principe espérance*, alors que les deux phénomènes, utopie et espérance, sont si manifestement disparus de notre monde? Il semble que ce soit la même chose qui soit arrivée au Québec, dans la moitié moins de temps, trente ans à peine. Oubliant la menace de mort par le nucléaire et la pollution, on ne parle plus aujourd'hui que de ceux qui mangent trop et de ceux qui ne mangent pas assez. Bien finies, ici aussi, l'utopie et l'espérance!

Autre point de repère pour comprendre le Québec d'hier et d'aujourd'hui. En 1987, Russell Jacoby publiait, à New York, un livre intitulé *The Last Intellectuals*. Définissant en gros comme intellectuels ceux qui écrivent pour le public sur des sujets d'intérêt public, il dit des marxistes et des radicaux de l'économie politique: «...leurs collègues ont remplacé le public comme auditoire et le jargon a supplanté la langue anglaise. Aujourd'hui les marxistes possèdent leurs bureaux sur le campus et des places de stationnement qui leur sont réservées.» Les derniers intellectuels américains comptent, à droite, Daniel Bell et à gauche, Lewis Mumford. Wright Mills, mort en 1962, n'a pas eu d'héritier. Dans la disparition des intellectuels québécois, on note la même accélération de l'histoire; à la mort de Wright Mills, en 1962, c'était la floraison des intellectuels au Québec; aujourd'hui, il en reste à peine autant qu'aux États-Unis. C'est le même processus mais catastrophiquement accéléré!

Pour comprendre l'espérance des Québécois au début des années 1960, il faut non seulement prendre en compte la situation particulière du Québec — fin du conservatisme clérico-duplessiste et arrivée des adeptes de la modernisation — «il faut que ça change» et «maîtres chez nous» — mais le climat de remise en question qui régnait non seulement dans les mouvements mondiaux de décolonisation et surtout, plus près de nous, dans les mouvements de contestation qui surgissaient aux États-Unis, dans l'Empire même. Le climat international de remise en question de l'impérialisme et de la société de consommation servait puissamment la gauche nationale du Québec, particulièrement l'intelligentsia et le mouvement ouvrier. Le couplage du principe national et du principe social existait au niveau international et favorisait donc ici leur jonction. De plus, on ne comprendra rien à l'effervescence de la gauche québécoise si l'on ne se rend pas compte que la contestation généralisée du statu quo, même celle qui se manifestait aux États-Unis, s'appuyait sur des intellectuels européens et particulièrement français. Russel Jacoby écrit: «Une étude du marxisme philosophique aux U.S.A. contient des chapitres sur György Lukács, Karl Korsch, Antonio Gramsci, Max Horkheimer, Jean-Paul Sartre et Jüngen Habermas et seulement quelques remarques en passant sur des Américains.» (*The Last Intellectuals*, p. 167). Or, il arrivait que ces auteurs nous étaient connus, soit par des traductions ou par les textes originaux; des auteurs, comme Sartre, Merleau-Ponty, Edgar Morin, Lucien Goldmann et Henri Lefebvre, étaient français. De sorte que nous n'avions pas du tout l'impression d'être à la remorque des Américains dont la gauche avait été fortement étêtée pendant les années 1950 par la chasse aux sorcières du sénateur McCarthy. De plus, nos universités ont commencé à inviter régulièrement ces sociologues et penseurs marxistes. La plupart épousaient notre espérance et se déclaraient pour l'indépendance du Québec, et nous aidaient à combattre l'influence des sociologues qui, en plus de ne pouvoir parler français, professaient une sociologie qui ne mettait aucunement en doute l'hégémonie américaine sur le continent nord-américain et dans le monde. Certains d'entre nous pensaient qu'il fallait favoriser nos liens avec la francophonie et combattre les manuels écrits en anglais, et surtout en américain, qui étaient utilisés ici. Alors que les universités canadiennes regorgeaient d'enseignants américains, les nôtres allaient inviter des Européens, surtout des Français, ce qui nous aidait à prendre nos distances vis-à-vis du reste du continent.

Comme ces enseignants étaient spécialisés dans plusieurs disciplines qui touchent à la culture, ils débordaient la sociologie pour attirer des spécialistes en philosophie, en littérature et d'autres disciplines. Un seul exemple illustrera mon propos: Lucien Goldmann, disciple de Lukács, enseignait la sociologie du roman; ayant fait sa thèse sur Kant, il pouvait aussi enseigner en philosophie. Son livre *Le Dieu caché*, traduit en anglais, entre autres langues, portait sur des classiques, Pascal et Racine, et ramenait nos étudiants sur des auteurs qui avaient déjà été largement étudiés ici. Edgar Morin, qui avait déjà écrit des livres sur le cinéma et ses stars, par exemple, attirait d'autres publics qui s'initiaient à la critique des productions culturelles.

C'est ainsi qu'autour de nos universités et à travers ces enseignants français et européens se développaient de larges centres d'intérêt dont l'objet principal était la société en général et surtout le Québec. Pour une fois, les études théoriques pratiquées dans nos universités cessaient d'être des spécialités ésotériques et

étaient directement branchées sur les débats de
société qui faisaient l'objet des préoccupations et des
débats politiques d'ici. Nul ne pouvait se permettre de
discuter de pauvreté, de langue, de délinquance et de
déviance sans rattacher toutes ces questions à la
société globale qu'est le Québec. Ce qui supposait,
bien sûr, que les enseignants sortissent de leur tour
d'ivoire pour aller travailler sur le terrain avec toutes
les couches de la société. Par exemple, des centrales
syndicales avaient fondé une espèce de collège des
travailleurs où des enseignants universitaires essayaient
justement de faire le lien entre le vécu des travailleurs
et tous les aspects de la société et du Québec en
particulier. Les enseignants n'enseignaient pas pour
montrer aux travailleurs combien ils étaient savants et
eux ignorants, mais essayaient plutôt de démystifier
qui étaient les «ils» qui les embauchaient et les exploi-
taient. Tout le monde était dans le même bateau et
c'est ce bateau qu'il fallait connaître et changer. Je me
souviens qu'au premier cours que je donnai à ce
collège, je me rendis compte que le manuel de sociologie, dont des enseignants de l'Université McGill
avaient imposé l'étude, était la traduction en français
du manuel d'un jésuite allemand. Ce traité était si jar-
gonneux, si abstrait et si compliqué que je ne le
comprenais pas moi-même; je leur recommandai de le
déchirer et de n'en tenir aucun compte. Nous allions
plutôt essayer ensemble de comprendre la société en
général et le Québec à partir d'eux-mêmes et de leur
travail; de proche en proche, nous arriverions ensemble à comprendre ce qui se cachait sous les mots

savants de ce jésuite allemand. Je me rendis compte que ces étudiants arrivaient ainsi facilement à comprendre comment les dés étaient pipés contre eux par des apôtres d'une supposée neutralité scientifique; ils firent un mauvais parti à un enseignant, nourri de manuels américains, qui leur enseignait ce qu'on appelle «les relations industrielles». Un jour, à la pause-café, l'un deux me dit: «Vous savez ce qu'est la lutte des classes?» Je lui répondis que je croyais le savoir, mais que je sentais qu'il avait sa propre définition. «Oui, dit-il, c'est le professeur X contre toute notre classe.» Je compris ainsi que si l'on organise des cours pour les syndicalistes, que l'on donne ces cours à l'université, qu'on leur impose de lire un jésuite allemand entortillé, on augmente leur aliénation envers la société et le soi-disant savoir. La leçon que ces travailleurs peuvent en tirer, c'est que les ignorants doivent rester ignorants et qu'ils n'arriveront jamais à comprendre quoi que ce soit sur leur propre société.

Dans le même ordre d'activités, des collègues et moi avons organisé des cours du soir, à l'«éducation permanente», qui portaient sur l'ensemble du Québec: histoire, économie, sociologie et arts. Nous voulions ainsi donner du Québec une perception globale, montrer que dans une société tout se tient et que, pour juger d'une époque et d'une institution, il faut les mettre en perspective et en relation avec le reste de la société. Pour mieux illustrer ce fait et éviter des dérives personnelles, nous revenions de temps à autre, tous les quatre, devant ce «monde ordinaire», ce qui nous donnait la chance de nous expliquer plus avant et de confronter notre spécialité à celle des autres.

Je crois aussi que l'on pouvait donner des cours sur l'ensemble du Québec sans se montrer injustes ou chauvins. Un soir, une journaliste de *The Gazette* assista incognito à l'un de mes cours. Elle écrivit dans son journal le lendemain que là où elle s'attendait à se voir dévorer tout rond, elle et ses concitoyens anglophones, elle entendit des paroles élogieuses sur les institutions britanniques. Elle ajouta que s'étant fait connaître à moi, à la fin du cours, je lui offris de la raccompagner chez elle dans ma voiture. Ce dont elle se dit très charmée.

Beaucoup plus tard, après l'arrivée au pouvoir du Parti québécois, le doyen d'un prestigieux «college» de Toronto, socialiste lui-même, me demanda comment les intellectuels québécois avaient su collaborer efficacement à l'élection de ce parti indépendantiste. Nous étions alors quelques-uns à dîner avec lui, dans la très élégante salle à manger de ce «dean». Par la porte ouverte, nous voyions, dans une grande salle à manger, des étudiants, des «doctorandi» en toge, manger en silence, pendant qu'un de leurs confrères lisait à haute voix *Le culte des héros* de Carlyle. Cette scène me reportait au réfectoire du séminaire de Rimouski où, à certains repas, quelqu'un, pour nous aider à avaler le brouet qu'on servait, lisait à haute voix la vie de quelque saint qui avait mené, lui aussi, une existence très frugale.

Je répondis à mon ami le doyen qu'il lui fallait sortir de l'université et travailler avec le monde ordinaire, paraître à la télévision, écrire dans les journaux et les revues lus par le vrai monde et cesser de ne parler et de n'écrire que pour quelques collègues. Il faut dire qu'en dehors du Québec les intellectuels enviaient ceux d'ici pour leur participation à la vie publique. Le jour où les débats n'ont plus concerné la «bonne vie» et la «bonne société», ont surgi les spécialistes; on les interroge plusieurs fois par jour sur les moyens de s'enrichir rapidement et sur les soins à donner aux éclopés, aux bancals et aux exclus de cette course à obstacles.

Aujourd'hui que le Québec est rentré dans le rang et que ses problèmes sont devenus ceux du «premier monde», on a peine à s'imaginer que pendant près de deux décennies il possédait sa propre dynamique et s'il se nourrissait d'auteurs étrangers et de ce qui se passait ailleurs dans le monde, les préoccupations des Québécois restaient proprement siennes. Tout s'est passé comme si avant de décider d'entrer de plain pied dans l'Empire américain, ce pays avait exploré d'autres possibles; je crois que cette recherche qui se fondait sur sa continuité culturelle et son désir de changement, a été partagée par plusieurs segments de la société. La question fondamentale de cet essai, c'est celle de savoir comment cette originalité de destin s'est transformée et, bien sûr, de se demander s'il pouvait en être autrement.

Pour étayer un peu cette originalité qui va en s'amenuisant, je rapporte ici deux faits. Un jour, je demande à un collègue d'une université canadienne s'il prévoyait pour l'automne suivant une rentrée difficile: «Tout dépend de ce qui va se passer aux États-Unis». Pour ma part, je savais bien que le climat de la rentrée serait déterminé ici par nos problèmes, fussent-ils ceux de la langue française, des universités, de grèves dans l'industrie ou dans les services publics. Même à la fin des années 1950, la grève du réseau français de Radio-Canada avait été provoquée par un combat d'avant-garde qui était bien d'ici: la syndicalisation des cadres de cette entreprise publique. D'aucuns y voient l'une des premières manifestations du couplage du principe national et social; des syndicalistes sont devenus nationaux et des nationaux traditionnels ont pris fait et cause pour des cols blancs, associés eux-mêmes à des cols bleus.

Voici l'autre fait. Des éducateurs de Toronto se rendirent compte de l'américanisation généralisée de tout le système d'éducation de l'Ontario; dans les universités dominaient des enseignants américains; même l'histoire du Canada était enseignée avec des manuels américains par des Américains. Un jour, un prédicateur aux allures de Diefenbaker constata ce lamentable état de choses et organisa un colloque «pancanadien», à Toronto, sur ce sujet. J'y assistai et quand mon tour vint de parler, je me permis des remarques qui devaient laisser les colloquants un peu songeurs. L'orateur qui m'avait précédé exhortait tous les enseignants à diriger leurs thésards vers des sujets canadiens plutôt qu'américains, comme c'était la coutume. C'est exactement le contraire qui se passe au Québec, leur dis-je. Devant des étudiants qui s'orientent invariablement vers des thèses portant sur le

Québec, les enseignants essaient quelquefois de les diriger ailleurs. À ce moment-là, c'était presque vrai. Et pendant de longues années, le problème des universitaires canadiens a été de remplacer les Américains par des Canadiens. À un moment donné, la blague qui courait sur toutes les lèvres était qu'on venait d'engager dans une université de l'Ouest du Canada le trente et unième professeur de sociologie et que celui-là était un Canadien. Un jour, invité dans cette université pour quelques jours, je reçus étudiants et professeurs dans un petit bureau que l'on avait mis à ma disposition. Plusieurs me dirent que malgré toutes les campagnes, la domination des Américains persistait toujours. Je peux ajouter que pendant longtemps les études de sciences sociales faites au Québec étaient intégrées dans un large ensemble qui incorporait les divers sujets particuliers dont chaque écrit traitait, c'est-à-dire dans le Québec, envisagé comme société globale. Les Canadiens, à ce moment-là, comparaient ce qui se faisait ou se pensait chez eux avec ce que les Américains pratiquaient; ce sont des sociologues canadiens, Vallée et Johnson, qui se sont eux-mêmes aperçus de cette différence.

Des gauchistes désincarnés

Il arriva qu'à cause de la contestation des étudiants qui se développa rapidement sur les campus américains, et bientôt canadiens — la révolte de Berkeley (1964) est l'un des temps forts de cette période —, des universités américaines et canadiennes se virent

185

obligées d'engager ce qu'on appelait des enseignants radicaux. Comme cette variété existait très peu aux États-Unis, — le macarthysme et le fonctionnalisme, mis sur pied par Parsons à la fin des années 1930 spécifiquement pour combattre la tentation marxiste l'ayant presque éliminée —, on fit appel à des Européens. N'ayant aucune connaissance pratique des États-Unis ou du Canada, ces radicaux, généralement d'obédience marxiste, se contentèrent d'importer sur ce continent leurs savantes gloses sur Marx et ses épigones. C'est là un phénomène bien connu: transportés en dehors de leurs pays, les immigrés poursuivent et accentuent même les divergences pratiques et théoriques qui étaient leurs dans leur pays d'origine. N'ayant ni le moyen ni souvent le désir de s'intégrer aux forces progressistes de leur nouveau pays et de les influencer, ils ont tendance à vivre d'eux-mêmes et sur eux-mêmes en continuant de théoriser à perte de vue sur les grands auteurs européens: l'Italien Gramsci, par exemple, et le Hongrois Lukács. La revue *Telos* fondée en 1967 est un exemple de cette dérive théoricienne. Un numéro de cette revue (1974), pris au hasard, traite de l'École de Francfort, de Manheim, de Sartre, de Serge Mallet et de Beaudrillard, entre autres auteurs européens. En plus de risquer de devenir une coterie sans impact sur la réalité, ces glossateurs accréditent l'idée que des maîtres-penseurs ont déjà écrit tout ce qu'il y a à connaître sur la société, quelle qu'elle soit, et qu'il ne reste qu'à accomplir les prophéties. Il reste aussi que, croyant posséder la vérité, ces commentateurs désincarnés ont tendance à regarder de bien haut leur nouvelle société. Un jour, me trouvant dans une université de l'ouest du Canada, je me rendis compte que beaucoup d'étudiants manifestaient de l'estime et du respect pour un enseignant scandinave avec lequel j'avais conversé à quelques reprises; je leur demandai ce qu'il avait écrit: «Comment, vous ne savez pas! C'est lui qui a écrit cet article fameux: *Happiness is for the pigs.*» Je n'insistai pas davantage et me contentai de regarder ce quinquagénaire descendre à califourchon la rampe du grand escalier du hall de l'université. Une autre façon d'impressionner de jeunes badauds!

Il m'apparut vite pendant toute cette période que le danger de toute gauche intellectuelle était de s'isoler dans des querelles d'écoles, de tendances et de sectes, loin de l'analyse de sa société et de la vie quotidienne; elle a tendance à suivre en cela la pratique des universités où chaque discipline s'enferme dans des arcanes bien compartimentées et poursuit sa route sans s'occuper de ses voisines. Si quelqu'un réclame le décloisonnement des cours, on lui répond que l'ordinateur ne le permet pas, étant donné qu'il faut bien déterminer longtemps à l'avance les horaires et les lieux de chaque office.

C'est ainsi que le problème de la «bonne vie» et de la «bonne société» est tellement hachuré et déchiqueté que l'on peut passer des années à l'université sans que jamais il n'en soit question. C'est surtout vrai aujourd'hui dans nos sociétés à plusieurs vitesses; il faut vite accepter la vie et la société telles qu'elles sont, de peur d'être laissé sur le bord de la route. Comme le dit le proverbe chinois: «Il est difficile de trouver un chat noir dans une chambre noire, surtout si on ne le cherche pas.» C'est pourquoi il est difficile aujourd'hui d'imaginer que pendant quelques années les Québécois ont cherché des réponses à ces questions.

J'ai raconté plus haut comment cette dérive savantasse et pédante n'a pas épargné le Québec; je crois même qu'elle fut plus nocive ici qu'aux États-Unis. Au lieu de rester cantonnés dans les collèges, les universités et les publications spécialisées, comme aux États-Unis, les bons apôtres d'ici se répandirent dans toutes sortes d'institutions et d'organismes, à cause du climat général orienté vers le changement et qui les poussait à accueillir ceux qui se disaient en possession de toutes les vérités. Inutile de dire que le déjà fragile couplage de l'objectif national, d'une part et social, de l'autre, fut mis à mal par le sectarisme intempestif de la kyrielle de groupuscules qui s'abattit sur tout ce qui bougeait au Québec. À partir de Montréal, ils essaimèrent en province où leur isolement les rendait encore plus fanatiques. Si ce phénomène est loin d'être exclusif au Québec et se manifeste particulièrement dans le sud de l'Europe, il se substitua vite au vide que causa l'abandon de l'autoritarisme de la tradition cléricale et duplessiste. Le «crois ou meurs» des temps anciens fut remplacé par la croyance naïve en une nouvelle science. Pour certains, la révolution devait être celle des prolétaires de tous les pays; ils toisaient de haut même ceux qui prétendaient qu'au Québec, cette grande ouverture devait accompagner ou suivre la libération de ce pays. Ce n'était pas écrit dans les textes sacrés!

J'ai connu certains ténors de cette pureté théorique qui jouaient admirablement de la double ouverture: nationale et sociale. Avec eux et ceux qu'ils influençaient, on ne pouvait discuter des deux à la fois. Si vous parliez de libération nationale, on entonnait le couplet de la petite-bourgeoisie profiteuse à l'avantage de laquelle se ferait cette émancipation. Je pourrais citer plusieurs exemples de cette dialectique malsaine, je n'en livrerai qu'un seul. On avait organisé un colloque sur la langue française à l'École normale du parc Lafontaine. Hubert Aquin et moi prîmes la parole et, bien sûr, essayâmes de montrer l'importance et l'excellence de cette langue. À la période des questions, un jeune homme se leva et nous accusa, Hubert et moi, du crime de petite bourgeoisie; nous défendions la langue de ceux qui possédaient savoir et pouvoir; les révolutionnaires ne devaient pas avoir cure de la langue qu'ils parlaient; il s'agissait plutôt d'éliminer les possédants dans le plus grand silence.

Hubert et moi avions la fale bien basse et rougissions du forfait de lèse-prolétariat. Nous fûmes sauvés de justesse quand, après les applaudissements (nourris) de la salle, un grand rouquin de diablotin demanda à son tour la parole. Il n'entendait pas cette question de la même oreille que celui qui l'avait précédé. Dans les combats que le prolétariat mène contre la bourgeoisie, Marx avait enseigné qu'il fallait lui prendre toutes ses armes, ce qui incluait la belle langue française; on ne pouvait gagner la bataille finale sans s'exprimer aussi bien que l'adversaire. Il termina sa longue intervention par un éloge dithyrambique de la langue de nos aïeux québécois et celle de... Racine. (Applaudissements prolongés de la salle) Je me suis souvent demandé si ces morceaux de bravoure n'étaient pas organisés et minutieusement mis au point par les intervenants eux-mêmes. Ce dont j'eus la preuve irréfutable, au moins une fois.

On m'avait invité à passer quelques jours dans une université canadienne. À mon arrivée, on me fit tout de suite de très grands éloges de deux jeunes Québécois qui agissaient comme assistants de deux enseignants chevronnées de la maison; on parlait même de les admettre comme professeurs l'année suivante; de l'avis de ceux qui me recevaient, les deux étaient ni plus ni moins de jeunes génies. Peu après, je les rencontrai. Ils me demandèrent de leur prêter ma carte de membre du Parti socialiste du Québec; ils allaient la photocopier et la distribuer aux étudiants de gauche qui prenaient exemple sur le Québec pour mener à bien la révolution. Ce que je fis en me promettant d'observer de près leur génie précoce. Le surlendemain, ils assistaient à un séminaire que je donnais pour les enseignants en sciences sociales. Ils s'exécutèrent avec un tel brio que je les retins à la fin du séminaire et leur demandai à brûle-pourpoint leur recette. Leur truc était génial. Ils choisissaient les séminaires où ils assisteraient ensemble; connaissant le sujet traité, ils mettaient au point une discussion qu'ils auraient entre eux deux, avec l'air de se crêper le chignon. Ils opposaient par exemple Sartre et

Merleau-Ponty à partir de citations de l'un et de l'autre, le tout portant sur leurs interprétations divergentes de certains textes de Marx. Comme les enseignants et les étudiants de cette université avaient tout au plus une connaissance de ouï-dire de ces auteurs français et un petit vernis de Marx, nos deux lascars gagnaient en génie à tous les coups. Les temps changent, je suis convaincu qu'ils se sont recyclés dans d'autres modes, imitant en cela les radicaux de ces temps de haute voltige intellectuelle; peut-être ont-ils rejoint ceux de leur classe d'âge qui déjà s'intéressaient au commerce et aux affaires.

Toutefois, il serait injuste de ne s'arrêter qu'aux côtés risibles de cette gauche des belles années; encore une fois, ce mal n'est pas le privilège des indigènes québécois. Le mal vient de plus haut; la logomachie et la logorrhée sont des maux bien français; peut-être qu'avec la prise de la parole, au début de la Révolution tranquille, sont-ils revenus avec notre héritage français qu'André Siegfried décelait en nous, même dans les années 1930.

Apologie de la raison critique

S'il est difficile aujourd'hui de faire comprendre l'espérance qui était celle des Québécois à la fin du long règne clérico-duplessiste, peut-être l'est-ce davantage de justifier l'esprit critique qui animait une bonne partie de l'intelligentsia d'ici, et qu'il pût exister une gauche et une droite qui ne convergeaient pas comme maintenant vers une espèce de centre mythique.

Aujourd'hui, l'espérance la plus générale des Québécois me semble être de désirer que leur province connaisse une croissance économique soutenue tout en entrant de plain pied dans l'Empire américain et même de vaincre ses commerçants sur leur propre terrain, qui, l'affirmait l'ancien président Calvin Coolidge, est le «business». Même si l'on trouve exagéré le mot de Tristan Bernard qui disait que «les affaires, c'est l'argent des autres», il n'en reste pas moins que collectivement nous semblons nous comporter comme si l'homme idéal était l'*homo œconomicus* d'Adam Smith. Ne disait-il pas que l'homme naît avec l'instinct de troquer, d'échanger et de commercer? Lui qui avait commencé par écrire une théorie des sentiments moraux! (1776) Comme c'était un honnête homme, je suis sûr qu'aujourd'hui il écrirait sur la nature et les causes des différences entre nations riches et nations pauvres et pourquoi les unes deviennent de plus en plus pauvres. La différence entre aujourd'hui et hier, ce n'est pas qu'hier on ne se préoccupait pas d'économie et qu'aujourd'hui on le fait, mais que cette préoccupation soit devenue de nos jours l'unique sujet de nos soucis; naguère on parlait aussi de liberté, d'égalité et de fraternité.

À telle enseigne qu'aujourd'hui, la critique porte presque exclusivement non pas sur cet économisme — la société et l'individu comme des machines à accumuler des profits — mais sur les bonnes et les mauvaises façons de gérer ces machines. Tout le reste est devenu, comme disent les anglophones, *immaterial,* c'est-à-dire, sans importance. Déjà, il y a plus de vingt ans, Marcuse parlait de nos sociétés comme d'entités devenues «uni-dimensionnelles», tout s'est passé comme si certaines couches de la population avaient voulu sortir de cette aliénation et de ce rétrécissement en se révoltant contre cet état de choses (Paris, 1968); le poids des choses nous a vite ramenés vers une aggravation de l'économisme et le Québec a profité du privilège du retard historique pour s'y embarquer à fond. L'esprit critique des Québécois, qui s'était manifesté fortement depuis les années 1950, semble nous avoir quittés après l'élection du Parti québécois en 1976. La sage gérance politique de nos dépendances nous aura ouvert la voie à tous les types de gestion.

Parce qu'il me semble évident que pendant cette période critique de la récente histoire du Québec, en gros depuis *Le chrétien et les élections* (1956), la critique d'ici portait sur l'ensemble de la société, on doit se demander sur quel type de connaissance et de démarche cette connaissance s'appuie. Et ce faisant, on expliquera l'importance des sciences sociales, de la sociologie particulièrement, pendant cette période. Roger Lemelin, lors d'une émission de télévision à laquelle je participais avec lui, fit remarquer que les sociologues avaient remplacé les curés de naguère; eux aussi disent le bien et le mal; il avait partiellement raison et je dois expliquer comment cette réincarnation s'est produite. Comment donc faire comprendre que des praticiens de disciplines dites scientifiques — qui ne sont censés que décrire objectivement la réalité — peuvent se muer en moralistes? En gros, des scientifiques sont devenus des intellectuels; ils renouaient ainsi avec ceux qu'on appelle les fondateurs de la sociologie: le comte de Saint-Simon, Karl Marx et Pierre-Joseph Proudhon. Il semble que cette transformation ne se produise que lorsque la société elle-même est remise en cause. L'apparition de Lewis Mumford et de Wright Mills, aux États-Unis, peut apparaître comme accidentelle, la société qui a produit le *Manifest Destiny* ne s'étant jamais remise globalement en cause.

La sociologie dite critique est en réalité une espèce d'hybride, de bâtard qui apparaît comme un croisement entre la science et la morale; la première ne s'occupe que de ce qui «est» et la seconde, de ce qui «devrait être». Il faut tout de suite dire que cette bâtarde va plus loin que ce qu'on appelle la critique sociale. Ceux que l'on qualifie d'«activistes sociaux» se plaignent que les règles de la vie en société ne sont pas respectées dans des cas précis. Ralph Nader, par exemple, se plaint qu'aux États-Unis telle ou telle compagnie produit des marchandises qui ne se conforment pas aux normes en vigueur; la sociologie critique se questionne non seulement sur l'observation des règles du jeu mais sur le jeu lui-même; ce jeu devrait-il même exister? Pourquoi la société le permet-elle? La sociologie critique n'est pas seulement délinquante — c'est-à-dire qu'elle ne suit pas les règles prescrites pour s'enrichir — mais elle est déviante, au sens où elle pose la question même de l'enrichissement de certains et de l'appauvrissement des autres.

Cette façon d'examiner le social-historique, c'est-à-dire tout ce qui concerne la société et les sociétés particulières, existe depuis au moins la révolution industrielle. Ces nouvelles façons de produire des biens de consommation, apparues en Angleterre de 1760-1860, se sont propagées d'abord dans toute l'Europe et ensuite dans le monde entier; certains pays du Tiers et du Quart-monde sont encore aujourd'hui en voie d'industrialisation ou, comme on le dit, en voie de développement. Cette révolution technologique et économique a tellement bouleversé la vie entière des populations qui y furent soumises qu'elle engendra toutes sortes de protestations et de révoltes pendant tout le XIXe siècle. La critique de la société industrielle, bourgeoise et capitaliste, donna naissance à une discipline intellectuelle qui combinait l'étude des faits et la proclamation de certains moyens et valeurs pour corriger les abus qu'engendrait cette nouvelle façon de produire des biens de consommation.

De tous ces critiques de la société industrielle, c'est évidemment Karl Marx qui a édifié l'œuvre qui a eu le plus grand retentissement mondial; Nietzsche et Freud le suivirent pour constituer par leurs écrits ce que l'on a appelé l'«ère du soupçon». Ce qui veut dire que des hommes se permettent de mettre en doute et de critiquer les institutions, les théories et les pratiques qui ont cours dans les sociétés; ce qui veut dire, ultimement, se poser des questions sur la destinée humaine et les idées qui sont véhiculées par les dominants de chaque société et de chaque époque, au sujet de ce que l'on appelle «la bonne vie» et la «bonne société»; en un mot, les hommes doivent soupçonner à la fois les pouvoirs et les savoirs.

Cette ère du soupçon connaît aujourd'hui une éclipse certaine, malgré toutes les crises, toutes les catastrophes et toutes les guerres dont l'humanité a été la victime depuis l'apparition de ce nouveau mode de production; le «technologisme» et l'économisme, sur lesquels cette révolution industrielle a pris appui, ont progressé de façon foudroyante. À telle enseigne que l'humanité et notre planète sont en danger de mort. Aujourd'hui, à Wall Street, on peut appuyer sur un bouton pour voler des centaines de millions de dollars; chacun peut appuyer sur le bouton d'une canette de produit de beauté pour contribuer à détruire la couche d'ozone qui protège la vie; quelques hommes ont le pouvoir d'appuyer sur un bouton rouge pour enclencher la destruction finale de toute vie sur terre. Le soupçon d'aujourd'hui se résume à se demander si la croissance du produit national brut ne sera pas de deux pour cent plutôt que de trois. Le soupçon de Marx, Nietzsche et Freud n'a accouché que d'une pléthore de charlatans et d'amuseurs publics. Que voilà d'apocalypses et de génies invoqués, dira-t-on, pour déplorer la fin de l'espérance d'un petit coin de terre: le Québec. La mort d'une seule culture, comme celle d'une seule espèce et d'un seul homme, pose toutes ces questions à la fois. Les lendemains qui chantent que prévoyait Marx sont remplacés par la rationalité et l'efficacité dans la destruction des patrimoines de la nature et de l'humanité. Peut-être ne reste-t-il plus qu'à se demander comment on est arrivé à toutes ces horreurs qui constituent l'horizon prévisible de nos sociétés et, bien sûr, celui du Québec. Et si je reste dans le domaine qui m'intéresse le plus, celui des cultures humaines, je dois me demander comment, en si peu de temps, une culture que des anthropologues américains qualifiaient d'authentique et de riche est devenue apocryphe (*spurious*) et pauvre (*thin*). Cet aplatissement qui s'accompagne d'une euphorie béate devant l'enrichissement de quelques-uns est un exemple d'une situation générale. L'annihilation de l'espérance est aussi douce et aussi molle que le sont la technologie et l'idéologie.

Avant de revenir au Québec de la Révolution tranquille, il faut rappeler que ce pays qui avait décidé de se moderniser — c'était là le programme du Parti libéral triomphant — prenait un train qui était en marche depuis longtemps. Comme l'écrivait Foucault, cette nouvelle société industrielle qui s'était donné pour mission d'exploiter la nature pour faire de l'argent devait, pour réussir, *enfermer* la population pour être en mesure de mieux l'exploiter. *Enfermer*, c'est-à-dire isoler, séparer et émietter les populations pour dissoudre les anciennes communautés, les anciennes solidarités. Petit à petit, tout le monde fut catalogué, étiqueté et enfermé. Dans une scierie voisine du magasin paternel, j'appris dès mon enfance, sur un écriteau, à la vue des ouvriers, que chaque chose devait être à sa place et chacun à son poste. L'industrialisation avait donc atteint mon village. Il faut croire que nous avions pris du retard, puisqu'en 1960 il fallait d'urgence nous moderniser. C'est-à-dire s'enfermer toujours davantage pour produire plus et augmenter son profit.

Ce que Foucault ne souligne peut-être pas assez, c'est que parmi les enfants qu'il dit avoir été enfermés dans les écoles — comme d'autres à l'usine, au bureau ou à l'asile —, certains ont franchi tous les obstacles et ont voulu continuer à savoir. Ceux-là, on les a enfermés à l'université, enseignants et étudiants. C'était probablement la meilleure façon de se prémunir contre l'apparition de nouveaux Marx, Nietzsche et Freud. Avec des bouts de savoir à grignoter et à dispenser aux plus jeunes, les enseignants discutent entre eux et se spécialisent dans plusieurs techniques indispensables au bon fonctionnement de la société. Ce n'est que tardivement qu'entre à l'université l'enseignement des techniques pour soigner les éclopés de plus en plus nombreux de tous ces progrès techniques et économiques. Chaque chose à sa place et chacun à son poste. Le pouvoir dans le bunker et le savoir à l'université. La tradition critique, inaugurée en France par le comte Henri de Simon, neveu du duc de Saint-Simon, le grand mémorialiste de la cour de Louis XIV, naquit en dehors de l'université. Plus tard ceux des enseignants qui s'intéressaient aux sciences de l'homme devinrent pour la plupart des positivistes, c'est-à-dire que pour eux, l'homme et la société devinrent des objets qu'il fallait minutieusement décrire, comme leurs collègues des sciences de la nature le faisaient pour les phénomènes physiques et biologiques. Durkheim, un grand sociologue français dont l'influence internationale fut énorme, écrivait qu'il fallait considérer les faits sociaux comme s'ils étaient des choses. Après la première Grande Guerre, quelques intellectuels allemands fondèrent à Francfort un «Institut pour la recherche sociale» qui se proposait d'étudier le marxisme d'une façon critique, les épigones de Marx étant devenus des érudits positivistes au dogmatisme délirant. Ces chercheurs, connus bien vite comme l'École de Francfort, exercèrent avec, entre autres, Horkheimer, Adorno, Benjamin et Marcuse, une influence internationale; aujourd'hui, Jürgen Habermas est le plus célèbre représentant de cette école. Il n'est pas inutile de rappeler ces quelques faits pour parler de l'influence de cette tradition critique sur laquelle se greffèrent de nombreux enseignants et étudiants québécois, au début de la Révolution tranquille. Quoique bien réelle, elle fut quelquefois exagérée et amplifiée lors de la crise de 1970, surtout à l'étranger. En voici un exemple.

On se souviendra qu'en octobre 1970, à cause de l'enlèvement du diplomate anglais Cross et de l'assassinat d'un ministre du gouvernement du Québec, Pierre Laporte, Trudeau, premier ministre du Canada, prétextant «une insurrection appréhendée au Québec», proclama la loi martiale et y dépêcha l'armée canadienne dans la nuit du 15 octobre. Comme c'est la seule période de ma vie où j'ai tenu mon journal, je transcris ces quelques phrases, datées du jeudi 15 octobre: «À l'université, je passe la matinée enfermé dans mon bureau, recevant des étudiants et répondant au téléphone. Je donne quatre entrevues[1] à des journaux et magazines, comme si elles devaient être les

199

dernières de ma vie.» Me relisant peu après, j'ai noté en bas de page (d'où le [1], après entrevues) les noms des médias: *Point de Mire, Sunday Times* (Londres), *Time Magazine* (New York), *Forum* (U. de M.). Ce que je veux relater ici a trait au *Sunday Times.*

Le journaliste qui me visita me représenta que son hebdomadaire, le *Sunday Times,* tirait à cinq millions d'exemplaires et qu'il se préparait à publier toute une page (18 octobre 1970) sur la question du Québec qui tournait manifestement au tragique. Il se montra sympathique à la cause du Québec. (Ce qui me rappelle qu'ayant demandé à un célèbre avocat écossais d'Édimbourg ce qu'il fallait faire pour gagner les Anglais à la cause de notre indépendance, il m'avait répondu que les Anglais ont tendance à être du côté de l'«underdog».) Peut-être n'était-ce pas seulement pour me mettre en confiance que ce journaliste me manifestait son approbation. Quoi qu'il en soit, j'eus l'impression qu'il comprenait mieux la situation du Québec que le journaliste du *Montreal Star,* Gérald Clarke, mon voisin de quartier à Montréal, à qui j'avais auparavant donné une entrevue.

Les choses allaient si bien entre le journaliste du *Sunday Times* et moi que nous décidâmes de déjeuner ensemble. Au cours de la conversation, il me confia qu'une équipe de sociologues et d'autres spécialistes travaillaient ensemble à Londres pour aider son journal à comprendre ce qui se passait au Québec; on lui proposait par télégramme des pistes à examiner. Il avait reçu, le matin même, un télégramme de Londres qu'il me montra. J'en crus à peine mes yeux. On lui suggérait d'enquêter sur les différences idéologiques entre les sociologues de l'Université Laval et ceux de Montréal. Je lui répondis que c'était une fausse piste: je crois, lui dis-je, que nous sommes à peu près sur la même longueur d'ondes, avec peut-être un peu plus de militantisme à Montréal. Je m'étais souvenu que mon collègue Fernand Dumont m'avait dit un jour que nous, de Montréal, étions comme les premiers colons du Québec, toujours prêts à faire le coup de feu contre les Iroquois.

Comme les fédéraux menaient une guerre totale au Québec, non seulement sur le plan militaire, mais sur celui de la désinformation systématique, je le lançai sur une autre piste; les services de propagande du gouvernement Trudeau amalgamaient le FLQ (Front de libération du Québec), le FRAP (Front d'action politique de Montréal) et le PQ, les liant l'un à l'autre, et les accusaient de fomenter une insurrection armée; je le lançai sur la piste du FRAP pour lui faire découvrir et dénoncer la supercherie des fédéraux.

Tous ces faits sont relatés pour essayer de montrer que, selon des chercheurs de Londres, certains sociologues du Québec pouvaient avoir quelque chose à voir avec les événements d'octobre 1970, qui marquent un temps fort dans la lutte de libération et un acte tyrannique du roi-philosophe.

L'université et la libération

Comment expliquer qu'alors que dans leur très grande majorité les universités occidentales s'adon-

201

naient à la science positive et soi-disant neutre, des départements et des facultés universitaires aient ici, à un moment donné, épousé le point de vue critique et fait leurs les espoirs d'émancipation des Québécois? Cela s'explique par la particulière conjoncture du Québec dont j'ai rappelé plus haut certains traits; j'ai parlé de retard historique, du désir de modernisation et de rattrapage de plusieurs couches de population ainsi que de la situation internationale dont les facteurs les plus significatifs étaient, à mon avis, la décolonisation de l'Afrique et de l'Asie et les mouvements de contestation dans la société américaine et, singulièrement, les universités.

L'engouement pour les sciences sociales, au début des années 1960, ne passa pas inaperçu dans le grand public. Par exemple, *La Presse* de Montréal y consacra un grand reportage de plusieurs pages, le 20 mai 1967, intitulé en très gros caractères: «Une faculté à la mode: les sciences sociales» et en sous-titre: «En 1962 il y avait 517 étudiants... Il y en a maintenant 1700.» (année 1966-67) L'auteur de l'article, M. Marcel Adam, ajoute: «Y aura-t-il des débouchés pour chacun?» L'auteur, par cette question, dévoile ainsi sa conception fonctionnelle de l'université, partagée, faut-il le dire, par tous les technocrates. L'université est une usine à former des spécialistes que la société requiert pour continuer et accélérer, si possible, sa croissance économique et technologique. J'ai bien peur que c'est ce qu'elle est exclusivement devenue aujourd'hui. N'empêche qu'après les événements de mai 1968 en France, le grand philosophe Paul Ricœur plaida pour que l'université, à côté de son aspect fonctionnel, se donne une autre mission essentielle: celle d'être le lieu privilégié des interrogations sur la «bonne vie» et la «bonne société», c'est-à-dire qu'elle doit assumer un rôle *critique* dans la cité. Ce n'est pas *La Presse* ni les autres médias d'information qui peuvent le faire, eux qui sont les reflets et quelquefois les porte-parole de l'ordre établi.

Malgré le biais fonctionnel de ce reportage — en page 18 par exemple, les praticiens en sciences sociales sont comparés aux ingénieurs —, le journaliste rapporte certains commentaires qui laissent voir que les enseignants peuvent se préoccuper d'autre chose que de l'«ingénierie» sociale ou, comme dit le journaliste, d'assurer «la présence froidement efficace d'une kyrielle de technocrates de toutes disciplines». Le journaliste voyait loin: le Québec d'aujourd'hui regorge de technocrates au regard froid qui exercent leur spécialité sans qu'on puisse apercevoir l'ombre même d'un empêcheur de danser en rond.

À cette occasion, le professeur Jean-Charles Falardeau de l'Université Laval, que cite le journaliste, écrivait: «...l'histoire des sciences sociales... est inséparable des forces sociales qu'elles ont pour fonction d'interpréter, elle est inséparable des idées de cette société et des conceptions que cette société s'est faites d'elle-même.» Le sociologue poursuit: «...après les luttes militaires qui ont abouti à la conquête de 1760, notre peuple a fait des luttes strictement politiques durant tout le XIXe siècle et le premier quart du XXe siècle, lesquelles luttes ont mobilisé toutes les énergies spirituelles et toutes les ressources intellectuelles... le XXe siècle a débuté avec vingt-cinq ans de retard au Canada français.» Il ne faut donc pas confondre, ajouterai-je, lutte intellectuelle et lutte pour un débouché alimentaire.

À la fin de son long reportage, le journaliste de *La Presse* cite les propos d'«un étudiant d'âge moyen» qui lui déclare «que cet engouement nouveau pour les sciences sociales peut être en partie attribuable au fait que les jeunes veulent davantage participer à la construction de la nouvelle société québécoise». Je crois bien que cet étudiant d'âge moyen avait raison; il faut quand même relever que son bout de phrase «construction de la nouvelle société québécoise» s'entendait et se vivait de deux façons qui ne s'excluaient ni n'étaient antinomiques; les uns, fonctionnalistes, voulaient former des spécialistes et des technocrates, les autres, les critiques, dont j'étais, voulaient non seulement que le Québec se modernisât en répudiant le clérico-duplessisme, mais qu'il dépassât les autres sociétés, non pas tout en étant plus performant, économiquement et bureaucratiquement, mais en se construisant libre, plus humain, plus fraternel et moins hétéronome. Je dois à la vérité de dire qu'au département de sociologie de l'Université de Montréal, auquel j'ai appartenu pendant un quart de siècle, ces deux tendances ont coexisté sans affrontement; le sentiment de participer à la construction de la nouvelle société québécoise donnait aux deux écoles assez d'enthousiasme et même de bonne humeur pour résister ensemble à la bureaucratie universitaire, aux «gens du papier», qui auraient bien aimé nous diviser pour mieux imposer leurs conceptions du pouvoir et du savoir.

Cela dit, et regardant ce que la société québécoise est devenue, je dois bien avouer que les fonctionnalistes l'ont emporté; toutefois, les deux écoles sont peut-être aussi responsables l'une que l'autre de la présente désintégration socio-culturelle de cette société et du fait qu'elle ne soit ni libre ni fraternelle, mais plus américanisée. Quant à moi, il me reste à essayer de dire pourquoi le point de vue critique — la gauche nationale, sur le plan politique — non seulement n'a pas réussi mais qu'il est aujourd'hui moribond et qu'il est devenu obsolète.

Indépendance politique et société

Au début des années 1960, une espèce de consensus s'est établi au Québec, surtout à l'occasion de la seconde victoire du Parti libéral, en 1962, sur la nécessité de changer; cette idée et ce désir se sont diffusés dans l'ensemble de la société, tout le monde contestant qui l'ensemble du passé, qui les grands-pères et les pères, qui tout ce qui avait l'air d'être dépassé. Par exemple, j'ai assisté à une réunion où les jeunes vicaires contestaient les vieux curés. De proche en proche, on en arriva à contester à peu près tout. Comme je l'ai déjà mentionné plus haut, les contestations les plus globales attaquaient le statut de colonie intérieure qu'était le Québec et qui durait depuis au moins l'Acte d'Union de 1841; le Québec était alors devenu une colonie du Canada qui, lui-même, était une colonie britannique. Après avoir critiqué la société québécoise elle-même pendant les années 1950, certains, de plus en plus nombreux, en vinrent à se persuader que nos maux venaient de cette dépendance politique et économique. En ce début de la décennie 1960, époque de décolonisation mondiale, des Québécois commencèrent à ranimer des espoirs sporadiquement apparus dans les décennies précédentes et au XIXe siècle; ils resurgirent alors avec force et enthousiasme. Jusqu'en 1980, la bataille se fit au nom de l'indépendance, d'une part, et du fédéralisme, de l'autre. Cette dichotomie est quelque peu superficielle, car elle ne recoupe pas la division entre la gauche et la droite sociale; séparation qui a davantage trait au type de société que les partisans de l'une et l'autre idéologie désirent bâtir. Plusieurs fédéralistes étaient plus près de la social-démocratie, comme projet de société, que certains chantres et haut-parleurs de l'indépendance. Dans un pays libre, le clivage entre droite et gauche se fait plus facilement; la libération nationale vient compliquer les débats. On a vu des colonies libérées embrasser les unes des régimes de droite et d'autres, des régimes de gauche, tout aussi autoritaires que les premiers. Même si l'on arrivait à une quelconque généralisation sur l'orientation idéologique des colonies libérées, le Québec resterait un cas d'espèce. Ce pays, la plus ancienne colonie du monde, constitue une société et une culture qui ont évolué depuis près de deux siècles en subissant des influences multiples, surtout celles de grandes civilisations: France, Angleterre, États-Unis; il a été annexé très tôt par le Canada, colonie britannique, puis américaine, ce qui n'a pas été sans influer sur son destin. Les alluvions multiples d'immigrants qui sont venus, toujours plus nombreux, se fixer au Québec, augmentent la bigarrure du kaléidoscope qu'il est devenu. Si j'ai parlé de double ouverture pour les Québécois francophones, elle est triple pour les «néo-Québécois»: indigène, américaine et... québécoise; il n'est pas sûr, toutefois, qu'à plus ou moins court terme, cette ouverture ne devienne unique pour tous les Québécois, c'est-à-dire américaine; le cap nord-est de ce vaste continent qui comprendra aussi le Mexique, bloc géographique qui affrontera les blocs asiatique et européen, n'aura pas de destin particulier, sinon celui de devenir l'image agrandie de l'insignifiant monsieur Bourassa.

Deux pièges bien tendus

Vous êtes universitaire à Montréal au début de la Révolution tranquille; la situation géographique de cette université vous place au cœur de tous les problèmes; c'est surtout ici que la minorité dominante anglophone vit et pratique; c'est aussi surtout ici que les travailleurs francophones et autres ploient sous l'exploitation des grosses machines du capitalisme et de la bureaucratie. Vous êtes moins tentés, devant la domination économico-sociale et la créolisation de votre langue, d'abandonner à son sort la grande métropole pour vous retrancher dans le Québec rural et petit-citadin, comme l'ont entrevu certains fonctionnaires et enseignants de la ville de Québec. Vous savez presque d'instinct que le cœur du pays est à Montréal et que s'il venait à défaillir, c'est tout le pays qui mourrait très vite.

Très tôt, vous vous rendez compte que si vous voulez aider à construire un nouveau Québec, il faut que le Québec soit libre de prendre ses propres décisions et d'aménager, au meilleur escient, la marge de manœuvre que lui laisse l'impérialisme économique et culturel de l'Empire américain. «La nouvelle société québécoise», dont parle l'«étudiant d'âge moyen» de *La Presse*, ne peut être nouvelle si l'on ne fait que remplacer les dominants étrangers par des autochtones. Ni la structure, ni la culture, ni surtout la vie quotidienne n'en seraient changées. Vous optez donc pour les deux volets de l'idéologie de dépassement: national et social.

Les pièges qui guettent le citoyen québécois qui enseigne à l'université sont les mêmes que ceux qui se dressent devant n'importe quel autre citoyen; s'y ajoutent quelques autres qui, pour ne pas être particuliers à son métier, risquent de l'atteindre plus gravement. Si, comme on l'a souvent dit, l'instruction peut monter à la tête, être entêtante, cette maladie atteint peut-être davantage celui qui croit en avoir beaucoup, ou celui à qui l'on en prête plus qu'aux autres. La spécialisation étroite est peut-être le prix à payer pour vraiment exceller dans une parcelle de savoir intellectuel ou technique. D'autre part, la spécialisation et la diversité des tâches dans la société industrielle sont des préalables à la technologisation et à l'économisation du travail; peut-être atteignent-elles davantage ceux qui s'adonnent à la recherche. Pour prendre un exemple classique de parcellisation, on peut se demander si Adam Smith avait raison de penser que pour faire une épingle il faille diviser cette tâche en plusieurs opérations. Ne serait-ce pas plutôt pour que le fabricant et propriétaire de la manufacture d'épingles surveille et domine toutes ces opérations? En parlant d'épingles, on peut aussi se demander s'il est vraiment souhaitable de chercher à savoir combien d'anges peuvent tenir sur une pointe d'épingle. La recherche dite désintéressée peut dégénérer en manie douce et évasion thérapeutique et alimentaire. On m'a raconté qu'à Paris, le titulaire d'une chaire subventionnée par une fondation devait, pour satisfaire aux règlements de ce mécène, donner son cours devant au moins une personne; c'est sa femme qui occupait ce rôle et qui tricotait pendant que son mari dissertait. C'est là l'exemple de l'ornement d'une institution, qui, s'il n'apporte grand-chose à qui que ce soit, ne nuit en rien à personne. Dans un autre ordre d'idées, je ne sache pas que les adorateurs de l'oignon n'ont jamais empêché quelque église établie de convertir les infidèles. Il y a beaucoup plus grave. Comme j'y ai fait allusion plus haut, pourquoi, en l'espace de quelques années, Karl Marx devint-il l'auteur le plus cité par les sociologues et d'autres chercheurs et enseignants dans un pays qui n'en avait guère entendu parler jusque-là? Pourquoi Georges Gurvitch, professeur en Sorbonne et président de l'Association internationale des sociologues de langue française, prononça-t-il un vibrant éloge de Pierre Joseph Proudhon, dans un village des Laurentides, près de Québec, dont jamais l'écho n'avait répercuté ce nom? Parce que c'était le centième anniversaire de la mort de l'auteur de cette opinion lapidaire: «La propriété, c'est le vol.» Pourquoi un anthropologue fonctionnaliste d'ici se crut-il obligé, lors d'une communication qu'il fit à la plus prestigieuse société savante du Québec, d'émailler son texte de certains mots du vocabulaire marxiste — dialectique, contradiction, plus-value, par exemple — qui apparaissaient comme autant de cheveux dans sa soupe? D'autre part, pourquoi aujourd'hui ne s'étonne-t-on pas d'entendre prononcer l'éloge du président de Chrysler Corporation, monsieur Iaccocca, dans un petit village de Gaspésie? Parce que nos questions d'alors concernaient la «bonne société» et qu'aujourd'hui nous savons que c'est une question de bonne gestion de l'argent. On s'étonne, dans le *Nouvel Observateur* du 12 janvier 1989, que les noms de Marx, de Gramsci, de Foucault, de Bourdieu et de Lacan soient cités pendant le procès de certains terroristes. C'était là, hier, la nourriture quotidienne de toute l'intelligentsia parisienne? Moins étonnant que Proudhon au lac Beauport et que Marx à l'ACFAS (Association canadienne-française pour l'avancement des sciences), institution vénérable qui existait dans la plupart des colonies britanniques, à tout le moins dans celles qui n'ont pas une Royal Society qui, à l'instar de celle de Londres, remplit la même fonction. Au Québec, nous participons aux deux!

Marx et les autres en Landerneau

Au moment de commencer à vouloir dire comment fut vécu cet étonnant avatar intellectuel, je me rends compte que je dois faire appel à la façon dont moi j'ai perçu et vécu cette aventure universitaire que je décris aujourd'hui. Chacun l'a vécu comme un individu, avec beaucoup d'autres, bien sûr, mais d'une façon qui lui est particulière. Si j'emploie quelquefois «nous», ce sera parce que je dois répondre de la même façon que je (nous) répondais (répondions) au confesseur qui nous demandait, après qu'on lui eût avoué un péché de chair — c'était d'ailleurs le seul dont il s'enquérait en détail: «Seul ou avec d'autres?» Que ce soit péché de corps ou d'esprit, je réponds: avec d'autres, les autres étant des étudiants et des collègues; ou des informateurs comme les anthropologues de terrain désignent ceux qui travaillent avec eux.

Il me semble alors que si l'on veut comprendre quelque peu cette invasion massive de Marx, des marxistes, des marxologues et des marxiens, il faut se reporter au début des années 1960 non seulement au Québec, mais ailleurs. Période de décolonisation, de contestation et de remise en question partout dans le monde. Le Québec de la Révolution tranquille arrive en scène à cette période-là, justement. Il a décidé démocratiquement de changer et de changer vite. L'idée et le désir de changement se propagent d'une façon foudroyante dans ce pays relativement isolé qui veut à tout prix faire partie de ce monde moderne dont on lui a dit tant de mal depuis un siècle. Il n'est nullement immunisé contre le mal marxiste. Depuis longtemps, pourtant, des curés et leurs zélotes avaient mené des campagnes contre le communisme, mais tout ce baratin rattaché à l'idéologie de conservation était tellement détaché de la réalité québécoise qu'il n'avait laissé aucune trace, même dans le commun des Ordres religieux. À preuve, ces deux faits.

Un jour que je donnais un cours sur Marx en m'inspirant du livre du Britannique Iasiah Berlin sur cet auteur, je vis, dans une salle bondée, une grosse religieuse rougeaude, assise devant moi au premier rang, pleurer à chaudes larmes. Elle débordait ainsi de douleur en entendant raconter la vie misérable, à Londres, de la famille Marx. Peut-être s'était-elle particulièrement émue de la mort de l'un de leurs enfants. Je dois à la vérité de dire que je ne revis plus la religieuse à mon cours. Je me dis qu'ayant demandé à sa supérieure de mousser la canonisation de monsieur Marx, un homme si bon et si malheureux, elle fut interdite de cours universitaire; sa supérieure avait probablement consulté le dictionnaire de la communauté à la lettre M.

Et ceci, encore! Devant tout le branle-bas dans la société et les idées qui se produisait ici, les pères supérieurs et les mères supérieures des collèges, des séminaires et des couvents décidèrent d'organiser une rencontre au cours de laquelle un spécialiste viendrait discuter avec eux de l'avenir du Québec et particulièrement de celui de la jeunesse étudiante. Consultés sur la personne à inviter, des dominicains —réputés pour leur progressisme — mentionnèrent mon nom.

L'un d'eux me raconta qu'entendant mon nom, la religieuse venue le consulter se récria: «Mais c'est un mécréant et un socialiste!» Il lui répondit que j'étais un homme poli qui exprimerait calmement ce qu'il sait, en se gardant bien de lancer à l'auditoire des ostensoirs et des calices. Je fus donc leur invité.

Dans ma conférence et mes réponses à leurs questions, j'utilisai une argumentation de ligne marxiste, comme on disait alors. La rencontre se déroula extrêmement bien: beaucoup de questions pertinentes et beaucoup de réponses, annonçant et confirmant qu'une grande révolution... tranquille était en cours. Au sortir de la réunion, un prêtre français qui s'était tenu coi pendant tout son déroulement me dit son étonnement: il n'y a qu'ici que les choses peuvent se passer ainsi. En France, dit-il, dès vos premières phrases, on vous eût interrompu et fait un bien mauvais parti. Je me dis qu'encore une fois le privilège du retard historique avait joué. Non seulement intellectuellement, mais matériellement (sans jeu de mot marxiste). En effet, on m'avait donné pour dormir la chambre que l'évêque occupe lorsqu'il préside leurs agapes: dans cette chambre, je reconnus tout le confort moderne de l'Amérique; seule me trompa une petite bouteille, disposée sur la tête de lit encastrée: j'avais cru que c'était de l'eau de Cologne; je me rendis compte que c'était de l'eau bénite.

Si l'on m'accorde que malgré ou à cause du retard historique d'alors — retard dont une majorité de Québécois ne semblait pas douter — le mal marxiste s'est diffusé rapidement, il me reste à expliquer pourquoi l'ont accepté ceux qui, comme moi, avaient pour métier l'étude des sociétés. Je ferai l'hypothèse que, dans les circonstances, le marxisme comme grille d'analyse du social-historique et, à moindre titre, comme idéologie était incontournable.

Admis le désir de changer la vie et la société exprimé par les Québécois, on peut affirmer que les systèmes d'analyse et d'explication des faits sociaux qui étaient proposés alors sont vite apparus inutilisables. La doctrine sociale de l'Église tendait à conserver la société en l'état et à voir la structure sociale existante comme l'incarnation de la volonté divine; les changements constatés ou appréhendés sont jugés bons ou mauvais, selon qu'il semblent ou non conformes à ce plan. L'autre École, qui se disait laïque et scientifique, le fonctionnalisme, ne se voulait nullement réformatrice et se donnait comme la description «scientifique» des faits sociaux et de laquelle tout jugement de valeur devait être banni. Les différentes tendances dites marxistes — et elles étaient multiples en 1960, particulièrement en Europe de l'Ouest — se disaient toutes scientifiques, mais ne se faisaient pas faute de lier faits et valeurs; leur objectif à toutes restait l'émancipation progressive de l'homme et de la société qui subissent tous deux, individuellement et collectivement, d'arbitraires contraintes qui bloquent leur libre épanouissement. N'apparaît-il pas, dès lors, que ceux qui, comme moi, voulaient rompre non seulement avec le colonialisme, mais avec le type de société d'alors qui avait produit cette dépendance, comme son fruit naturel, devaient aussi rompre avec ce qui s'appelait alors ce mode de production. C'est à la jonction de ces deux objectifs, national et social, qu'apparaît inévitable le marxisme qui se donne lui-même comme, et en vérité est, un système d'interprétation globale, à l'instar du fonctionnalisme, théorie et idéologie cachée du capitalisme bien tempéré.

La liaison dangereuse qui s'était établie, dès le début, entre marxisme et communisme soviétique et qui, aujourd'hui, les a terrassés tous les deux, était alors en 1960 perçue comme telle. Nous étions au courant, entre autres choses, du livre choc de David Rousset sur les camps de concentration russes, de la répression sauvage de l'insurrection de Budapest en 1956 et, bien sûr, du Rapport Khrouchtchev (1956) sur le sanguinaire Staline, mais nous ne mettions pas encore le marxisme en cause. À part la distinction que nous faisions et avons longtemps continué à faire entre marxisme et communisme, plusieurs avaient tendance à faire remonter l'origine de toutes ces horreurs à l'encerclement de l'URSS par les pays capitalistes, tout de suite après la Révolution d'octobre 1917. D'autres enfin, ne voyaient dans la dictature sanglante des Russes qu'une déviation locale, causée par le caractère national des Russes et de leur histoire; certains avaient lu le récit du voyage que fit en Russie le marquis Adolphe de Custine, au milieu du XIXe siècle. L'ouvrage qui donnait le plus bonne conscience à ceux qui, pour demeurer marxistes, ne voyaient dans la dérive russe que l'incarnation d'un particularisme — laissant ainsi la théorie sauve — fut celui de Karl Wittfogel sur le despotisme asiatique (1957). Il expli-

215

quait les dictatures russes par le fait que cette société avait mis en place un mode de production asiatique plutôt que socialiste. Le despotisme russe continuait le despotisme asiatique qui avait pris naissance dans la réalisation de grands travaux publics, hydrauliques en particulier, effectués surtout en Égypte.

Quant à moi, chargé d'un cours sur la sociologie de Marx dès le début des années 1960, je ne crois pas que j'aie jamais envisagé cette tâche comme un exercice d'érudition universitaire pour la bonne raison qu'au début je n'avais pas, Dieu merci, une connaissance assez approfondie des œuvres de Marx; j'exposais plutôt les thèmes principaux de son œuvre et les examinais par rapport à leur application au Québec; j'essayais de ne pas perdre de vue la liaison des points de vue national et social. Comme je l'ai dit plus haut, plusieurs individus, organisations et groupes s'occupent de faire advenir la libération nationale, il m'a semblé, dès le départ, que mon rôle de sociologue et d'anthropologue devait plutôt insister sur la nature même de la société québécoise et du type de société que les Québécois et les Québécoises devraient bâtir. Ce n'est pas trop dire que, très tôt, j'envisageai Marx comme le plus éminent représentant du point de vue *critique*, cette façon d'étudier le social-historique se distingue de deux autres voies: positive et herméneutique. Plus tard, je m'intéressai vivement à l'École critique de Francfort qui se donnait pour but de continuer et d'actualiser Marx et son héritage au début des années 1920. Comme une partie d'une génération plus récente de ceux qui se réclamaient du marxisme n'étaient pas des économistes, comme l'avaient été Marx lui-même et ses épigones, mais des philosophes, sociologues, humanistes, s'établit une tradition qu'on a appelée «marxisme occidental» ou marxisme culturel. Il faut expliquer ici deux notions très importantes dans ce qui devenait ma théorie et ma pratique du marxisme et qui va les distinguer de ce qu'on peut appeler le marxisme «économique» ou «froid»: les notions de *critique* et de *culture*.

La notion de critique vient directement de Marx qui l'avait lui-même héritée de Hegel à travers les jeunes hégéliens; elle comporte chez Marx lui-même deux aspects, deux moments. D'abord, on utilise le terme dans son sens classique et humaniste: celui de porter un jugement d'appréciation, d'un point de vue esthétique, philosophique ou social. Marx va plus loin ensuite: «Le concept de *critique* apparaît en conséquence comme une réflexion sur des systèmes théoriques constitués pour fonder, sur leur déconstruction, une nouvelle théorie, ou science, de la société[12].» J'ajouterai que du point de vue de Marx lui-même et du dictionnaire que je viens de citer, il s'agit de philosophie *critique*. La sociologie critique, dont je parle ici, s'appuie certes sur la philosophie critique, mais l'applique à l'étude d'une situation sociale-historique donnée et la juge à partir de valeurs qui visent l'*émancipation* des hommes et des femmes et des sociétés dans lesquelles ils vivent. Ce qui veut dire, dans l'étude

---

12. *Dictionnaire critique du marxisme*, Paris, PUF, 1982, p. 225.

du Québec, critiquer non seulement ce qui existe, mais proposer des solutions émancipatoires. À l'occasion d'une conférence que je donnai au département de philosophie de l'Université de Montréal, en 1966, j'ai exposé les grandes lignes de cette sociologie critique[13]. Dans cette orientation intellectuelle — je dis bien intellectuelle et non scientifique — le marxisme n'est pas seul en cause et devient aussi l'objet de la critique. On applique envers lui le même traitement que Marx avait fait subir, par exemple, aux économistes anglais et à Proudhon.

Dans la conférence où je parlais de sociologie critique et qui s'intitule *Remarques sur la sociologie critique et la sociologie aseptique*, je contrastais celle que je défendais avec la sociologie positive, qui se veut savante et que j'appelle aseptique parce qu'elle se veut objective, sans valeur: «Jugement de valeur ne commettras pas dans tes études mais les garderas pour ta vie quotidienne.» Ce type de sociologie se méfie des jugements de valeur comme des microbes, de là le mot d'aseptique que j'utilisai pour la qualifier.

Toute discipline qui veut étudier le social-historique part, comme l'a dit Habermas, d'un «intérêt de connaissance». Pourquoi connaître? Pour s'en tenir à la sociologie, on peut dire que la variété positive et aseptique ne veut que *décrire* la réalité sans se permettre le moindre jugement de valeur. On peut soutenir que les valeurs, personnelles ou collectives,

---

13. *Sociologie et Sociétés*, vol I, n° 1, Montréal, PUM, 1969.

des praticiens de cette école sont soigneusement dissimulées et qu'il est souvent arrivé que leurs critiques les repèrent assez facilement. Quoi qu'il en soit, c'est une option valable parce que ceux qui la choisissent mettent au jour certains faits qu'il importe de connaître. De nos jours, cette pratique a d'ailleurs supplanté l'école critique de sociologie. On peut prendre comme exemple de cet aplatissement de la sociologie l'œuvre de deux Français: Baudelot et Establet. Ils avaient naguère analysé le système français d'éducation en montrant, entre autres choses, que selon que les élèves étaient d'une classe sociale ou d'une autre, ils réussissaient plus ou moins. C'est une étude de sociologie critique. En 1989, ils publient un autre ouvrage sur la même école française, mais leur point de vue a changé; il est devenu positif. Roger Establet explique ainsi le changement: «La sociologie est devenue un apprentissage professionnel de la statistique et son interprétation.» (*Le Nouvel Observateur*, nº 1263). L'heure est aux chiffres, à la mensuration, donc à la statistique, au recensement. Foin de la critique, foin des valeurs!

À côté de la statistique qui envahit la sociologie critique, en passe d'obsolescence, un autre point de vue, celui de l'hermémeutique, avance considérablement; non seulement veut-il discréditer la théorie et la sociologie critique, mais il veut les remplacer. Comme l'écrit cyniquement Peter Sloterdijk que j'ai déjà cité deux fois: «La critique paraît être devenue encore moins possible que ne l'a pensé Benjamin [Walter]. L'«humeur» critique se tourne nostalgiquement vers l'intérieur dans un jardinet philologique où l'on cultive des iris benjaminiens, des fleurs du mal pasoliniennes et des belladones freudiennes.» (*Critique de la raison cynique*, Bourgois, p. 18) En d'autres termes, au lieu de se poser les mêmes questions critiques que Marx, Nietzsche et Freud, on fait des grâces et des ronds de jambe autour de leur vie et, quelquefois, de leur œuvre. Avant sa mort, l'un des derniers théoriciens critiques, Michel Foucault, louait fort la façon d'«être persan» aujourd'hui. Même la «lumière» critique vacillait déjà. «Où sont les neiges d'antan?»

Ces neiges existaient naguère dans plusieurs sociétés occidentales, même au Québec! Quand je m'adresse aujourd'hui à des étudiants, j'ai l'impression, tellement le temps court vite, de renvoyer à un passé très lointain dont ils n'auraient eu que des échos infimes. Oui, il fut un temps où des Québécois non seulement luttaient pour l'indépendance de leur pays, mais voulaient contribuer à l'avènement d'une société où tout ne serait pas jugé par l'argent que l'on a gagné ou volé. Et certains d'entre eux reconnaissaient en Marx, sinon un grand prophète, à tout le moins un analyste social de génie. Certains, oubliant qu'il avait écrit un siècle plus tôt et qu'il fallait l'utiliser pour analyser le Québec et les autres sociétés d'aujourd'hui, s'arrêtèrent sur les textes mêmes de Marx et finirent dans des sectes hermémeutiques, chacune étant prête à exterminer les autres sectes qui interprétaient différemment la Bible des prolétaires de tous les pays; d'autres, enfin, tirèrent des critiques de Marx une *Vulgate* qu'ils allèrent prêcher mécaniquement à tous les groupes et collectifs qu'ils croyaient en manque de la Vérité. C'était une façon de revenir à la religion de leurs pères et de dissocier les deux objectifs de la gauche nationale. Leur délire logomachique n'a pas peu contribué à discréditer ici la gauche sociale et même l'idéologie indépendantiste.

Quant à moi, et à d'autres — ces autres varient avec les recherches que j'ai poursuivies pendant les années que j'ai passées à l'Université de Montréal — non seulement je relativisai l'importance de Marx en le considérant comme le «primus inter pares», bien sûr, mais en tenant compte aussi de ses héritiers. Ma formation et ma pratique antérieure d'anthropologue — dont le pivot théorique et pratique est le concept de *culture* — m'inclinèrent à me ranger avec ceux que l'on catégorisait comme faisant partie du marxisme occidental (Perry Anderson) ou du marxisme culturel. Plus tard, je systématisai ma position théorique dans un livre, publié en 1978, mais écrit en grande partie en 1975. (*Essai de sociologie critique*)

Cette importance que je prêtai assez tôt à la *culture* en remplacement de l'*économie* m'amena à critiquer l'économisme de Marx lui-même, sans pour cela contester la place et l'importance de son œuvre génial. Élargissant ma critique de la primauté que Marx accorde à l'économie et non pas celle qu'il repère dans le système capitaliste, qui a été en s'accentuant jusqu'à nos jours, j'en vins à critiquer la raison économique elle-même. Dans un livre, *Le besoin et le désir* (L'Hexagone, 1984), j'opposai la raison économique qui, dans nos sociétés, a envahi toutes les sphères de la vie publique et fait d'immenses brèches dans la vie privée même, à la raison culturelle. Pour changer la société durablement, rien ne sert de bricoler la «minoune» capitaliste et économique — l'emploi de ces deux derniers est pléonastique — il faut faire prédominer à nouveau la raison culturelle, c'est-à-dire redonner la première place aux hommes et aux femmes, aux nouvelles valeurs qu'ils se créeront et assumeront. À l'appropriation sauvage de la nature doit succéder l'appropriation par l'humanité de sa propre nature; à l'étude et à la critique des contradictions *économiques* du capitalisme doit s'ajouter la critique de ses contradictions *culturelles*.

Cela dit, comment ces considérations abstraites et théoriques se relient-elles à la réalité concrète du Québec qui doit se libérer, non seulement par la promesse de la terre promise — comme l'a fait Hegel — mais concrètement, et cela en abrogeant la dépendance politique et en dépassant les contradictions économiques et culturelles du capitalisme? Aujourd'hui, ces très grands objectifs apparaissent comme des mirages et des chimères. Au début des années 1960, tout paraissait possible aux Québécois; aujourd'hui, le possible s'est rapetissé comme une peau de chagrin: le problème est celui de la pénétration des marchandises québécoises dans le marché américain. Je ne crois pas qu'il faille avoir honte de cette période; aussi je ne me fais pas faute d'en rappeler quelques bribes, avec l'espoir — illusoire lui-même — que quelques échos en parviendront à quelques robots de demain.

Dans la société idéale de Marx, l'être humain est

un être polyvalent et non un robot justement, astreint à visser tel boulon ou à pitonner sur un ordinateur. Il écrit: «la société communiste... me permet ainsi de faire aujourd'hui telle chose, demain telle autre, de chasser le matin, de pêcher l'après-midi, de m'occuper d'élevage le soir et de m'adonner à la critique après le repas, selon que j'en ai envie, sans jamais devenir chasseur, pêcheur, berger ou critique[14]». Marx n'a guère été écouté puisque l'homme «postmoderne», ultra-branché, pitonne tout le temps... tout le temps. En Russie, il fait la queue des heures et des heures et ne trouve pas grand-chose.

Il est paradoxal de constater que celui qui devait nous conduire vers cet homme utopique, selon Marx, c'est le travailleur, le prolétaire. Celui dont Marx lui-même avait dénoncé, dès 1844, «le travail aliéné», le travail parcellaire, idiot. Comment espérer que ce travailleur aliéné et humilié conduise l'humanité à la terre promise? C'est oublier que Marx ne se voulait pas d'abord philosophe ni économiste ni moraliste, mais avant tout le défenseur de la classe ouvrière. Cette classe, la plus exploitée et la plus méprisée, devait, en prenant le pouvoir, abolir les classes sociales et rendre à l'homme son humanité. On se souviendra de la fin du manifeste que Marx et Engels rédigèrent en 1848, au nom de la Ligue des Justes, qui était devenu la Ligue des communistes: «Les communistes dédaignent de faire un secret de leurs idées et de leurs

_____

14. *Idéologie allemande*, La Pléiade III, Paris, Gallimard, 1982, p. 1065.

intentions. Ils déclarent ouvertement que leurs fins ne pourront être atteintes sans le renversement violent de tout l'ordre social tel qu'il a existé jusqu'à présent. Ce n'est pas sans raison que les classes dominantes tremblent devant la menace d'une révolution communiste. Les prolétaires ne risquent d'y perdre que leurs chaînes. Ils ont un monde à gagner. Prolétaires de tous les pays, unissez-vous!»

J'ai déjà montré que dans le Québec des années 1960, la collaboration des prolétaires d'ici avec ceux des pays dont nous voulions nous libérer, le Canada et les États-Unis, était plutôt malaisée; d'ailleurs les centrales syndicales elles-mêmes n'étaient pas particulièrement révolutionnaires. Aux États-Unis, le gompérisme avait fait long feu; Samuel Gompers, émigré d'Angleterre, après avoir mis sur pied un syndicalisme radical, s'était rallié en 1914 au syndicalisme d'affaires qui devint prédominant à partir de ce moment-là. Dans ce type de militantisme ouvrier, il s'agit d'obtenir, lors des négociations, la pointe de gâteau que l'on juge équitable pour les syndiqués. Il ne s'agit pas de contester les ingrédients du gâteau, ni encore moins d'en faire un autre. D'ailleurs, la chasse aux sorcières qu'avait menée contre les communistes le sénateur McCarthy dans les années 1940 et même celle qui continua après sa mort, en 1947, ne favorisaient en rien le radicalisme syndical. Au Québec, les syndicalistes étaient eux-mêmes divisés sur la question de l'unité d'action entre les prolétaires d'ici et d'ailleurs.

Quant à la violence que prônait Marx en 1848, plusieurs d'entre nous s'étaient rangés du côté de

Tocqueville qui avait écrit en 1835 que dans les pays démocratiques, les révolutions violentes deviendraient de plus en plus difficiles et rares. Il y avait aussi celle de 1917, en Russie, et qui avait bien mal tourné, aussi mal que le prévoyait dès 1919 la grande Rosa Luxemburg. On y avait fait l'économie d'une révolution bourgeoise pour mieux se précipiter, dirait-on, dans la dictature du Parti et de la bureaucratie. Malgré tout, nous voulions ici, à cause de la maigrichonnerie de notre bourgeoisie (6% du total canadien), nous dispenser de l'engraisser. (On raconte que Duplessis, accusé de favoriser l'enrichissement rapide des amis de son régime, aurait répondu que les fils de ces nouveaux riches auraient les moyens de devenir des poètes.) Nous voulions donc que notre révolution demeurât tranquille, et ce malgré ou à cause de la vastitude du pays qui eût pu ménager bien des maquis.

Restait le rôle que devait jouer le prolétariat au cours du changement de société qu'une majorité de Québécois semblaient désirer dans la poursuite de la Révolution tranquille. C'est sur cette question que se fit surtout le partage des eaux dans la famille des marxisants, non seulement au Québec mais partout où cette engeance existe. C'est sous le nom de «sujet historique» que cette question se pose depuis longtemps dans la famille. Le prolétariat, la classe ouvrière, est-il la classe sociale qui fera la révolution, celle sur laquelle devront s'appuyer ceux qui veulent dépasser le capitalisme, comme l'avait prédit et désiré le père fondateur, Marx? Certains le crurent et le croient toujours. C'est pourquoi des activistes, qui veulent

faire le lien entre la théorie et la pratique, s'infil-
trèrent dans les organisations ouvrières — les plus
têtus s'y emploient encore aujourd'hui — pour porter
la bonne parole et presser un peu la venue du Grand
Soir. Je n'ai jamais pu me défendre d'admirer ces
idéalistes, dont Simone Weil devrait être la sainte
patronne. La vie étant ce qu'elle est, plusieurs d'entre
eux sont devenus des yuppies qui fêtent le Grand
Soir... tous les soirs.

Théorie et pratique

Avant de répondre moi-même à la question de savoir
si le prolétariat devrait toujours être le «sujet historique» exclusif, c'est-à-dire la classe sociale qui devait
alors «nécessairement» être celle qui serait l'agent de
transformation et de dépassement de la société bourgeoise et capitaliste, il faut dire quelques mots des
relations entre théorie et pratique.

Cette question a été au centre de toute la problématique de la tradition critique, c'est-à-dire de celle
dont Marx est, au XIXe siècle, le génial fondateur. J'ai
dit que bien que Marx fût philosophe, dans la ligne
directe des grands maîtres-penseurs allemands dont
Kant, Fichte, Feuerbach et principalement Hegel, il
fut surtout le critique de l'économie politique et du
capitalisme et prévit que la classe ouvrière rempla-
cerait la bourgeoisie qui elle-même avait remplacé
l'aristocratie et le clergé comme classe dominante.

Bien qu'il ait énoncé dans sa XIe thèse sur Feuerbach que: «les philosophes n'ont fait qu'*interpréter*

[souligné par Marx] le monde; ce qui importe, c'est de le *transformer*» (*Œuvres, III*, La Pléiade, p. 1633), on peut dire qu'il est resté philosophe, car ce sont eux qui doivent le transformer, ce monde. Il a gardé des philosophes qui l'ont précédé — et ceux qui le suivront, même notre contemporain Jürgen Habermas, — le postulat que c'est la «raison réflexive» qui par sa puissance découvrira ce qui a été, ce qui est et ce qui sera. En d'autres termes, la *théorie* analyse la *pratique* — celle des sociétés — et prédit non seulement sa transformation, mais qui la transformera. Le défi auquel Marx s'est attelé dans son grand œuvre, c'est de prouver que le capitalisme s'écroulera sous le poids de ses contradictions internes, c'est-à-dire économiques. Existe donc une philosophie de l'histoire, un socialisme scientifique qui peut expliquer ce qui s'est passé dans l'histoire et ce qui se passera. Dans cette vue des choses, la pratique — même si l'on dit que les «hommes font l'histoire» — est *objet* de la raison réflexive des philosophes: la chouette de Minerve ne se lève-t-elle pas que le soir, selon Hegel? Ce qui veut dire que le sage, le philosophe, examine les travaux et les jours lorsqu'ils sont accomplis. La seule relation possible entre théorie et pratique n'est-elle pas que la pratique doit se conformer à la théorie qui, elle, possède la vérité? En poussant à la limite cette relation à sens unique, on peut en conclure que la classe ouvrière, décrétée classe émancipatoire, n'a rien à faire dans sa propre émancipation ni, par conséquent, dans celle de la société globale. Althusser ne dit pas autre chose quand il invite les ouvriers à continuer à transformer

la nature, alors que lui pensera et s'occupera de transformer la société.

Si l'on rejette cette vue des choses, si l'on soutient
que la relation entre théorie et pratique est dialectique, c'est-à-dire que les deux s'interinfluencent, et
s'il est vrai que «les hommes font l'histoire», il faut de
toute nécessité que le philosophe, et surtout le sociologue, se rende compte comment ces hommes qui
vivent, ici et maintenant, sont en train de faire l'histoire. Ce qui représente le passage de la théorie critique — dominée historiquement par les philosophes
— à la sociologie critique; le rôle de cette dernière est
de tenter d'élucider ce que les hommes et les femmes
sont en train de se faire devenir dans une société et un
type de société donnés et de juger si, par rapport à des
valeurs idéales, elles concourent à leur émancipation ou
à leur aliénation.

L'expression «valeurs idéales» fait sursauter les
sociologues ou autres «logues» aseptiques, ceux qui
déclarent, comme tout prestidigitateur, qu'ils n'ont
rien dans les mains, rien dans les poches. Leur habi-
leté se mesure à leur adresse à cacher leurs valeurs,
comme les illusionnistes le font d'une carte ou d'un
lapin. En examinant leur prose, neutre et objective
disent-ils, on se rend vite compte que leurs valeurs sont
celles de leur propre culture et civilisation, et quelquefois, ce qui est pis, celles de leurs commanditaires.

J'ai toujours pensé qu'il valait mieux énoncer en
clair ses propres valeurs, ce qui éclaire toute production symbolique, comme l'argent motive aujourd'hui
toute production de biens matériels. Dans le cas de

toute démarche critique, celle qui ne se fait pas faute de juger ce qui existe par rapport à ce qui devrait ou pourrait être, il faut de toute évidence énoncer ses critères de jugement.

Dans le cas de la sociologie critique dont il est question ici, il faut juger du social-historique, non par rapport à des valeurs tirées de n'importe quel chapeau, mais de celles que la société étudiée s'est données comme idéal, et ce au plus haut niveau et celles-ci par rapport à l'ensemble des sociétés dont elle fait partie. Au début des années 1960, comme aujourd'hui en 1989, on doit se demander si les sociétés occidentales auxquelles le Québec appartient se comportent comme des démocraties qui ont fait leurs les grands idéaux de la Révolution française: Liberté, Égalité, Fraternité. En d'autres termes, ces sociétés se rapprochent-elles ou s'éloignent-elles, dans leur vécu et non leur déclaration de principe, de ce vers quoi elles disent tendre? C'est vouloir répondre aux mêmes questions que Tocqueville aussi bien que Marx se posaient il y a un siècle et demi. Je ne sache pas qu'aucune société d'aujourd'hui qui dit pratiquer la démocratie n'ait répudié aucune de ces valeurs. Hier encore, le nouveau président des États-Unis se donnait comme priorité d'instaurer un peu plus de fraternité dans son empire. Cela veut-il dire que, croyant avoir réalisé la liberté et l'égalité, il espère pouvoir passer à la fraternité entre les dominants et les dominés, les blancs et les noirs, les riches et les sans-abri? Cette question même nous renvoie à celle que l'on se pose depuis les débuts de l'humanité, et non seulement depuis les Grecs. Comment définir ces valeurs et par quelles voies les réalise-t-on? On continuera de se les poser dans la mesure où il restera des animaux dits raisonnables — un autre mot à bien définir — qui habiteront cette maison commune qu'on appelle Terre.

La preuve que ces questions concernant la liberté, l'égalité et la fraternité peuvent être posées n'importe quand et n'importe où, c'est que des Québécois l'ont fait au début des années 1960, eux qui n'étaient pas particulièrement préparés à s'adonner à cet exercice. J'essaie, immodestement, dans ces pages, de reconstituer quelques bribes de ce que les boursicoteurs d'aujourd'hui considèrent comme de la pure démence.

Si donc on revient au début de la Révolution tranquille, qu'on ne prend pas Marx pour le Père Éternel et que, par profession, on doive étudier la réalité socio-culturelle en tenant compte des prophéties des maîtres-penseurs, on se demande si la classe ouvrière doit et peut être le «sujet historique» privilégié, c'est-à-dire celle qui réalisera le changement radical désiré dans la société globale. Étant donné que le syndicalisme nord-américain était devenu un syndicalisme d'affaires, il fallait d'abord l'aider à se ré-idéologiser, à se préoccuper de la société globale en même temps que des intérêts des travailleurs qui restent la classe dont les dominants tirent profit et leurs profits. Les syndicats québécois y sont arrivés, à tout le moins pour les trois grands, contrairement à ceux du reste du continent. Lors des débats sur le libre-échange, en 1988, ce sont les seuls qui ont combattu l'intégration aux États-Unis, en défendant non seulement les intérêts des travailleurs mais en s'inquiétant du sort du Québec, de cette société que les vendeurs du Temple — les politiciens de tous bords — appellent «distincte» et dont la devise semble être «au plus fort la poche».

La décennie soixante s'annonçait turbulente, non seulement au Québec mais dans tout l'Occident, et même au Japon. Une catégorie d'âge, les jeunes, semblait en voie de se transformer elle-même en classe sociale, c'est-à-dire prendre conscience d'elle-même et former un puissant «nous» collectif, déterminé à changer la société. Je pensai que leurs désirs et leurs contestations, jumelés avec ceux des travailleurs, pourraient être un ferment social puissant dans la recherche et la réalisation d'une nouvelle société. Avec un collègue, je menai une enquête dans tout le Québec sur ceux que nous nommions «les nouveaux citoyens», ceux des jeunes qui allaient bientôt être en âge de voter. Les résultats semblèrent nous donner raison d'espérer qu'ils joueraient un rôle de pointe dans la transformation du Québec. C'était évidemment une transgression de l'orthodoxie marxiste qui enseigne que hors de la classe ouvrière, point de salut. Ceux qui s'intéressaient aux jeunes, à leurs comportements, à leurs «communes» et à leurs rêves étaient devenus des petits-bourgeois qui étudiaient la progéniture d'autres petits-bourgeois. Quand on connaît la «vraie» science de la société, ce qu'est la «vraie» révolution, on connaît aussi de science absolue quelle est la «vraie» classe sociale qui doit la faire. Cela me rappelle la vive

231

répartie d'un ami israélien à qui je rappelais, en me gaussant, la récente déclaration d'Arafat qui souhaitait deux pays distincts pour les Israéliens et les Palestiniens, mais dont les capitales respectives seraient dans Jérusalem. «Comme s'il ne savait comme tout le monde, me répondit-il, que la Bible dit que Jérusalem est la capitale de la nation juive.» Ceux qui possédaient alors, au Québec, la vérité absolue, selon le nouveau Nouveau Testament, n'en démordaient pas non plus d'un iota. Quand on possède la vraie vérité, on n'a plus aucune question à se poser, sinon celle de savoir pourquoi il y a tant d'infidèles.

Il y avait plus grave, selon les orthodoxes: s'intéresser à d'autres groupes de la société, étudier leurs comportements et leurs valeurs dans l'espoir d'y voir là des groupes qui pourraient jouer un rôle important dans l'apparition d'une nouvelle société au Québec, c'était transgresser plusieurs canons, c'était mettre en pratique le passage du «marxisme froid» au «marxisme chaud». Comme je l'ai dit plus haut, c'était suivre le philosophe allemand Ernst Bloch, celui de l'espérance et de l'utopie; c'était le commencement de la critique de l'économisme de Marx, c'est-à-dire se préparer à reconnaître que la «culture» plutôt que l'économie doit être la variable lourde pour celui qui non seulement croit qu'il faut sortir du capitalisme, mais cherche à savoir les groupes qui veulent réaliser cette rupture. En termes très simples, on cherche à connaître des groupes qui sont porteurs de valeurs autres que celles sur lesquelles s'appuient et qu'incarnent ceux dont la valeur première est le profit;

ceux qui exploitent la nature et les hommes pour s'enrichir. À quoi bon changer de classe dominante pour en retrouver une autre qui aura les mêmes valeurs? Même si, comme Marx, on croit que le capitalisme croulera sous ses propres contradictions — ce qu'il est peut-être en train d'accomplir aujourd'hui, particulièrement aux États-Unis — il faut se demander quel type de société et quelles valeurs peuvent et doivent lui succéder. Celui qui n'est pas et ne se veut pas un maître-penseur à la manière des grands philosophes allemands de la lignée de Marx, doit sans cesse se demander quels sont les groupes qui imaginent et pratiquent des valeurs qui ont chance de mieux réaliser les grands idéaux de la liberté, de l'égalité et de la fraternité. Il y a un quart de siècle, j'avais cette espérance. Hier, j'en doutais en écrivant: «L'émancipation sociale est-elle devenue impossible?» (*IQRC*, Québec, 1988)[15]. C'est là la différence, chez moi et d'autres, entre l'exaltation du début de la Révolution tranquille et la déprime qui accompagne l'intégration du Canada — et de ses provinces — à l'Empire américain (1989). La libre circulation des marchandises aboutit à celle des hommes et des femmes ainsi qu'à celle de leur langue et de leur culture. Saupoudrez de beaucoup de japonaiseries et vous obtiendrez les êtres les plus performants du monde dans les arts du spectacle et de l'argent.

Mais il faut tenter de revivre l'espérance de la Révolution tranquille. Qui était celle des jeunes et de

---

15. Voir annexe I, p. 337.

ceux qui leur portaient attention. Edgar Morin et moi, en discutant de l'après-mai 1968 (*Forces*, n° 52, 1980), tombâmes à peu près d'accord pour penser que, contrairement à ceux qui proclament l'inanité de tout ce qui a été rattaché à la «culture-jeune», ces mouvements ont eu une influence certaine sur ce que les sociétés industrielles sont devenues. Je cite Morin: «...c'est que, dans un sens, il ne s'est rien passé et que dans un autre sens tout a changé. Sans doute, on ne se rend pas compte de ce changement dans la mesure où beaucoup de choses font désormais partie des tissus de la vie quotidienne. On ne se rend pas compte du changement énorme de psychologie. Je ne dis pas que la vie est changée, la vie n'est pas devenue meilleure, mais la psychologie est changée.» Pour ma part, je disais, entre autres choses, pour expliquer ce qui s'était passé dans ces deux décennies (60-80): «...Marx n'a-t-il pas dit que les hommes ne posent que des problèmes qu'ils croient pouvoir résoudre? Dans les années 1960, c'était un peu l'euphorie économique et technologique, et le problème culturel s'est posé. Il me semble que la crise du pétrole, de l'énergie, et les crises économiques qui les accompagnent, ont éliminé ou en tout cas ont masqué cette crise culturelle.» J'ajouterai aujourd'hui qu'aussitôt qu'une «crise» économique, réelle ou appréhendée, se profile à l'horizon, l'élite du pouvoir et les médias ne font plus que mettre en relief le spectre du chômage et du manque d'argent et que chacun se replie dare-dare sur son patrimoine menacé. C'est ainsi que les questions de valeur, de vision du monde, de culture et de morale sont laissées en suspens et vont s'aggravant et que les dominants rééconomiscnt toute la vie avec d'autant plus d'ardeur qu'à un moment donné — en mai 1968 en France, par exemple — ils ont senti vaciller sur leurs bases toute la belle superstructure de leur État et le système économique qui le soutient et le légitime.

Enfin, il me semble aujourd'hui — déjà dans ma discussion avec Edgar Morin je soulignais ce point de vue — que le mouvement jeune n'était pas en premier lieu une protestation qui mettait d'abord en lumière les contradictions économiques du capitalisme mais ses contradictions culturelles. C'était, avant tout, une contestation de la vie émiettée, parcellisée et abstraite de toute la vie, autant privée que collective, en un mot, un sursaut existentiel contre la barbarie que produisait l'aliénation généralisée. Ultimement, et pas toujours consciemment, les jeunes plaidaient, par leurs pratiques de refus de la société «réellement existante», pour une re-totalisation, une re-globalisation de tout ce qui était désagrégé et émietté dans leur vie et dans leur société. Ils n'ont pas réussi, bien sûr, car chacun est à même de constater que la marchandise et l'argent ont fait d'immenses progrès: dans nos sociétés, les exclus et les sans-abri augmentent chaque année et après avoir déjà reconnu un Tiers-Monde, nous parlons maintenant de Quart-Monde; j'ai même entendu quelqu'un parler de monde quinaire.

Les jeunes de ce temps-là nous ont poussés à nous rendre compte qu'au-delà de l'exploitation économique et de la domination politique est apparue d'abord dans nos sociétés, et nous sommes en train de l'exporter partout, l'aliénation généralisée; ce n'est plus, comme au temps de Marx (1844), seulement le travail qui est aliéné, mais toute la vie individuelle et collective. Et c'est une conséquence directe de la rationalité économique: à force de tout séparer pour mieux mesurer, on finit par tout parcelliser partout. Si les «savants» se sont aperçus qu'on ne pouvait pas humaniser un robot, ils ont en revanche découvert qu'on peut robotiser l'homme. Les problèmes de faisabilité — pour employer le mot qu'utilise le moindre petit entrepreneur — étant résolus, cette entreprise cosmique est en bonne santé économique et prospère donc rapidement. Chaque année, des robots exhibent leur bilan comme un drapeau.

En reconnaissant l'aliénation généralisée dont je viens de parler comme une contradiction culturelle, qui est devenue la contradiction principale du capitalisme, on risque la même peine que Henri Lefebvre qui fut exclu du Parti communiste français; n'ayant jamais adhéré à ce parti, je ne fus exclu que de l'orthodoxie marxiste et devins objet de suspicion généralisée et reconnu comme ennemi de classe. La classe ouvrière, au sens de Marx, s'étant rétrécie, ses ennemis sont devenus toute la société, ou presque. Henri Lefebvre avait écrit entre autres blasphèmes ceci: «On a pu dire que le concept d'*aliénation* emprunté par Marx à l'hégélianisme et qui anime les œuvres de jeunesse ne détient pas un «statut théorique». Rien de plus exact: ce concept philosophique, une fois détaché de l'architecture hégélienne, reste en l'air. Et pourtant c'est faire preuve d'une suprême pédanterie que de le récuser à ce titre et lui refuser le statut. Il a un *statut social* et non un statut *épistémologique...*» En d'autres temps, on a envoyé au bûcher des hérétiques qui étaient allés beaucoup moins loin que lui. Je rapporte ce virage théorique pour, d'une part, justifier mes intérêts de recherche d'alors et, d'autre part, pour restituer le climat de la gauche d'ici où les arguties des scoliastes mirent en péril la demeure et en détruisirent des pans entiers. Je ne puis quitter cette question des jeunes sans rapporter l'opinion d'Edgar Morin sur le Québec, particulièrement sur le début des années 1960. «Pour moi, dit-il, le Québec, ce fut vivre, par espèce de procuration, la Révolution tranquille, c'est-à-dire de floraison merveilleuse, de printemps d'une culture, de printemps d'un peuple, d'une inspiration infinie.» J'aime rappeler l'opinion de ce penseur étranger pour me conforter dans l'idée que cette révolution a bien eu lieu et que ce que j'en dis ne tient pas seulement de la nostalgie de l'espérance.

S'intéresser à la jeunesse d'alors et reconnaître en elle un important ferment culturel qui activait la transformation de la société, c'était admettre que tous les groupes novateurs devenaient, eux aussi, des sujets historiques. Et réfléchir davantage sur le seul auquel Marx avait assigné cette tâche: le prolétariat. La bourgeoisie, au profit de laquelle se fit la Révolution française, suscita l'apparition de la classe ouvrière qu'elle exploitait pour s'enrichir et assurer sa domination politique. Tous ceux qui reconnurent ce phénomène qui caractérise l'avènement de la société industrielle, à commencer par les ouvriers eux-mêmes, s'organisèrent pour défendre et soutenir cette classe exploitée et humiliée. Certains critiques sociaux, Marx en tête, lui reconnurent même la mission de renverser la bourgeoisie, devenue classe dominante, et d'instaurer une société plus libre, égalitaire et fraternelle. Obtenir justice de cette bourgeoisie et la renverser, voilà les deux objectifs qui ont marqué toutes les luttes de la classe ouvrière en Europe, jusqu'à l'assassinat de Rosa Luxemburg. Après, ce n'est que sporadiquement que revint le projet d'abattre le pouvoir de l'argent. La présence grandissante de ce pouvoir maléfique a continué d'être dénoncée par tous ceux qui ne peuvent pas s'y habituer. Par exemple, l'auteur du *Journal d'un curé de campagne*, Bernanos, écrit en 1936: «Un millionnaire dispose au fond de ses coffres de plus de vies humaines qu'aucun monarque, mais sa puissance est comme celle des idoles, sans oreilles et sans yeux. Il peut tuer, voilà tout, sans même savoir qu'il tue.» Aujourd'hui les sociétés anonymes ont perdu non seulement leurs oreilles et leurs yeux, mais leur nom même.

On peut dire que tout au long de ces luttes ouvrières et au prix d'innombrables sacrifices et tueries, le prolétariat a cessé de camper en dehors de la nation comme le constatait Proudhon. Les pires injustices ont été corrigées et les ouvriers sont devenus des citoyens à part entière, sans que ne cesse la domination de l'argent; elle a même progressé, car elle a conquis toutes les sociétés.

Les ouvriers, dans leurs combats pour l'intégration à leur société, ont perdu en route quelque chose, quelque chose d'«immatériel», de négligeable, comme disent les anglophones: leur vision du monde. Maintenant, on essaie de partager plus justement le gâteau, mais on met de moins en moins en cause les pâtissiers, les pousse-au-crime. On pourrait rappeler à tous ceux qui ont troqué leur imaginaire et leur culture contre ceux du capitalisme qui a envahi l'humanité «une vérité maintes fois illustrée dans l'Histoire: ce n'est pas parce qu'ils participent au festin qu'ils ne sont pas inscrits au menu[16]».

C'est pourquoi ceux qui espéraient au début des années 1960 qu'une nouvelle société était en gestation et ne demandait qu'à naître, non seulement au Québec mais en Occident, et qui croyaient que cette révolution serait d'abord culturelle, reprennent le combat ouvrier d'antan. Dans cette lutte inégale contre l'argent et l'«élite du pouvoir», j'ai toujours cru qu'il fallait mobiliser toutes les forces intellectuelles et spirituelles de tous ceux et toutes celles qui imaginaient une autre façon de vivre en société. Les Paul Desmarais et les Campeau Corporation d'alors s'occupaient déjà très activement à «rattraper» leurs modèles américains. Le ver étant déjà dans le fruit, il fallait donc faire flèche de tout bois pour empêcher sa prolifération. Nous savons aujourd'hui que le Québec est une culture sinistrée, mais plusieurs ont cru jusqu'en 1980 qu'ils pouvaient contribuer à la sauver; ils ne

---

16. François Brune, *Le Monde diplomatique*, «Manière de voir» 3, p. 79.

voulaient pas participer au festin, car ils avaient deviné qu'ils seraient peut-être bientôt au menu. Neuf ans après, ils en ont la certitude. Des marmitons bien de chez nous, Robert Bourassa et Paul Gobeil par exemple, sont allés récemment en Europe «vendre le Québec[17]» pour rallonger la sauce de la kermesse cannibalique qui marque l'intégration du Canada aux États-Unis. Aujourd'hui le pire est toujours sûr; ce qui me rappelle le titre d'une vieille chanson québécoise: «Pour boire, il faut vendre...»

À la rescousse de l'imagination créatrice

Edgar Morin, en jugeant de la Révolution tranquille, parle de «printemps d'une culture, de printemps d'un peuple, d'une inspiration infinie». À cette inspiration, à cet enthousiasme créateur, des jeunes Québécois d'alors y croyaient; certains d'entre eux, étudiants à l'École des beaux-arts de Montréal, y croyaient tellement qu'ils firent grève et amenèrent sur la place publique l'enseignement des arts. Ils firent si bien qu'ils forcèrent le gouvernement libéral d'alors à créer une «commission (royale) d'enquête sur l'enseignement des arts au Québec»; son mandat consistait à examiner cet enseignement sous toutes ses facettes. Ils allèrent plus loin et imposèrent mon nom comme président de cette commission; j'avais acquiescé auparavant au désir des étudiants qui, après, défendirent

---

17. «Il faut vendre le Québec», explique le ministre Gobeil dans *Paris-Match*, 2 février 1989.

ma candidature auprès des ministres et des hauts fonctionnaires.

Je ne veux que rappeler ici, en les résumant brièvement, les buts que la commission cherchait à atteindre dans le cadre de son mandat.

Examiner l'enseignement des arts sous tous les angles voulait dire d'abord replacer cet enseignement dans l'ensemble du système pédagogique du Québec et, plus particulièrement, de celui dont la Commission Parent venait alors de recommander l'adoption au gouvernement. Analyser ces recommandations, c'était, ultimement, les replacer dans l'ensemble de la société globale que le Québec voulait se faire devenir à ce moment-là. En d'autres termes, c'était se demander quel citoyen idéal à travers l'école, à tous les niveaux, l'État devait se donner pour mission de former. Il faut aussi rappeler que pendant la durée de la commission (31 mars 1966 - août 1968), le gouvernement s'activait à mettre sur pied ce qui allait devenir l'Université du Québec; un haut fonctionnaire enthousiaste qui dirigeait ce projet m'avait dit — en utilisant l'anglais pour bien marquer le sérieux de sa déclaration — ce sera, dit-il, «the most swinging University in North America». Notre commission d'enquête a tenu compte du *projet* de cette institution parce que nous croyions qu'elle aurait un effet d'entraînement non seulement sur les autres universités, mais sur tout le système d'enseignement. Cela dit, nous tînmes des espèces de séminaires, au tout début de nos activités, pour faire consensus sur la signification de notre mandat et la façon de le remplir; l'examen des notions d'«art» et

241

«des arts» y tint une large place. Et cela pour essayer d'éviter le sort d'autres commissions d'enquête qui doivent, en cours de route, avoir recours à des instances extérieures pour tenter de concilier les profondes divergences de vue qui ont surgi entre leurs membres.

Je n'ai pas à faire état ici des recommandations de notre commission, ni du sort qui leur advint dans le cours de leur application — ou de leur non-application. Disons — et c'est une opinion personnelle — que, comme dans maints cas, il fut tenu compte d'un certain nombre de recommandations, mais non de l'esprit qui animait l'ensemble de notre rapport ni de la conception qui sous-tendait notre vision de l'homme et de la société idéale; pour utiliser des expressions que j'ai employées au cours de mes réflexions précédentes, disons que nous avions une conception différente de la «bonne vie» et de la «bonne société». Cette divergence de ceux qui traduisaient l'idéologie dominante en programme n'est pas due aux différences individuelles entre les proposeurs et les exécutants, entre des soi-disant bons et des suspectés méchants, mais entre, d'une part, ce qui existait et voulait se faire devenir la société d'alors et, d'autre part, l'offre d'autres possibilités qui était faite par nous au gouvernement et à la société. Je suppose — et en ceci je suis très personnel — qu'au bout du compte, la différence entre l'émission et la réception de nos propositions tient à la différence entre les deux idéologies qui se disputaient l'adhésion des citoyens: celles du rattrapage et du dépassement. Les libéraux, qui avaient consenti à la mise sur pied de la commission, avaient été élus en 1960 et en 1962 en se faisant fort de rattraper les voisins nord-américains et avaient fortement imprégné la société de cet idéal; en 1966, l'Union Nationale, toujours assise entre deux chaises, n'avait pas d'autre choix, me semble-t-il, que d'exécuter l'Arrêté en conseil numéro 600, daté du 31 mars 1966. Quant au Parti québécois, né pendant l'exécution de notre mandat, et qui participait de l'idéologie de dépassement, il était loin d'avoir conquis le pouvoir; d'ailleurs son option principale, l'indépendance politique du Québec, a toujours été assez ambiguë quant aux transformations radicales qu'elle envisageait pour cette société à venir. J'interpréterai plus loin les contradictions, non dépassées, de sa décennie au pouvoir.

Je me rends davantage compte, en écrivant cela, qu'examiner deux notions et réalités aussi vastes que celles d'éducation et de société, avec une perspective marxienne, c'est-à-dire en envisageant des ensembles au lieu de faire du pièce à pièce, comme c'est l'usage aujourd'hui, comporte d'énormes difficultés de mise en forme. On ne peut évidemment parler de tout en même temps. Surtout dans nos États-spectacles dont les médias rassemblent des images et des mots qu'ils lient en saccades, séparées entre elles par des publicités qui activent le commerce des marchandises. Par exemple, tel jour, il est question de telle facette de telle maladie, telle affection, telle infirmité, sans qu'il soit mentionné la cause principale de ces maux: la nature même de notre société-marchandise-spectacle; on parlera peut-être du stress, mais sans mentionner la *rat race* dont parlait naguère Paul Goodman, dans *Growing up absurd.*

Cette tendance à la séparation, à l'émiettement, à l'aliénation de la personnalité, de la culture et de la société existait au Québec et gagnait rapidement du terrain à la fin des années 1960, c'était la généralisation du phénomène que Marx avait analysé dans ses *Manuscrits* de 1844; le travail aliéné qu'il y dénonçait était devenu, au cours des décennies qui nous séparent de lui, comme dit Valéry du bon sens, la chose du monde la mieux partagée. En réfléchissant sur la nature de l'art en général et sur l'enseignement des arts qu'elle avait pour mandat d'étudier, la commission s'était aperçue que pour contrer cette séparation dans laquelle la société occidentale s'était depuis longtemps engouffrée, la création artistique se révélait l'antidote suprême; s'opposant à la rationalité instrumentale que sous-tendent la technique et l'économie, l'art, lui, n'a d'autre fin que lui-même et tend à exprimer des espaces de sensibilité et des idées nécessaires à la respiration humaine. L'activité artistique rassemble les pouvoirs de l'homme et produit un sens qui dépasse tous les codes imposés par les besoins et les pseudo-besoins de la vie d'aujourd'hui.

Si tel est le cas, il va sans dire qu'un système public d'éducation doit tendre, avant et au-delà de toute spécialisation, à mettre tout individu, tout futur adulte, à même de bénéficier, à l'école, de l'apprentissage de la créativité, de sa créativité. Pour cette raison, la notion d'«éducation artistique» devint le pivot du rapport de cette commission. Mieux que l'éducation scientifique — de nos jours, cet apprentissage se confond souvent avec l'acquisition de certaines techniques — l'éducation artistique vise, dès le début de la formation de l'enfant, à favoriser l'expression de sa créativité. Ce que voulait la commisssion n'était pas que les élèves et les étudiants devinssent tous des artistes, mais qu'en utilisant les moyens révélés dans la pratique des arts, ils fissent l'apprentissage de leur création, dans quelque domaine qu'ils s'engageassent plus tard. En effet, à ce moment-là, la recherche universitaire tendait à démontrer que cette créativité acquise, à l'école, dans la pratique de quelque art, pouvait se transférer dans l'exercice d'autres activités; l'acquis, c'était la possibilité de chercher à innover, à créer, la faculté de devenir plus tard un meilleur chimiste et, sans doute, un meilleur sociologue. Plus tard, à titre d'enseignant en sociologie justement, je fis une expérience qui devait me montrer *a contrario* que la commission n'avait peut-être pas tort de vouloir développer très tôt la créativité des élèves et des étudiants. Dans un de mes cours, je décidai de donner la chance aux étudiants de donner libre cours à leur faculté d'innover et de créer à partir d'un thème que je leur proposai. Pour ce faire, je constatai qu'il me fallait, à titre expérimental, faire abolir plusieurs règlements dits pédagogiques dont j'ignorais l'existence même pour la plupart; comme je n'avais jamais été censuré pour leur non-application, je constatai que je devais les suivre machinalement; comme on le fait dans toute institution, je suivais un code que j'avais intériorisé. Je commençai cette «iconoclastie» en septembre; le dernier règlement fut suspendu en février, deux mois après la fin du cours; je n'invente rien.

Le résultat de cette expérience m'apparut désastreux: personne ne sortit des sentiers battus, chacun se contentant de répéter ce qui s'était dit aux cours et ce qui était écrit dans les livres. Je n'en tins pas rigueur aux étudiants et me contentai de ne voir dans ce bilan qu'un effet du système d'enseignement. On se bornait alors à remplir l'étudiant comme on le fait d'une cruche; toutefois, il est curieux de constater que c'étaient les étudiants qu'on n'arrivait pas à remplir que l'on traitait de cruches. Aujourd'hui, il n'y a même plus de cruche à remplir, mais une coquille percée, agitée par tous les vents médiatiques et mithridatiques; disons que le Rapport de la commission n'a pas été appliqué ou très mal.

Ce n'est pas ici que j'ai à parler des autres aspects du Rapport et plus particulièrement de l'enseignement des arts, de celui qui vise ultimement à la pratique artistique pour elle-même. Dans ce domaine, comme partout ailleurs en éducation et dans la société même, il est difficile de tenter de rassembler tout ce que le système social contemporain doit, pour s'imposer et se développer, diviser, émietter pour des raisons d'efficacité et d'économie. Ainsi l'intégration de l'enseignement des arts aux autres enseignements est difficilement réalisable; on veut continuer de former des spécialistes qui exécuteront leur tâche avec la précision d'un métronome. Même l'intégration des arts entre eux devient difficile dans les écoles, à cause de la spécialisation pratiquée dans tout et par tous. Aujourd'hui, on se rend compte que cette intégration est voulue et réalisée par de grosses transnationales, comme *The Walt Disney Company*, qui, par leur stratégie commerciale dite «multi média», vendent spectacles et valeurs. Les éducateurs marquent beaucoup de retard sur les revendeurs.

Quoi qu'il en soit, ce n'est pas sans nostalgie que l'on constate qu'il fût un temps au Québec et ailleurs où des hommes politiques et des éducateurs s'efforçaient de rendre possible l'apparition, dans les écoles, de plus de sens et de création. La dureté des temps veut qu'aujourd'hui on soit obligé de tenter d'assurer l'essentiel: garder les enfants à l'école et leur apprendre à compter, lire et écrire. La télévision retient plus les jeunes et se charge quelquefois de remplacer l'école. Les informations que dispense cette boîte de Pandore étant hachurées et émiettées à l'extrême, chacun qui s'y enferme gagne une légèreté d'âme et d'esprit qui le pousse vers des paradis artificiels: argent, marchandises et drogues. Et pendant que l'on honnira les passéistes qui font ces constats, les charlatans et les guérisseurs pulluleront. L'intégration plus poussée du Québec à l'Amérique des marchands ne fera rien moins que freiner cette frénésie.

Le retour à la vie quotidienne

Tous ceux qui, au XIXe siècle, se sont mis à critiquer la société bourgeoise qui s'installe en Europe, en remplacement de l'Ancien Régime, savent d'emblée que si ce nouveau mode de vie est loin de remplir les promesses de la Révolution française, ce n'est pas aux individus qu'on doit s'en prendre, mais aux structures sociales mêmes que la nouvelle société a mises en place. Et avant tout, les idées et les valeurs qui soustendent ces structures. Aussi toute la tradition critique qui s'instaure à ce moment-là met en cause des phénomènes sociaux qui contraignent la vie des individus. Ainsi, en Allemagne, Feuerbach veut démontrer que ce sont les hommes qui ont créé Dieu et les religions qui, à leur tour, viennent assujettir les esprits de ceux qui s'y consacrent. Marx, décrétant que la critique de la religion était terminée après Feuerbach, estima qu'il fallait procéder à celle de l'économie politique, c'est-à-dire à l'instance sociale que privilégie la société industrielle et bourgeoise. Comme on le sait, sa critique culmina dans son *Du Capital*. Voilà bien le livre le plus important du dernier presque siècle et demi; celui qui a donné naissance au meilleur et au pire. Pourquoi dans nos sociétés dites industriellement avancées n'a-t-il que contribué à civiliser quelque peu le capitalisme et n'a-t-il pas été assez puissant pour changer en profondeur nos façons de vivre? Peut-être parce qu'il est resté une critique froide du capitalisme, c'est-à-dire un procès savant et virulent de ce mode de production, sans devenir assez une perspective et une prospective chaude de l'avenir; un désir d'un autre type de bonne vie et de bonne société qui aurait pu investir l'imaginaire collectif des couches sociales novatrices de nos sociétés. D'autre part, si l'on peut poser en hypothèse que chez les humains existent également l'esprit de *coopération* et de *compétition*, il ne fait aucun doute que le capitalisme a fait triompher, partout et toujours, l'esprit de concurrence et de compétition, sans que celui de coopération y fût durablement et fortement promu et vécu. L'homme serait le seul mammifère qui a brisé l'équilibre entre deux tendances innées, c'est le *vae victis* qui surnage depuis la naissance de l'État. Il est curieux de constater avec Pierre Clastres que dans des sociétés que nous nous plaisons à appeler «primitives» a prévalu une juste pondération entre les deux.

Une autre raison, et pour moi c'est la principale, qui rend compte des avatars du marxisme, et surtout de sa *Vulgate*, c'est la place ténue et subordonnée qu'y tiennent les idées, les valeurs, les symboles, les idéaux et les imaginaires collectifs; tous ces phénomènes dériveraient et découleraient, en dernière instance selon Engels et mécaniquement, dans la *Vulgate*, des phénomènes «durs» de la société, surtout l'économie et la technologie. Si l'on est assuré, comme Marx l'était, que le capitalisme doit aller au bout de ses possibilités pour qu'ensuite s'instaurent le socialisme et le communisme, qui ne voit que la superstructure découlant dans la thèse marxiste de l'infrastructure, de la partie «dure», sera de la même eau? La classe qui deviendra alors dominante ne pourra qu'être imbue de la même mentalité et de la même vision du monde que celles de la classe évincée. Pour que des changements profonds se produisent dans une société, il faut que la classe qui veut devenir dominante ne veuille pas seulement remplacer l'autre, mais qu'elle soit porteuse de nouvelles valeurs, de nouvelles idées, d'un nouveau projet de société; il faut que se soit élaboré un nouvel imaginaire dans les têtes et les écrits des individus et des groupes novateurs. La Révolution française s'explique par les mutations qui, tout au long du XVIIIᵉ siècle, se sont produites dans l'esprit et le cœur de ceux qui critiquaient le régime existant et ses contradictions objectives. Si le duc de Saint-Simon, mort en 1755, s'arc-boute tant aux privilèges et distinctions de la noblesse héréditaire, c'est qu'il sent bien qu'ils sont partie intrégrante de l'Ancien Régime et qu'il serait suicidaire de le dilapider; il sent bien que ce régime est menacé par de nouvelles façons d'envisager la vie et la société. À quelqu'un qui lui vante les idées de Voltaire, il répond que ce jeune écrivain est le fils de l'ancien avoué de son père, le duc Claude. Pour bien montrer que Voltaire est un pas grand-chose. Comme le dit Sieyès, au début de la Révolution, ce rien, ce pas grand-chose, ce tiers état veut devenir *tout*. Les dominants ne sont pas polis et ne disent jamais aux classes montantes: «C'est votre tour maintenant!» Il faut les déloger avec de nouvelles idées, de nouveaux désirs et souvent par la force et la violence. La postérité de Marx montre bien que ce sont ses idées et ses partis pris, plus que ses savantes analyses, qui ont poussé des groupes à se révolter contre ceux qui, selon eux, tyrannisaient leur société. Que ces révoltes aient presque toujours échoué et qu'elles se soient elles-mêmes muées en tyrannies n'infirment en rien ce qui précède. D'ailleurs, quand elles ont réussi, comme dans l'Espagne de 1936 et dans le Chili de 1973, ce sont les forces de l'opposition qui mettent la cité à feu et à sang.

Dans le Québec de la Révolution tranquille, il n'était nullement question d'envoyer au gibet révolutionnaire les marionnettes politiques de cette colonie; excepté en 1970, où des hommes politiques à l'imagination fertile et à l'appétit vorace de domination inventèrent une «insurrection appréhendée» et proclamèrent eux-mêmes «la Loi des mesures de guerre»; selon leur loi, bien sûr, mais la guerre quand même!

Dans une société qui avait exprimé démocratiquement son désir de changer la société québécoise, il s'agissait pour ses intellectuels de mettre l'épaule à la roue et non pas de jouer aux «savants». Certains, dont j'étais, s'étaient aperçus que ce n'était pas suffisant de faire la critique froide du capitalisme et de ses appareils pour renforcer le désir de changement qui s'était manifesté chez de plus en plus de citoyens. Pour ma part, j'avais déjà commencé à transgresser l'orthodoxie marxiste en m'intéressant aux jeunes et aux systèmes d'éducation du Québec, comme je l'ai déjà dit.

Les hasards de la cuisine politique des subventions de recherche, mitonnée par un fonctionnaire canadien, firent que je me vis offrir la possibilité de mettre une recherche sur pied; je compris vite que ce mandarin bureaucratique devait, pour des raisons d'apparente impartialité, distribuer certains de ses fonds à des francophones. J'acceptai son offre avec plaisir et quelque cynisme. Quand, plus tard, les résultats de cette recherche furent publiés en deux gros tomes (993 pages), une amie m'accusa de livrer trop de ren-

251

seignements à Ottawa sur les Montréalais francophones; je la rassurai en lui disant que le rapport étant
rédigé en français et ne traitant aucunement de la
bureaucratie fédérale, il y avait bien des chances que
personne le lût jamais. Je n'ai pas changé d'idée.

Cette recherche a porté sur la vie quotidienne des
indigènes susnommés. Après les arts, la vie quotidienne! De prime abord, il semble bien y avoir là un
hiatus considérable, celui qui marque la différence
entre «l'habit du dimanche et les frusques de la
semaine[18]». Il n'en est rien! Dans ces intérêts de
recherche, il y a la même continuité qu'entre le prescrit et le vécu, entre l'idéal et le comportement, entre
l'instituant et l'institué.

Si l'aire de recherche, la vie quotidienne, marque
une rupture avec celle de la tradition critique, les
institutions socio-économiques, elle est en continuité
avec l'une des premières interrogations de la sociologie sur les relations entre l'individu et la société.
Dans ce cas-ci, le collectif de recherche que je mis sur
pied avec un collègue s'est intéressé à s'informer des
façons dont étaient vécues l'aliénation et l'idéologie
sécrétées en 1970 par la société québécoise. Les fédéraux qui s'intéressent immensément aux pauvres, c'est
bien connu, auraient désiré que la recherche portât
exclusivement sur eux; je les convainquis que pour
bien connaître les pauvres, il faut les comparer aux
riches et à ceux qui veulent le devenir ou sont en train

---

18. C'est le titre d'un article que je reproduis à l'annexe II, p. 395.

de le devenir. C'est pourquoi notre recherche porta sur cinq quartiers de Montréal, du Centre-Sud à Outremont. Nous nous rendîmes compte que l'aliénation des riches est peut-être plus pernicieuse que celle des pauvres; pour le montrer, il s'agit de mettre en doute les méthodes de mensuration que les sociologues ordinaires ont mises sur pied pour être en mesure de faire prodiguer des soins aux pauvres.

D'ailleurs, étudier la vie quotidienne, c'était aussi renouer avec les travaux de Frédéric Leplay qui, par ses enquêtes sur les budgets familiaux dans la France de la fin du XIXᵉ siècle, contribua à alimenter le mouvement du catholicisme social d'alors. C'était surtout, et plus près de nous, essayer de mettre à l'épreuve de la réalité les considérations théoriques du sociologue et philosophe Henri Lefebvre qui avait publié, pendant la dernière Grande Guerre, un livre très stimulant sur la vie quotidienne. C'était aussi bien autre chose!

En 1970, pendant que ceux dont j'étais s'efforçaient de concourir à la réalisation de l'indépendance du Québec et à la transformation de cette société, ceux qui s'étaient donné pour mission de moderniser la colonie pour qu'elle fût en mesure de rattraper le reste de l'Amérique, exerçaient tous les pouvoirs et s'activaient à réaliser leur idéologie. Rattraper pendant dix ans représente beaucoup de chemin pour ceux qui courent vite et qui visent un but qu'ils ont déjà intériorisé dans leur tête. En effet, contrairement aux Canadiens dont les élites ont toujours tenu en suspicion les Américains, les Québécois ne leur ont jamais fait grise mine et, pendant longtemps, ont cherché refuge en Nouvelle-Angleterre pour y gagner leur pitance. C'est pourquoi le rattrapage des Américains, voulu et proposé par la classe politique régnante, ne suscitait pas alors et ne suscite toujours pas d'opposition. L'ennemi historique des Québécois, ce sont «les Anglais» de Montréal et du Canada parce qu'ils ont été perçus et sont toujours les courroies de transmission les plus proches de l'impérialisme des conquérants britannique et américain. Aujourd'hui que les Américains, qui ont depuis longtemps remplacé les Britanniques, sont en train de compléter par des traités leur domination du Québec et du Canada, les Québécois s'obstinent à ne rien voir. Un vieux proverbe chinois que j'ai déjà cité résume bien notre situation: il est difficile de trouver un chat noir dans une chambre noire, et il est encore plus difficile de le trouver si on ne le cherche pas. On s'obstinera alors à chercher et à trouver des poux sur la tête des «maudits Anglais» de Montréal. Vouloir s'unir à eux et aux Canadiens pour limiter les dégâts de la continentalisation passe aujourd'hui pour du sabotage, sinon pour de la trahison. C'est comme si le Haut-Canada demeurait l'ennemi.

C'est pourquoi, en 1970, en pleine lutte pour l'indépendance politique du Québec que nous réclamions contre la domination de nos «maudits Anglais», il semblait vain de bûcher avant tout sur les contradictions économiques du capitalisme et même sur ses contradictions culturelles. Mieux valait, me sembla-t-il, interroger et étudier le vécu du monde ordinaire,

c'est-à-dire aller voir sur le terrain comment ces con-
tradictions-là étaient intériorisées et vécues dans
différents quartiers de Montréal.

Si la tradition critique, inaugurée par Marx, porte
son analyse et sa critique sur la nature et les institutions économiques du mode de production capitaliste,
elle ne se soucie guère de l'instance culturelle de ce
type de société, sinon pour y voir un reflet de son
économie; certains idéologues de cette école croient
avoir tout dit de Valéry quand ils ont décrété que c'est
un petit bourgeois de Sète, comme l'est Brassens.
Comme on l'a souvent rappelé, on oublie que ce ne
sont pas tous les petits bourgeois de Sète qui ont été
Valéry ou Brassens. Quand Sartre se met à l'étude de
Flaubert, on se rend vite compte que c'est un grand
philosophe qui étudie un grand homme de lettres;
souvent, pendant la lecture de l'œuvre de Sartre, on se
demande qui est celui qui est étudié et celui qui étudie, tant les considérations qu'il fait sur lui-même et
l'autre ont tendance à se confondre. Ce qui n'empêche pas cette œuvre d'être une espèce de chef-
d'œuvre, mais qui ne nous renseigne guère sur le vécu
du monde ordinaire qui nage, aujourd'hui, en France
ou au Québec, dans les contradictions de leur société.
Si ces conflits, ces contradictions sociales sont situées
et datées, pour utiliser l'expression même de Sartre,
celles qu'elles font naître dans la vie quotidienne des
individus le sont aussi; pour les connaître, il faut y
aller voir de près. Pour ceux qui théorisent sur les
contradictions économiques et, quelquefois, sur les
contradictions culturelles du capitalisme, la vie quoti-

dienne apparaît bien pauvre et bien peu fertile en rebondissements et réinterprétations théoriques dont se nourissent les écoles et les sectes idéologiques; elles sont moins occupées à changer la vie et la société que d'occuper une place avantageuse dans les débats publics et médiatiques où le médium est devenu le message. C'est ce que Lévi-Strauss lui-même fait remarquer aujourd'hui, en commentant le fait que, dans un sondage parisien, lui, le «scientifique» et Bernard Pivot, le médiatique, détiennent aujourd'hui, selon les sondés, le même «pouvoir intellectuel».

En 1970, l'image n'avait pas encore gagné le pouvoir souverain qu'elle a acquis aujourd'hui dans nos société de spectacle; cela étant, il faudrait quand même aller voir comment elle est reçue et de quelle façon elle influe sur la vie quotidienne; on s'apercevrait peut-être que l'on se consomme soi-même, ainsi que les autres, de la même façon que l'on consomme l'image et les autres marchandises. Aujourd'hui, quand les soigneurs s'occupent de ceux qui abusent de toutes les espèces de consommation, ils ont tendance à négliger de prendre en compte les sociétés qui produisent toutes ces marchandises et poussent, jour et nuit, à leur vente et à leur achat; on s'acharne de partout à faire disparaître les symptômes que révèlent les individus, sans se préoccuper du fait que ces dysfonctions sont imputables à la nature même de nos sociétés qui produisent toujours plus d'isolement et plus d'angoisse.

En se débarrassant progressivement des carcans idéologiques et institutionnels de notre ancien régime, les Québécois et les Québécoises devenaient en même temps plus conscients des contraintes socio-culturelles et désiraient et acquéraient plus d'autonomie personnelle; des mouvements locaux d'action politique comme le FRA s'organisaient dans divers quartiers de Montréal et d'ailleurs. Il y avait chance que découvrant dans leur vie quotidienne les injustices et les illusions que leur État-croupion leur imposait, ces citoyens en vinssent à désirer non seulement l'indépendance de leur pays mais la transformation profonde de la société québécoise. En tout cas, il y avait chance que les contradictions économiques que Marx décèle dans le capitalisme et qu'il faut pour les comprendre, avoir fait son université, fussent mieux ressenties dans la vie quotidienne du monde ordinaire, justement parce que vécues. Dans la mesure où il en serait ainsi, le désir de changement viendrait des citoyens eux-mêmes plutôt que d'être imposé par ceux qui relaient les analyses des maîtres-penseurs.

Ce n'est pas le lieu de résumer ici ce millier de pages. Qu'il me suffise de dire qu'à cause de son caractère universitaire cette étude n'a pas connu une diffusion populaire. Je sais, d'autre part, que plusieurs animateurs sociaux s'en sont servi pour interpréter certains faits et pour rendre certaines couches sociales plus conscientes qu'elles étaient exploitées et mystifiées par les appareils économiques et idéologiques de ceux qui dominent l'État et la société.

Tout compte fait, je crois que cette recherche a surtout profité aux étudiants et aux enseignants qui y ont été mêlés. Elle a mis quotidiennement en présence, et ce pendant deux ans, des personnes venues du marxisme et de la sociologie américaine. Chacun des deux points de vue a dû se colleter avec l'autre, non pas dans des livres, comme c'est la coutume, mais dans un face à face, j'allais dire un corps à corps, qui a été bénéfique aux représentants des deux écoles. Personne n'a participé à cette recherche sans avoir été transformé de quelque façon. Les théoriciens on dû compter avec les faits que nous rassemblions et les pragmatiques avec les points de vue théoriques qui sous-tendaient nos discussions. Il n'y eut point de discussion sur le statut politique du Québec, car tous les participants semblaient tenir pour acquis que chacun était indépendantiste et que personne n'était colonialiste; que je sache, il n'y avait que le concierge qui l'était farouchement; en mai 1980, il se mit à baragouiner l'anglais!

Pour terminer là-dessus, il me faut ajouter que pendant la durée de la recherche, des étudiants en maîtrise et au doctorat vinrent se joindre à l'équipe que nous formions pour s'initier à la recherche sur le terrain et discuter avec nous; ce qui les rassurait, parce qu'ils se rendaient compte que certains enseignants n'ont pas la prétention de tout savoir et cherchent encore à mieux interpréter les faits qu'ils collectent; ils se rendaient compte aussi que le «hors de l'Église, point de salut» était en passe de devenir obsolète.

Les pratiques émancipatoires

La dernière recherche collective à laquelle je participai avait trait à certains groupes novateurs de la société québécoise, non pas de ceux qui trouvent de nouvelles recettes pour s'enrichir vite, mais de ceux qui par leurs pratiques veulent s'émanciper des contraintes qui pèsent sur eux et la société. Cette recherche se poursuivit, même après 1980, alors que le peuple québécois avait majoritairement dit non à l'hypothèse d'une possibilité de commencement de discussion à propos de son émancipation politique. On verra peut-être que, continuant cette recherche, j'ai manifesté un grand entêtement, sinon la plus grande jobardise.

Si aujourd'hui cette étude peut apparaître ainsi, elle n'en manifeste pas moins une continuité certaine dans l'utopie. Si, en effet, on croit que les sociétés n'ont pas toujours changé pour le pire et si, de plus, on désire que sa propre société change et que cet espoir est partagé par plusieurs couches de population, il faut aller s'informer sur le terrain de groupes qui semblent en voie de dépassement de l'exploitation et de l'aliénation ambiantes. C'est, sous d'autres formes, la continuation de la recherche sur la vie quotidienne; cette dernière était de nature plus sociologique que celle sur les «pratiques émancipatoires» qui, elle, relevait plus du type de monographie pratiquée en anthropologie culturelle.

Quant aux résultats de cette recherche[19], je suppose qu'ils ne sont guère différents de ceux qu'on eût obtenus dans tous les pays, développés ou en voie de l'être, comme on dit. À la fin de ce siècle où tous les soins de tous les pays et de leurs habitants sont requis pour faire face à la planétarisation de l'économie, les groupes novateurs qui, par leurs pratiques, veulent sortir de cette course à la rationalisation et à l'efficacité productive, se délitent à cause des contraintes économiques qui passent de plus en plus pour d'inexorables lois de la nature. Chaque pays, chaque groupe, chaque individu essaie de s'en tirer au mieux, comme on le ferait d'une endémie devenue mondiale. J'y reviendrai.

---

19. J'inclus en annexe la conclusion générale que j'ai tirée de cette recherche: «L'émancipation sociale est-elle devenue impossible?»

2

LE SIÈCLE DANS
LE PEUPLE QUÉBÉCOIS

Les libéraux qui ont pris le pouvoir, au Québec, en 1960, y sont toujours. Et ils peuvent aujourd'hui dire: mission accomplie. Contestant les élites traditionnelles, l'idéologie de conservation et les institutions et les valeurs de notre ancien régime, pour prendre ce pouvoir, ils se vantent aujourd'hui d'avoir rattrapé les autres sociétés de l'Amérique du Nord; mieux, ils ont conquis, pensent-ils, un marché de près de 250 000 000 de consommateurs et par leurs votes, en 1988, ont accéléré le basculement du Canada dans l'Empire. Montréal, la métropole du Québec, n'a plus grand-chose à envier aux grandes villes américaines; elle en a toutes les splendeurs et toutes les misères. Il ne reste plus grand-chose des deux idéologies qui, en 1960, contestaient l'idéologie de rattrapage de ces libéraux: celle de conservation et celle de dépassement sont moribondes. En cette fin de vingtième siècle, le Québec partage les mêmes soucis et les mêmes inquiétudes que les pays dits développés; il ne lui reste plus qu'à bien «se positionner» dans la grande lutte économique qui est aujourd'hui devenue planétaire; il ne se bat plus contre des moulins à vent, mais, avec et dans l'Empire américain, contre le Japon, la Russie, la

Chine et l'Europe. Cette progression rapide dans le siècle s'est faite sans que cette «Belle Province» n'ait abrogé aucune de ses dépendances; elle les a même entérinées et multipliées. Elle qui, selon Mgr Paquet, en 1912, ne devait pas s'intéresser trop à l'argent, ne parle aujourd'hui que de lui; certains en ramassent à la pelle, tous veulent en faire et un nombre grandissant en manque. On parle aussi beaucoup de la langue française au Québec, par les temps qui courent. Y aurait-il donc là une difficulté, un problème qui empêcherait le premier ministre de «vendre» le Québec? C'est peut-être la langue française qui présente le dernier obstacle à la réalisation du paradis sur terre? C'est sûrement le calvaire de monsieur Bourassa. C'est peut-être aussi le dernier baroud d'honneur que livrent les Québécois avant de s'immerger complètement dans l'Empire américain? Et si nous remontions un peu sur nos pas pour nous demander si cette catastrophe prévisible était inévitable.

En 1975, à la fin du règne de Bourassa I (1970-1976), je m'inquiétais déjà, comme président du Tribunal de la culture, des écueils où sa barque menaçait de mener le Québec. Bien plus avant, le géographe français Pierre Desfontaines, qui a publié un gros ouvrage sur notre hiver, se demandait si les Québécois ne risquent pas de perdre leur hiver après l'avoir gagné, après l'avoir maîtrisé. «Cette question, commentais-je, posée en 1957, me semble toujours d'actualité, presque vingt ans plus tard. Cette inquiétude du géographe pourrait se résumer ainsi: isolés dans leur neige et vivant comme en marge du continent nord-américain dont le genre de vie et la mentalité leur sont étrangers, les Québécois arrivent à sauver plusieurs éléments importants de leur culture; intégrés de plus en plus à cette société industrielle, sauront-ils survivre comme peuple et comme culture? Qui ne s'est pas posé la question? C'est le défi suprême du Québec! Non pas survivre comme région administrative et dominée des États-Unis et du Canada, mais comme nation, ce qui suppose, bien entendu, un projet collectif de société, qui, lui, ne peut s'élaborer sans une culture vigoureuse. Ce qui soulève immédiatement la question de savoir si ce projet collectif de société sera élaboré par la majorité des Québécois ou par les fractions de classe dominantes qui ont elles-mêmes partie liée avec celles qui, en dehors du Québec, favorisent un type de développement et d'exploitation qui aboutit non seulement à la destruction des patrimoines naturels mais à celle des patrimoines humains que sont les cultures nationales... D'aucuns s'étonnent qu'on ne pose pas ici le problème de l'avenir du Québec en termes de développement économique ou de révision constitutionnelle, mais en termes de culture[1]...» Le terme de culture a même disparu du vocabulaire politique depuis l'incartade de monsieur Bourassa sur «la souveraineté culturelle»; c'est vrai qu'elle lui a fait perdre les élections en 1976 et qu'il n'en parle plus. Ses deux mamelles politiques sont maintenant un lac ontarien

---

1. *La Question du Québec,* Montréal, L'Hexagone, 1987, p. 235-236.

et le libre-échange américain qu'il offrira aux populations, d'ici l'an deux mille. Il n'y a aujourd'hui, disent les réalistes, que des attardés et des empêcheurs de danser en rond qui parlent des dangers que l'américanisation du Québec fait peser sur sa culture.

Et pourtant, il y a plus de cinquante ans, en 1937, au moment où notre ancien régime brillait de tous ses feux, un économiste et politicologue célèbre, professeur au collège de France, André Siegfried, spécialiste des pays anglo-saxons, a écrit ceci: «*Dans les villes, l'américanisation les guette* — [les Canadiens français] —, *bien plus, elle se jette à leur tête, les saisit à la gorge... Je ne dis pas que ces masses doivent cesser d'être françaises; elles pourront continuer à parler notre langue, corrompue d'anglicismes peut-être; c'est leur âme même qui réussira mal à demeurer distincte...*» Cinquante ans après, la concoction constitutionnelle qu'on nomme «lac Meech» semble répondre à la crainte du Pr Siegfried; comme on ne parle plus d'âme aujourd'hui, à cause de sa résonnance religieuse, on promulgue, pour gagner ses élections, que *le Québec est une société distincte.* Et voilà! Le tour est joué! On rassure les Québécois, on inquiète peut-être certains Canadiens, mais il y a là un puissant gargarisme qui mettra un peu de liant à ce *patchwork* qu'est devenu l'Acte de l'Amérique du Nord britannique. Le plus inquiétant et le plus hilarant, c'est que personne ne sait au juste ce que ce sac enfariné, «la société distincte», veut dire et pourrait vouloir dire. Comme le «Canada Bill» permet la libre expression, je peux donc continuer de m'enquérir de ce mystérieux chat gris.

Plus de quarante ans après le constat du Pr Siegfried, en 1979 donc, un autre professeur étranger — on dirait que ces professeurs français font tout exprès pour troubler notre mare aux grenouilles — le Pr Pierre George, voulant mettre à jour les études que Raoul Blanchard a consacrées au Canada français, a écrit un petit ouvrage[2], dont je tire ceci: «Des trois éléments majeurs de l'originalité ethno-culturelle de la province, la «ruralité» accompagnée d'une haute fécondité, la théocratie, pour reprendre le terme employé par A. Siegfried, et la langue, il ne reste plus que la langue. Et on conçoit, dans ces conditions, que ceux mêmes qui restent attachés à la notion d'identité de la province concentrent désormais tous leurs efforts sur l'emploi et l'enseignement de la langue. C'est là toute la signification profonde de la «Loi 101» et du combat linguistique...» Écrivant ces lignes en 1979, en plein régime du Parti québécois et une année avant le Référendum de 1980, le Pr Pierre George conclut ainsi son ouvrage: «Les peuples font leur histoire, mais il appartient aux hommes politiques de la consacrer. Et c'est une bien lourde responsabilité.» Comment le Parti québécois s'est-il acquitté de cette lourde responsabilité? J'y reviendrai après avoir commenté le constat de Pierre George.

Ce qu'il dit me semble extrêmement grave. Et c'est ce qui m'apparut dès que je reçus son ouvrage, qu'il m'envoya. Je donnais alors un cours sur la notion

---

2.   Pierre George, *Le Québec*, «Que sais-je?», Paris, PUF, 1979, p. 87 et 121.

de culture en me servant de l'«exemple québécois» pour illustrer mes propos théoriques. Ce qu'il dit, c'est que les Québécois, ayant cessé d'être «ruraux», «féconds», «théocratiques», n'auraient plus que leur langue pour assurer leur identité culturelle. On pouvait alors lui répondre que bien des peuples, comme les Français, par exemple, ont perdu les traits culturels que nous avons perdus, sans cesser pour autant de rester Français, et cela par des traits autres que la langue française. J'utilisais une définition de la notion de culture autre que celle du Pr George. Pour lui, une culture se définit à partir des traits *manifestes* d'une société, comme la ruralité, la fécondité des femmes, la religion; perdus ces traits, comme dans le Québec de 1979, la culture québécoise n'existerait plus que par sa langue. Or, je croyais à ce moment-là, et le crois toujours, que la culture c'est autre chose et plus que les traits que Pierre George cite. En 1975, j'avais présidé «le Tribunal de la culture», qui avait été créé pour crever une baloune électorale de Robert Bourassa: la *souveraineté culturelle.* Qu'on me permette de citer un peu longuement la définition de culture que je donnais dans le rapport de ce tribunal, et qui diffère de celle de Pierre George: «Ce n'est qu'assez récemment, à la suite des travaux de Piaget et de Chomsky, par exemple, qu'on en est venu à considérer qu'une culture ne consistait pas d'abord en une série d'institutions et de comportements, mais qu'elle se définissait par un ensemble de structures mentales et affectives qui peuvent donner naissance à des institutions et des comportements autres que ceux qui existent à un moment donné; ces structures comportent en elles-mêmes des règles de changement et de transformation qui délimitent leur seuil de tolérance envers d'autres institutions et d'autres comportements. En d'autres termes, une culture continue d'exister, même quand les conditions d'existence changent, parce que les individus créent d'autres types d'institutions qui sont en continuité avec leurs structures mentales et affectives. Ces structures étant elles-mêmes le produit de l'histoire, de l'environnement et des contacts avec d'autres cultures. Une culture cesse d'exister le jour où les hommes qui en sont les porteurs, étant submergés par d'autres collectivités porteuses d'autres structures mentales et affectives, ne peuvent réinterpréter les emprunts selon leur code propre et ne peuvent plus créer de solutions originales dans la conduite de leur vie collective. Est-ce aujourd'hui le cas des Québécois? Dans leur vie quotidienne comme dans certaines productions symboliques, ils continuent d'apparaître et de se penser différents des Européens et des Américains; il semble bien qu'il existe encore aujourd'hui une culture québécoise, bien qu'elle soit mutilée et agressée de plus en plus[3].»

Qu'en est-il, cinquante ans après que André Siegfried eut craint que les Canadiens français auraient du mal à garder leur «âme» distincte, trente ans après que Pierre Desfontaines se fut demandé si les mêmes Canadiens français sauraient «survivre comme peuple

---

3. «Le Rapport du Tribunal de la culture», *Liberté*, Montréal, 1975, n° 101, p. 42.

et comme culture», dix ans après que Pierre George eut fait le constat que les Québécois n'avaient plus que leur langage comme trait culturel distinctif, quinze après que le *Tribunal de la culture* eut rapporté que la culture québécoise était «mutilée et agressée de plus en plus»? On pourrait croire, à voir et à entendre ce qui se fait et s'écrit au Québec depuis le Référendum, que cette question de la culture québécoise a cessé de se poser: à peu près personne n'en parle. Est-ce à dire qu'elle se porte tellement bien qu'il serait oiseux même de soulever la question de sa santé? Ce serait paradoxal puisque les Français se posent de plus en plus de questions angoissées sur le sort réservé à leur culture dans l'Europe de 1992; même un financier comme Alain Minc parle de l'actuel terrorisme économique et s'inquiète du sort réservé à la culture dans ces grandes manœuvres planétaires. Moins timorés que lui, les Québécois ne soufflent mot; leur culture assurée, ils foncent tête baissée dans la terre promise de Mulroney, Bourassa et Parizeau.

Peut-être empruntent-ils la même manœuvre que celles des Canadiens de Toronto dont j'ai parlé plus haut et qui voyaient, dans la domination culturelle des États-Unis sur le Canada, une espèce de «squelette dans le placard» dont on ne doit parler sous aucun prétexte dans les bonnes familles qui s'enrichissent sous l'œil de Dieu. Il est quand même étonnant que ce soit cette même intelligentsia torontoise, à laquelle se joignirent même des hommes d'affaires, qui ait attaché le grelot de la résistance contre le traité des comédiens Reagan-Mulroney. En vain, car le vote des

Québécois emporta le morceau et assura la continentalisation du Canada, y compris celle de la province de Québec. Enfoncés les Britanniques qui
avaient cru, au XVIIIe siècle et au début du XIXe, que
les francophones seraient les derniers à combattre les
sirènes américaines. Peut-être l'anthropologue américain Richard Handler, qui a étudié le Québec, a-t-il
raison d'écrire que la culture est devenue d'importance résiduelle, d'englobante qu'elle était auparavant, et qu'elle a succombé devant les «dures» réalités
de l'économie, en cette fin de siècle. Il donne ainsi
raison à l'ancien premier ministre Trudeau qui, voulant favoriser le multiculturalisme à Toronto, comman-
ditait des pique-niques aux «bines» pour la diaspora
canadienne-française. Bruits résiduels que le vent
emportait vite!

Devant le farfadet, le lutin mystérieux et fuyant,
devenu le furet qu'on cherche ici et là — j'ai nommé
la culture — il vaut mieux, pour s'interroger sur ce
qu'est devenu le siècle dans le peuple québécois,
s'accrocher à la langue française dont on sait qu'elle
existe, puisqu'on en parle abondamment. Par les
temps qui courent, elle devrait même être seule au
devant des étals et prédominer dans leurs entrailles.
Voilà du solide au nom duquel francophones et anglophones d'ici descendent dans la rue et menacent d'en
découdre. Si Robert Bourassa, qui n'a jamais été
habile avec la langue, n'avait pensé aux élections
d'hier et de demain, nous serions moins sûrs que les
Québécois d'aujourd'hui se passionnent pour autre
chose que les promesses retombées mirobolantes du

271

libre-échange. Grâces donc lui soient rendues! Tout se passe, encore une fois, comme si cette publicité d'une compagnie de peinture résumait toute la vie: «Save the surface and you save all.» Certains, dont je suis, en doutent fortement, tellement il est vrai qu'un symptôme assez bénin — ce dont fait montre une vitrine — peut cacher une maladie mortelle. Ou n'être qu'un petit irritant passager, diront d'autres. Avant de nous demander ce qu'il reste de «l'âme distincte» dont parlait André Siegfried, après les saccages des trente dernières années, il faut examiner l'état de cette langue française dans le Québec de cette fin de siècle.

Peut-on parler de la langue française sans émoi?

Quant à moi, je dois avouer que je ne le peux pas. Et ce, malgré que depuis l'arrivée au pouvoir du gouvernement Provigo, je cultive «la raison cynique» de Peter Sloterdijk plutôt que des fleurs bleues, je garde beaucoup d'amour et de vénération pour cette langue, venue d'aussi loin que les *Serments de Strasbourg* datés de 842. Et si c'était elle qui était l'ultime partie de notre héritage, il faut certes la défendre avec bec et ongles et surtout la respecter quotidiennement.

Je suis né et ai grandi dans un village où la langue française nous était si naturelle que, pendant longtemps, j'ai dû croire que c'était la seule du monde. La première fois que j'ai compris qu'il y avait d'autres langues et que je pourrais être privé de la mienne, c'est en lisant «La dernière classe» d'Alphonse Daudet. Comme on s'en souvient, en 1871, deux provinces françaises, l'Alsace et la Lorraine, deviennent allemandes après la guerre que la France a perdue. Daudet raconte la dernière classe de français dans l'une des écoles qui va devenir allemande et des élèves se demandent alors s'ils ont fait assez pour bien apprendre et honorer cette langue de leurs pères et mères. Je crois que c'est depuis la lecture de ce texte que la langue française m'est apparue comme un bien précieux que je devais conserver et chérir.

Beaucoup plus tard, en 1946, j'ai assisté à la réception du philosophe médiéviste Étienne Gilson à l'Académie française. Ce Bourguignon, amateur de vins et de fromages, et ami des Québécois, voulait, dit-il dans son discours, faire entrer avec lui, à l'Académie, tous ces inconnus, artisans et bûcherons, qui avaient assuré l'existence de la langue française en Amérique du Nord pendant plus de trois longs siècles. Il raconta même à tout ce beau monde qui était venu l'écouter, l'histoire suivante. Après la défaite de 1760 aux mains des Anglais et jusqu'au retour de la *Capricieuse* en 1855, les grammaires françaises étaient devenues très rares au Québec. Dans les écoles, on prenait un soin extrême de cet outil d'apprentissage. La survivante était exposée sur un lutrin, à l'avant de la classe, et les élèves venaient à tour de rôle y lire la leçon du jour; seule la maîtresse d'école avait le droit d'en tourner les pages. L'une de ces précieuses grammaires a survécu jusqu'à aujourd'hui; elle était présentée dans un musée de Trois-Rivières, lorsqu'un jour, elle fut volée par un touriste américain. L'Américain voleur de patrimoine conforte tellement ma phobie de l'Empire que je me demande si Gilson a vraiment dit que ce voleur de grammaire était Américain...

Enfin, ces derniers souvenirs. Pendant les années cinquante, je séjournais dans un petit village de la Gaspésie pour préparer une monographie sur ces pêcheurs descendants de divers groupes ethniques de la vieille Europe. Un jour, je conduisais une des plus vieilles femmes du village, Marie-Louise, à Port-Daniel, où elle avait quelques emplettes à faire. Sur le chemin du roi, nous montâmes une petite côte où les arbres des deux bords de la route formaient une espèce d'arche en son milieu. Marie-Louise me dit qu'il faudrait *édroller* ces arbres-là. Je fis part de ma trouvaille à mon ami et collègue, lexicologue et linguiste à l'Université Laval. Ce mot, me dit-il, est un doublet d'*ébrancher*, il est formé d'un mot gaulois, *droll,* qui signifiait branche; le *e* privatif vient du latin et se transforme en *ex* devant une voyelle; après cet «édroller», j'avais embrassé Marie-Louise encore plus fort, pour avoir conservé ce mot qui vient du fond des siècles.

Un après-midi, toujours dans le même village, j'avais accepté de prendre une tasse de thé avec madame Julienne, femme de pêcheur toute la journée et *pelle-à-feu* (sage-femme) à ses heures, ou plutôt à celles de l'accouchée. Elle me demanda si je prenais mon thé *sangle* ou bien avec du lait; je répondis *sangle* pour savoir ce que cette tasse de thé contenait. C'était du thé, sans lait ni sucre. Mon collègue lexicologue m'expliqua que ce mot *sangle* est un dérivé du mot latin *singulis* qui signifie *seul*. C'était bien du thé *seul* (sangle) que Julienne m'avait servi. Une autre femme à embrasser très fort!

C'était le même émoi que celui que je ressentis lorsque j'appris qu'un conte que j'avais recueilli dans mon village natal, lui aussi venait du fond des âges; il s'agit du conte *Le Grand Voleur de Valenciennes*, mieux connu des spécialistes sous le nom *Le Grand Voleur de Paris*. Gaston Paris, médiéviste et professeur au collège de France a établi, à la fin du XIXe siècle, que ce conte avait cheminé, tout le long du Moyen Âge, à travers l'Europe, depuis l'Italie. Comme il est entré en France par le Nord, c'est la version de *Valenciennes*, située sur l'Escaut, plutôt que celle de *Paris* que mon informateur, monsieur Alphonse Jean, m'a racontée en mon village d'Amqui (mot micmac: *là où l'eau s'amuse*). S'il n'y avait plus qu'une seule raison pour moi d'honorer la langue française, ce serait pour ne pas manquer à ces humbles habitants et pêcheurs qui ont vécu et qui sont morts avec cette langue en bouche.

Une langue dominée, humiliée et contrariée

Il m'apparaît que pour conserver, mieux parler et mieux écrire cette langue de chez nous, «de l'Île d'Orléans à la Contrescarpe», que chante si bien Yves Duteil, il faut nous souvenir du sort que lui ont infligé les dominants d'hier et d'aujourd'hui. Je ne veux ni n'ai la compétence de faire ici l'histoire de la langue française au Québec. Mon seul but est d'essayer de comprendre pourquoi et comment elle est menacée

— et même bafouée — dans certaines couches de population francophones; nous serions alors peut-être plus à même de cautériser ces verrues qui la défigurent.

Il est arrivé qu'en 1760, le sort des armes voulut que presque tous les pouvoirs passent aux mains de ceux qui parlaient une autre langue que la nôtre: *l'anglais*; je dis presque tous les pouvoirs, parce que celui que détenait le clergé catholique se rangea vite, par résignation, complicité et peut-être calcul, du côté des autres pouvoirs, pouvoirs qui, selon lui, devaient nécessairement venir de Dieu; c'était peut-être là la seule façon de nous garder *catholiques* et *français* de surcroît. Qui peut dire si ce n'est pas pourquoi nous avons duré si longtemps dans les «quatre arpents de neige» de François-Marie Arouet?

Quoi qu'il en soit, dès ce moment-là, la langue française, et paradoxalement la langue la plus prestigieuse du XVIIIe siècle, devint ici une langue dominée, en butte à toutes les avanies. Je transcris quelques lignes d'un livre que j'ai naguère publié à L'Hexagone, après le Référendum, sous le titre de *Pour prendre publiquement congé de quelques salauds*: «Tocqueville avait constaté, il y a cent cinquante ans, où nous entraîne le bilinguisme qui fait partie de la panoplie de guerre de ceux qui n'auront de cesse que lorsque nous serons tous anglicisés. Il est dans la ville de Québec, au mois d'août 1831 et va visiter l'un des tribunaux civils. On y plaide une affaire de diffamation; un citoyen en avait traité un autre de *pendard*; on y parlait anglais et français et quelquefois, comme aujourd'hui les deux à la fois. "L'ensemble du tableau, dit Tocqueville, a quelque chose de bizarre, d'incohérent, de burlesque même. Le fond de l'impression qu'il faisait naître était cependant triste. Je n'ai jamais été plus convaincu qu'en sortant de là que le plus grand et plus irrémédiable malheur pour un peuple c'est celui d'être conquis." Depuis ce temps, le burlesque et le triste se sont accentués; que l'on songe à M. Clark haranguant la foule à Rimouski et massacrant allègrement le français ou à M. Ryan, au Canadian Club, massacrant ses compatriotes, "dans les deux langues", comme on dit.»

Le mal courait tant qu'il fallut, au milieu du XIXᵉ siècle, avoir recours aux «corrigeons-nous» et aux sociétés du «bon parler français» pour éradiquer les anglicismes que ceux qui collaboraient avec les Anglais — les élites, dirait-on aujourd'hui — diffusaient dans le petit peuple. Il semble bien que notre langue demeurait, malgré tout, solide, puisque Rémy de Gourmont, à la fin du siècle passé, nous admirait pour notre faculté de franciser des mots anglais; que l'on songe, par exemple, à *meeting house* (petite église protestante) et à *back house* (lieu où l'on distillait l'alcool en cachette) que nous avons transformés en *mitaine* et en *bagosse* et *bécosses*. Connaissant aujourd'hui mieux l'anglais, c'est tout rond que nous avalons l'américain.

Que cette langue française fût humiliée surtout dans les villes comme Montréal et Québec qui furent à majorité anglaise jusqu'au milieu du XIXᵉ, parce que la langue anglaise était celle de l'argent, du pouvoir, des patrons et des «bosses», est la triste réalité que les Québécois eurent à endurer pendant des décennies et des décennies.

Non seulement cette langue que parlait et conservait spontanément le peuple québécois fut-elle dominée, humiliée et quelquefois menacée d'ostracisme (qu'on se souvienne du *speak white*), mais elle fut contrariée et contrecarrée dans sa pratique quotidienne par une fraction de la classe instruite qui voulait la garder dans le giron de la langue de la métropole de France. On s'est gaussé quelquefois de ces redresseurs de tort, de l'abbé Blanchard, par exemple, auteur de listes «ne dites pas... mais dites...»; Francœur et Panneton le firent dans leur «Littératures à la manière de...», en pastichant ainsi le bon abbé Blanchard: ne dites pas «partir sur une peanut» mais dites: «s'esbigner sur une cacahuète». On peut sourire, à juste titre, de certaines maladresses de cet abbé, mais je crois que lui et ses semblables ont eu raison de vouloir extirper de notre langue toutes les scories qui s'y greffaient. À cause de notre petite taille et de nos dépendances (que nous n'avons pas abrogées), nous n'avions pas les moyens de nous aventurer — comme le firent, par rapport à la langue anglaise, les de plus en plus puissants Américains — en dehors de la langue commune française et dont la France, sa métropole notamment, a toujours été le foyer. Autrement nous parlerions aujourd'hui une langue que nous serions les seuls à entendre.

N'empêche que toutes ces humiliations, toutes ces contraintes et toutes ces liaisons dangereuses ont eu des effets que j'ai toujours voulu comprendre, non à titre de spécialiste mais comme amateur de la langue française et de celle qui est parlée ici. Et aujourd'hui, à l'heure de tous les périls qui sourdent non seulement de l'extérieur mais de nous-mêmes, j'essaie de comprendre le présent et j'interroge l'avenir.

Il faut essayer de découvrir tous les affronts, les outrages et les insultes que certaines couches de francophones d'ici font subir quotidiennement à la langue française; je vise surtout la langue parlée, car il me semble que la langue écrite est demeurée de bon aloi. Tout se passe comme si la langue parlée allait, aujourd'hui, en s'éloignant davantage de la langue écrite; on me répondra qu'il en va ainsi partout; ce que j'admets bien volontiers, mais il me semble que le décalage est plus grand ici et a même tendance à croître. Pourquoi? Un fait me paraît incontestable: tout au long de notre histoire, la tradition orale a joué un très grand rôle dans la transmission de notre patrimoine: littérature orale, de la chanson aux vire-langue, sagesse populaire, cuisine, artisanat aussi bien que les jurons. Cette richesse séculaire a été recueillie, étudiée et même codifiée par nos folkloristes, mais, pour toutes sortes de raisons, elle n'est pas retournée dans le domaine public.

Quant à la langue parlée, je fais l'hypothèse qu'à côté de celle des dominants anglophones et de celle des curés et de la petite bourgeoisie professionnelle, elle est devenue une langue où se sont exprimées la résistance, la connivence et la complicité du peuple québécois. C'est-à-dire une langue que l'on parle, que l'on crée et que l'on savoure entre soi, en dehors des Anglais, des curés, de l'école et de ceux qui parlent en «tarmes». Encore récemment, des étudiants québécois en France se mettent à «joualiser» à qui mieux mieux pour faire savoir qu'eux aussi possèdent une langue que d'autres «étrangers» ont du mal à comprendre. Comment expliquer autrement la vaguelette du joual littéraire pendant les années 1960? Certains écrivains voulaient dire avec Molière: «Guenille si l'on veut, ma guenille m'est chère.» Est-ce que le proverbe «un torchon trouve toujours sa guenille», que le *Robert* des proverbes attribue au Québec, est de la même eau? J'ai tendance à le croire, parce que dans cette tentative de créer un joual littéraire, j'ai souvent senti un mélange de revanche, de persiflage et d'affirmation de soi. Ce joual écrit voulait, en quelque sorte, rendre hommage à la langue parlée par de nombreuses couches de population d'ici; si l'entreprise a échoué, le décalage entre la langue parlée s'est accru, dirait-on, dans ces mêmes couches sociales. Ce qui pose, me semble-t-il, de graves problèmes à l'ensemble de la société québécoise.

Étant donné qu'aujourd'hui l'on semble faire reposer exclusivement sur la langue française la viabilité du Québec comme «âme distincte», pour employer l'expression d'André Siegfried, il faut avoir la hardiesse de regarder sans ménagement la question de la langue française au Québec; autrement, nous ferions de la langue, comme les Canadiens de leur culture, «un cadavre dans le placard», sous prétexte que les étrangers n'ont pas à y mettre le nez.

À vue de nez, il me semble qu'appparaît ici, comme dans les pays dits développés, une différenciation accrue dans l'acquisition des biens matériels et symboliques par les différentes couches de population qui les composent. Cette différence se répercute entre les pays dominants et dominés et souvent à l'intérieur de ces derniers. Exprimé plus brutalement, cela veut dire que les plus riches deviennent plus riches et les plus pauvres deviennent plus pauvres; je n'ai pas compétence pour discuter s'il s'agit d'appauvrissement absolu ou relatif; disons plus simplement qu'aujourd'hui les pauvres n'ont pas les moyens de se soucier de la qualité de leur vie ni de la préservation de la nature qui les entoure, tout occupés qu'ils sont à survivre. De là l'expression couramment utilisée de société à vitesses multiples et de pays qui, entre eux, ont acquis des vitesses différentes d'enrichissement et d'appauvrissement. Dans ces constats, il est question de biens matériels, de ceux qui peuvent se mesurer et faire l'objet de toutes sortes de tableaux statistiques; quant aux biens symboliques, ils ne sont presque jamais pris en compte, et quand ils le sont, c'est à partir de phénomènes, mesurables aussi, comme le degré d'analphabétisme ou de consommation des productions culturelles; cela fausse la réalité, car je ne suis pas sûr que les habitants d'un petit village amérindien de la Cordillère des Andes n'aient pas une culture plus riche et mieux intégrée que celle des squatters d'un bidonville qui regardent la télé à longueur de journée, s'ils ont le privilège d'avoir le courant électrique et la débrouillardise d'avoir déniché un vieil appareil.

Pour revenir au Québec, il m'apparaît que ce constat général s'applique quant à l'acquisition et à la

possession des biens matériels; quant aux biens symboliques, au premier rang desquels se place la langue, il
m'apparaît qu'il est aussi avéré, sans qu'il y ait étroite
correspondance entre les porteurs de ces deux types
de biens. En d'autres termes, je ne dis pas que les
riches parlent généralement mieux que les pauvres,
mais que dans ce domaine, comme dans d'autres, on
observe qu'il y a aussi des héritiers et des boursiers,
ceux qui ont accès à un riche capital symbolique et
ceux auxquels on mesure parcimonieusement cet
accès: un nombre restreint d'individus respectent de
plus en plus la langue française, d'autres, plus nombreux, la défigurent davantage.

Quand on parle de langue française au Québec,
on parle presque aussitôt de l'autre langue, pour en
mesurer le déclin ou l'avancée, selon Statistique
Canada. On parle beaucoup moins souvent de métis-
sage de l'une par l'autre; quand on en parle, c'est
pour constater que c'est la langue française qui «s'enrichit» des emprunts qu'elle fait à sa concurrente —
j'ai observé, en Gaspésie, le phénomène inverse, avec
une certaine délectation. Pour être plus précis, il faudrait dire qu'il s'agit de langue américaine plutôt
qu'anglaise, car les porteurs de cette langue, commerçants, corporations, industries culturelles, sports, sont
très majoritairement américains.

Il apparaît aussi que, pour toutes sortes de raisons,
les francophones d'ici sont de plus en plus exposés à
l'américain, soit qu'ils n'en acquièrent que des bribes
ou qu'ils se déclarent bilingues aux divers recen-
sements et sondages d'opinion. Comme c'est une

282

langue qui se mondialise, il serait bien étonnant qu'elle ne se répande pas de plus en plus au Québec à travers de multiples canaux. S'il semble avéré que les Canadiens d'aujourd'hui, plus que ceux d'hier, font cas de la langue française d'ici, il est loin d'être sûr que les Américains, aux dépens desquels nos hommes d'affaires et nos politiciens ont maintenant la prétention de s'enrichir, aient le même souci et la même obligation; ils n'y sont d'ailleurs pas tenus par quelque entente de quelque lac Meech que ce soit et ils n'ont la réputation ni de se gêner nulle part ni de mettre quelque gant pour quoi que ce soit. Le libre-échange américo-canadien s'apparente au célèbre pâté composé d'un cheval et d'un lièvre. Il n'est donc pas déraisonnable de prévoir une présence accrue, au Québec, de l'Empire américain et de ses œuvres, et ce sur les plans économique, politique et linguistique, en bref sur toute la culture. Pris d'une espèce de frénésie devant l'ampleur du marché américain, les réalistes n'ont même pas émis l'hypothèse que l'on pouvait gagner peut-être plus d'argent, mais y perdre son âme ou ce qui en reste. L'argent, qui n'a pas d'odeur mais qui a une langue, change si vite de main.

Il faut, me semble-t-il, utiliser la langue française comme un bien que nous partageons avec maints peuples et non comme une arme contre des dominants étrangers et des petits «bosses» qui collaborent avec eux. Un ami me disait que dans sa famille on disait depuis toujours après un bon repas: «Encore un que les Anglais n'auront pas!» Quelquefois, en écoutant quelqu'un proférer un barbarisme bien sonné, j'ai l'impression qu'il se dit: «encore un que les Anglais ne comprendront pas». Mon grand-père maternel disait avec contentement: «c'est de la poison vif». Depuis, on a inventé des atrocités infiniment plus bigarrées; ce savoir post-moderne semble fleurir de préférence chez certains amuseurs publics qui, avec la complicité d'un public bon enfant, massacrent joyeusement la langue française; tout ayant été inventé au royaume du burlesque, un pitre se contente de crier pour annoncer sa marchandise; certaines chaînes de télévision consacrent le plus clair de leur temps à diffuser ce charabia.

On pourrait se contenter d'en rire, mais je crois plutôt qu'il faut s'alarmer d'entendre ainsi travestir la langue française, alors que, pendant le même temps, nous manifestons dans la rue contre les lois que concoctent nos ministres, barbiers ou ayatollahs. Quelle langue française défendons-nous? Celle de Louis XIV ou celle de Mulroney? Va-t-il bientôt falloir sous-titrer en français les films québécois pour qu'ils soient présentés dans les autres pays francophones? J'ai entendu cette suggestion de la bouche même de quelqu'un que l'on présentait comme un spécialiste de la mise en marché de cette denrée. La réciproque, celle de traduire en québécois les films français, sera-t-elle bientôt envisagée? Se poseraient alors d'autres problèmes: ceux, par exemple, de la variante à choisir et de sa graphie. Peut-être admettra-t-on que la délitescence du français ne vient pas seulement de l'extérieur, mais de ses usagers mêmes. Le meilleur remède pour contrer la pollution du français par l'anglais, ne serait-ce

pas de parler mieux et plus fièrement notre langue?
On s'accorde généralement à penser que la loi 101 a
eu des effets bénéfiques, mais n'aurait-elle pas eu aussi
un effet pervers? Rassurés par cette loi et ne croyant
plus leur langue menacée, bien des Québécois ne se
seraient-ils pas fait faute de la massacrer et même
d'exposer triomphalement ses blessures? On le dirait
parfois.

Et la langue des immigrants?

On parle beaucoup ces temps-ci des problèmes que
suscite la dénatalité chez nous. Pour une fois, ce n'est
pas un problème spécifiquement québécois mais commun aux sociétés dites post-industrielles. Les Québécois, étant entrés dans le siècle à une cadence accélérée et qui a détruit bien des caractères culturels que
leur société avait conservés dans sa forme pré-industrielle — le taux de reproduction de la population en
est un —, ont acquis très vite aussi des valeurs et des
attitudes qui sont typiques de cette fin de siècle. Qui
ne voit alors que pour enrayer la dénatalité, un des
effets que provoque le type de société que l'Occident
vit et propage dans le monde, il faudrait s'engager
dans le dépassement des contradictions que produit la
société hyper-capitaliste sans frontières? C'est une
tâche bien au-dessus de nos moyens; ceux qui, comme
moi, s'y sont essayés, ne sont pas sans le savoir. Pour
dire les choses d'une façon brève et presque carica-
turale, on peut dire que nous confondons l'autonomie
individuelle souhaitable et qu'il faut rechercher, avec

l'individualisme hédoniste dans lequel nous sommes tombés avec les autres sociétés occidentales. Tocqueville l'avait prévu, il y a un siècle et demi[4]. Puisque les sociétés contemporaines ne veulent pas — et peut-être ne le peuvent-elles pas? — sortir de cette folie collective qui détruit la nature et les patrimoines ancestraux, il leur faut essayer d'en limiter les dégâts; quand ces sociétés manquent de main-d'œuvre servile et d'enfants, elles entrouvrent leurs frontières pour laisser pénétrer des ouvriers et des géniteurs; elles les invitent à leur festin sans leur dire qu'ils sont eux-mêmes inscrits au menu. C'est ainsi que se sont bâtis les États-Unis, chaque nouvelle vague d'immigrants poussant plus haut dans l'échelle de la richesse la génération précédente. Restent sur le carreau ceux qui n'ont ni assez d'aptitude ni assez de santé pour s'engager dans la course! Je ne sache pas, d'autre part, qu'il y ait de problème quant à l'intégration linguistique des Turcs en Allemagne et des Arabes du Maghreb en France. Il y en a davantage au Québec, lui qui a accepté bon gré mal gré d'accueillir immigrants et réfugiés, au gré de l'humeur des fonctionnaires du Canada et suivant la recrudescence de la pauvreté et de la barbarie dans tel ou tel pays.

Étant donné que l'on admet de plus en plus, en haut lieu, que nous devons accueillir beaucoup d'immigrants, sous peine de *disparaître,* pensent certains, on doit se demander si les Québécois, au cours de leur

---

4.   Voir là-dessus l'essai que je reproduis à l'annexe I, «L'émancipation sociale est-elle devenue impossible?»

histoire, se sont montrés accueillants envers les «étrangers». J'ai bien peur que non, et cela pour de multiples raisons. Le clergé, d'une part, qui avait mission de garder catholiques et françaises ces brebis dont il était devenu à peu près le seul berger après la défaite des Français en 1760, s'est fait un devoir de les tenir isolées des protestants, anglophones de surcroît; au milieu du XIXᵉ siècle, il accueillit des Irlandais, chassés de leur pays par la famine, parce qu'ils étaient catholiques et qu'il était confiant de les assimiler.

D'autre part, les Anglais — bien qu'ayant «pris presque tout le pouvoir! ils ont pris presque tout l'argent», disait «Menaud, maître draveur» — tenaient isolés leurs *French-Canadians* sur les rives du Saint-Laurent et ne permettaient pas à des Français, même royalistes, de les visiter à cause des idées de liberté qu'ils auraient pu leur communiquer; ce n'était pas très passant dans les villages d'alors! Il y avait bien les quêteux, mais ils étaient catholiques et Canayens! Dans mon petit ouvrage *Les Québécois*[5], j'ai écrit que de village à village les habitants se trouvaient bien étranges les uns et les autres. Même à l'intérieur du village, les gens s'observaient et se trouvaient bien curieux. On acceptait son premier voisin parce qu'on lui destinait l'une des filles de la maison, quitte à ce que l'autre envoyât un garçon pour épouser une autre fille de la maison. Déjà, le deuxième voisin du rang devenait un peu suspect d'étrangeté. Un de mes collègues

---

5.   Paris, Le Seuil, 1974.

de l'Université Laval disait que les Québécois souffrent du complexe du deuxième voisin. Tout a tellement changé que c'est peut-être, aujourd'hui, le troisième voisin qui semble étrange.

À voir se démener nos politiciens du jour pour amener ici des capitaux étrangers, on se dit qu'en effet tout semble avoir changé; c'est à coups de millions de dollars, d'exonérations fiscales, de gros *candies* comme dirait l'ancien premier ministre Trudeau, qu'ils essaient et viennent à bout quelquefois de faire consentir ces gros financiers à venir exploiter nos ressources naturelles et à combattre notre chômage pérenne; à la condition de faire toutes ces bonnes actions en français, dans un temps étirable, la manne leur est versée incontinent. Des mauvaises langues disent que certains qui veulent «rationaliser» leurs opérations de Bourse ou autres, s'en retournent un peu trop vite après avoir touché les offrandes. Qu'à cela ne tienne! On passe le tout à profits et pertes et on recommence!

Voilà pour les immigrants bien nantis, mais qu'en est-il du tout-venant? Lui aussi doit maintenant être bien accueilli, apprendre le français et s'intégrer à la communauté majoritaire. Même dans les pays indépendants, l'intégration des immigrants ne va pas sans difficultés, particulièrement dans les périodes de crise économique ou politique. Sans compter les accès de xénophobie qui peuvent survenir à tout bout de champ. Au Québec, d'autres problèmes surgissent. Il est évident que pour la plupart des immigrants et des réfugiés, les États-Unis et le Canada sont des noms, des images, des pays mieux connus que ceux du Québec. Et de ces deux terres d'espoir, les États-Unis, l'Amérique, apparaît comme le pays le plus convoité. N'a-t-on pas démontré que le Canada, pour bien des immigrants au Nouveau-Monde, n'a été qu'un tremplin pour atteindre les États-Unis? Au Canada même, la région la plus prospère, celle où le chômage est le moins élevé, ce n'est pas le Québec, mais l'Ontario. C'est aussi celle où l'on parle la langue de la quasi-totalité des Américains du Nord: l'anglais. Et de surcroît, la seule terre où l'on parle une autre langue, le français, est en butte aux contraintes que lui impose le gouvernement du Canada, pays de majorité anglophone; même celui du Québec est accusé aujourd'hui de ne pas assez protéger la langue française, menacée de toutes parts, sur son territoire même.

Il saute aux yeux, dès l'abord, que de faire parler le français à des groupes aussi disparates que sont les nouveaux venus ici et, de plus, de les faire s'intégrer à un groupe extrêmement minoritaire en Amérique du Nord et qui compte une puissante minorité anglophone sur son territoire même, n'est pas la tâche la moins épineuse qui soit.

Pour apprendre le français, les nouveaux arrivants seront exposés à plusieurs *niveaux* de langue. Niveau que le *petit Robert* définit ainsi: «Caractère stylistique d'une langue (littéraire, familier, vulgaire), d'après le niveau social, culturel de ceux qui la parlent.» Comme les immigrants sont surtout regroupés à Montréal, c'est aussi dans cette ville que les attendent toutes les embûches que présentent leur apprentissage de la langue française et leur intégration à la majorité. Dans cette lutte inégale entre l'anglais et le français s'ajoute un troisième joueur qui varie selon les multiples ethnies en cause: leur propre langue. De plus, l'apprentissage du français et leur intégration dépendront évidemment de l'âge des immigrants (enfants, adolescents, adultes), de leur niveau d'instruction, de la proximité de leur langue avec la nôtre, du quartier où ils habitent et travaillent, de la composition ethnique de l'école que fréquentent les enfants et les adolescents des immigrants et enfin des moyens mis en œuvre dans chaque école pour la réalisation de ses objectifs. Mis ensemble les rapports de force et d'attraction entre les porteurs et locuteurs du français et de l'anglais sur ce continent et à Montréal, avec les contraintes et les conditions que subit concrètement chaque groupe d'immigrants, ces différents facteurs montrent que cette entreprise a et aura un succès inégal.

Et par surcroît vient s'ajouter une autre difficulté pour ceux-là mêmes chez lesquels l'apprentissage de la langue et de l'intégration auraient le plus de chances de réussir: ceux qui fréquentent notre système scolaire. Je tiens pour acquis que le français écrit et oral qui est enseigné dans nos écoles se rapproche sensiblement du niveau dit littéraire, c'est-à-dire du français accepté dans toutes les écoles du monde francophone; le français dit de niveau familier et celui dit vulgaire sont parlés et ne sont pas enseignés. Il arrive toutefois que si l'écart entre les niveaux littéraire et familier a tendance à croître, on arrive à *deux* langues plus ou moins différentes l'une de l'autre; si l'armature, la syntaxe, de la langue dite littéraire n'est ni assurée, même quand ce niveau de langue est parlé, ni respectée, dans la langue dite de niveau familier, on arrive à la plus regrettable des confusions; souvent, le locuteur francophone d'ici donne l'impression de parler une langue étrangère, même lorsqu'il fait effort pour parler correctement; et, à plus forte raison, quand il ne fait aucun effort pour se conformer à la langue qu'il apprend à l'école.

Dans l'hypothèse où l'élève immigrant de Mont-réal se trouve dans une école où les francophones pratiquent cette langue orale — et il y a bien des chances qu'il la vive très souvent — ses rapports avec la langue française seront assez embrouillés; de plus, il est vraisemblable que se retrouvent dans son école d'autres immigrants dont il parle ou entend la langue et même quelques anglophones de naisssance ou d'adoption qui viennent s'immerger dans ce bain de langues et de cultures; on comprendra alors qu'il n'y aura là rien de facile, tant pour les élèves que pour les enseignants. On n'a rien dit des langues qui se parlent dans les rues et dans les maisons.

Hier, le 14 mars, l'opposition péquiste était d'accord avec le ministre de l'Éducation, M. Ryan, qui déclarait avoir trouvé la langue française de l'école dans un piteux état lors de l'arrivée au pouvoir des libéraux en 1985. Cela ne peut que compliquer immensément la tâche de ceux qui ont pour mission de franciser les immigrants et de les intégrer à la majorité.

Que reste-t-il de «l'âme distincte» des Québécois?

Il s'agit dans la deuxième partie de cet essai de se demander comment le siècle, un siècle assez bref, puisqu'il s'agit à peine des trente dernières années, et le monde — c'est-à-dire le siècle dont les valeurs changent, par opposition à celles de la religion qui ne changent pas — sont entrés dans le peuple et l'ont influencé. Trois observateurs, crédibles et bienveillants, à partir d'André Siegfried jusqu'à Pierre George, en passant par Pierre Desfontaines, se sont tour à tour posé des questions sur la possibilité de survie de la culture québécoise. Le dernier en date, 1979, fait remarquer que la culture traditionnelle d'ici qui comptait comme traits distinctifs la ruralité, la théocratie, une haute fécondité et sa langue, n'a plus maintenant que la langue; j'ai souligné qu'une culture se définissait autrement, c'est-à-dire par «des structures mentales et affectives» des porteurs de cette culture, il s'agit ici, bien sûr, d'un point de vue analytique. Le vécu des groupes transcende les points de vue des spécialistes. Toutefois comme la langue est le plus important des traits culturels qui différencient une culture d'une autre, je me suis interrogé sur son état au Québec. Comme, d'autre part, la langue d'un peuple est aussi l'un des éléments les plus importants du phénomène social qu'on appelle «nation» et que les Québécois francophones se proclament une nation depuis près de deux siècles, il est évident qu'il faut attacher beaucoup d'importance à la langue. Qu'est-ce qu'une nation? Au lieu de se demander ce que sont les caractères objectifs de ce très grand groupe social, on peut répondre autrement, en se fondant sur le *Dictionary of the Social Sciences* publié par l'Unesco, il y a une vingtaine d'années: «La nation est une communauté de gens qui sentent qu'ils font partie du même groupe dans le sens double qu'ils partagent ensemble des éléments très profondément significatifs d'un héritage commun et qu'ils auront une destinée commune dans l'avenir... il se pourrait qu'après toutes les subtiles analyses, ce soit là aussi l'ultime spécification de ce phénomène.» (ma traduction) Il semble bien, en effet, qu'au niveau politique, ce doive être l'expression du vouloir-vivre commun que manifeste un groupe, vaste et perdurant, qui compte le plus dans la défense d'une nation et même d'une culture.

Tout ce que l'observateur engagé que je suis peut se permettre de faire, c'est de rapporter des analyses qui montrent qu'une langue, qu'une culture et même qu'une nation sont menacées de péricliter dans certaines circonstances, et même de finir par disparaître; il s'agit toujours de cas où ceux qui s'identifient avec l'un ou l'autre de ces phénomènes sociaux sont eux-mêmes dominés, minoritaires et sans cesse exposés à de fortes influences extérieures; c'est le processus que les anthropologues nomment acculturation et dont le *Petit Larousse* donne la définition suivante: «adaptation, forcée ou non, à une nouvelle culture matérielle, à de nouvelles croyances, à de nouveaux comportements». Il s'agit donc des emprunts que les dominés, économiques et culturels, font, consciemment ou non, aux dominants. En Amérique du Nord, ce sont les États-Unis qui dominent largement le Québec et tout le Canada. En dernière analyse, il s'agit de savoir si une culture est assez forte pour intégrer et réinterpréter les emprunts qu'elle fait, de gré ou de force; sans quoi elle menace de devenir ces emprunts mêmes. Il faut donc s'interroger sur le seuil ou la marge de tolérance de chaque culture et de chaque langue envers les emprunts qu'elles font. D'aucuns se scandalisent que l'on puisse même se poser ces questions. N'empêche que Jacques Attali, le conseiller du président de la République française, écrit: «Quand commencera le XXIᵉ siècle, la France sera devenue une filiale des États-Unis d'Amérique ou la matrice d'une nouvelle forme de progrès.» Et de Gaulle, qui n'avait pas la réputation d'avoir froid aux yeux, dit à Malraux: «Si les États-Unis deviennent consciemment maîtres du monde, vous verrez jusqu'où ira leur impérialisme.» (Ces deux citations sont tirées de *La France colonisée* de Jacques Thibau.) Parce qu'aujourd'hui les conquêtes des Empires ne se font pas toujours les armes à la main, elles sont plus insidieuses et, partant, plus menaçantes; elles attaquent plus directement «l'âme» dont parlait André Siegfried. Quand un peuple dominé emprunte les idéaux et les idées qu'il se fait de la bonne vie et de la bonne société au peuple qui le domine de partout, on peut dire que la soumission est totale. Si les mots, les images, les sons, la mémoire qui font l'imaginaire d'un peuple sont constamment envahis par ceux d'un géant qui le domine, qui ne voit que ce philistin l'emportera à plus au moins long terme?

Il me semble que c'est à propos de la langue que l'on peut le mieux se rendre compte de la marge de tolérance d'une culture par rapport à une autre. Tout dépendra ultimement du rapport de forces qui existe entre les locuteurs mêmes de l'une et l'autre de ces langues. Si l'on prend l'exemple des Français et des Anglais d'Europe, pays à peu près d'égale force, à travers l'histoire, on verra que les uns et les autres ont toujours réussi à intégrer à leur propre langue les mots empruntés aux autres ou imposés par les autres. Même les milliers de mots français que Guillaume le Conquérant imposa aux classes dirigeantes de l'Angleterre, au XIe siècle, furent intégrés, avec le temps, au saxon, la langue du peuple. Même phénomène pour les Français qui assimilèrent les vocables anglais que les vagues d'anglomanie firent pleuvoir sur les classes instruites; le peuple les assimila vite.

Quand y a-t-il danger que la langue des emprunteurs soit submergée par celle des autres? Quand les rapports de forces entre les deux sont tellement inégaux que les mécanismes de réinterprétation et de défense des dominés deviennent impuissants, ayant eux-mêmes été attaqués. Qu'est-ce à dire? Quand l'armature même d'une langue, sa syntaxe, sa structure, a été envahie par celle de la langue dominante. Et c'est dans ce type de phénomène que l'on constate la liaison profonde entre la langue et la culture. L'exemple de ce qui s'est passé dans une «réserve» iroquoise, située au Canada et que j'ai étudiée, illustrera cette liaison. À la proclamation de l'indépendance des États-Unis, en 1776, l'Angleterre céda aux Iroquois américains qui lui étaient restés fidèles, des territoires au Canada; les six «nations» dont se compose le peuple iroquois étaient représentées et se trouvaient dans le même état d'acculturation. Quand je les étudiai, presque deux siècles plus tard, l'état de la langue différait de nation à nation; à un extrême, les membres d'une nation ne parlaient plus l'iroquois et à l'autre extrême, seulement une partie des membres d'une nation étaient bilingues, l'autre partie parlant exclusivement l'iroquois. Et pourtant ces nations avaient vécu ensemble sur la même réserve depuis la fin du XVIIIe siècle et y pratiquaient le même genre de vie. Les différences entre ces groupes étaient telles que le grand chef des unilingues iroquois, à mon départ, me confia un message qu'il voulait faire parvenir au gouverneur général du Canada — c'était le seul auquel son statut historique lui permît de parler; il priait le gouverneur de séparer les chrétiens anglicisés des païens unilingues pour permettre à ces derniers de continuer à parler leur langue et à pratiquer leur culture traditionnelle; le grand chef évoquait avec assez de mépris ceux qui avaient même oublié comment leurs ancêtres communs se gouvernaient et les traditions qui étaient le fondement de leurs droits historiques.

Il attribuait cette divergence entre les groupes à un événement qui se produisit à la fin du XIXe siècle. Un Iroquois eut une vision où Dieu lui commandait de ramener son peuple à la pureté de ses origines; il accepta la mission et se mit à prêcher là-dessus à différents groupes, trois jours durant à la fois. Des clans de différentes nations le suivirent et furent désignés «païens» par ceux qui ne le suivirent pas et se réclamaient du christianisme; les premiers gardèrent leur langue et leurs coutumes, les autres les perdirent. Entre cette renaissance religieuse et le message que le grand chef me confia... à peine cinquante ans!

J'ai rapporté ces faits pour essayer de montrer les relations étroites entre la langue d'un peuple et sa culture au sens anthropologique. Si une langue a pour fonction de nommer le monde et qu'elle possède sa façon propre d'ordonner les mots entre eux, elle tient ces fonctions de la culture qui la sous-tend, qui est elle-même plus large et qui lui est antérieure. Ruth Benedict et Margaret Mead, deux anthropologues américaines, n'écrivaient-elles pas, par exemple, que le monde appris par un bébé, dans des langes ou dans une «papoose», ou avec tous ses membres libres, lui apparaît bien différent dans chaque cas. J'ai participé à un film avec Margaret Mead pour montrer comme «les disciplines de la petite enfance» contribuent à la formation d'un caractère national distinct chez cinq peuples différents: japonais, indien, français, canadien et québécois. Chez les Iroquois dont j'ai rapporté plus haut le cas, il semble bien que ces disciplines de la petite enfance ont un caractère presque indélébile; leurs orphelins, recueillis très jeunes par une institution, blanche et protestante, et quel que soit le temps qu'ils y passent, garderont indéfiniment des caractères qui les différencient des Blancs.

La culture étant acquise plus tôt que la langue, et même que le langage, joue donc un rôle prépon-

297

dérant dans la différenciation des peuples. C'est une matrice d'interprétation du monde. Il semble bien que dans le cas de la scission qui s'est produite à la fin du XIXᵉ siècle chez les Iroquois, c'est le retour à la religion traditionnelle qui a expliqué, chez des adultes, la conservation de leur héritage culturel. Le clergé d'ici aurait-il donc eu raison d'enseigner que la foi est gardienne de la langue? Et raison aussi d'évangéliser à tour de bras nos Amérindiens et nos Inuit, pour les assimiler plus vite?

Nous semblons bien loin de la loi 178 et des diverses manifestations qu'elle a provoquées au Québec. Et de la théorie qui veut que peu importe les critères objectifs dans des questions qui se rapportent à «la question nationale», c'est le vouloir-vivre commun, le critère subjectif qui l'emporte. Il pourrait cependant arriver que ce vouloir-vivre commun finisse par être partagé par de moins en moins d'individus, parce qu'un décalage de plus en plus grand sera apparu entre ce qui est perçu comme la réalité par la majorité et ce qui est considéré comme souhaitable et désirable par la minorité. Il est arrivé très souvent au cours de l'histoire, et encore aujourd'hui dans certaines parties du monde, qu'une minorité agissante et «volontariste» arrive à ses fins par la force; ce qui est exclu en démocratie et particulièrement au Québec où n'existe aucune tradition de violence mais plutôt celle de la résignation héritée de nos deux cents ans de théocratie. On peut se demander si, au Québec, la situation globale a évolué de façon telle que les autonomistes seraient devenus plus nombreux, c'est-à-dire ceux qui envisagent une solution plus radicale pour résoudre les problèmes que pose notre «question nationale», et moins nombreux, donc, les fédéralistes de tout poil. Je ne le crois pas.

En 1988, dans le petit livre *Une saison à la Renardière* j'ai émis une hypothèse pour expliquer la raison déterminante, mais loin d'être la seule, pour laquelle le gouvernement du Québec a perdu le Référendum en 1980. Habitués que nous sommes aux pourcentages des sondeurs d'opinion et à toutes les statistiques que l'on étale généreusement, nous sommes peu enclins à attacher quelque importance à ce qui se mesure beaucoup moins bien qu'un litre d'essence. Je résume brièvement quand même cette hypothèse et m'interroge sur les événements qui se sont déroulés ici depuis dix ans.

J'ai établi une analogie entre ce qui s'est passé au Québec en 1980 et ce qui a eu lieu au pays de la statistique, les États-Unis, il y a plus de cent ans; dans les deux cas, il s'agit de sécession avortée; celle du Sud des États-Unis et celle du Québec. Depuis 1865, on a écrit des centaines d'ouvrages qui analysent cette confrontation violente entre le Sud et le Nord des États-Unis. L'un des derniers se demande pourquoi le Sud a perdu la guerre, comme on peut se demander, ici — bien qu'on ne le fasse pas souvent — pourquoi le PQ a perdu le Référendum. La réponse des quatre historiens américains qui ont écrit le livre en question veut que c'est surtout à cause de «la faiblesse du nationalisme» du Sud. Le grand historien de Yale, C. Vann Woodward, endosse lui aussi cette opinion. Je crois que c'est pour la même raison que le PQ a perdu le Référendum. Voici quelques lignes tirées de ce que j'écrivais alors: «Le Référendum mettait surtout aux prises les anglophones du Canada et les francophones du Québec, comme la guerre de Sécession opposait d'abord les Américains blancs du Nord à ceux du Sud... D'autre part, du fait que les Sudistes voulaient faire sécession de l'Union — que représentaient les États-Unis jusqu'au moment de la guerre — pour maintenir l'esclavagisme, il est évident que les esclaves du Sud ne prirent pas parti pour les Confédérés. Cette remarque s'applique *mutatis mutandis* à nos vingt pour cent d'anglophones et d'allophones [le pourcentage des Noirs du Sud était à peu près le même] qui ne pouvaient désirer se séparer du «Dominion of Canada» dans lequel ils reconnaissaient leur patrie; ils y étaient Canadiens avant d'être Québécois; la Sécession du Québec ne les attirait aucunement. Ils ne pouvaient s'identifier aux francophones du Québec qu'ils consi-déraient comme une minorité pauvre et catholique au sein du Dominion ... Cependant, la comparaison [entre les sudistes blancs et les Québécois] la plus juste que l'on puisse faire se rapporte à l'ambiguïté du nationalisme américain auquel adhéraient Confédérés et Unionistes, d'après l'ouvrage dont il est ici ques-tion. *Une histoire commune, des symboles et des idées parta-gées rendaient difficile pour certains [un très grand nombre] Sudistes une prise de position ferme et inflexible...*» sur l'idée de la Sécession. Je crois que c'est le même phéno-mène qui a joué au Québec en 1980, plus de cent ans après l'affrontement du Nord et du Sud en 1865. Ici, comme aux États-Unis, tout avait été mis en œuvre pour forger, à l'aide de symboles de toute nature, une identité *canadienne* et un sentiment d'appartenance au *Canada*.

Le danger passé, le gouvernement du Canada et tous les organismes qui en dépendent ont accentué l'utilisation de symboles, d'idées et de valeurs qui devraient être communs à tous les habitants du territoire canadien. Dans bien des cas, le mot même de Canada a remplacé celui de Québec, qui est redevenu une «province à part entière». Les carriéristes québécois qui avaient participé au gouvernement péquiste, ou qui l'avaient appuyé, participent aujourd'hui, à titres divers, au gouvernement du Canada et vendent allègrement cette denrée. De sorte que le sentiment d'appartenir à une nation distincte et de partager un sort commun a tendance à diminuer au Québec. De plus, l'espoir de s'enrichir à même les Américains par le libre-échange a fait dériver l'américanité des Québécois vers leur américanisation pure et simple.

«Les plus désespérés sont les chants les plus beaux...»
(Musset)

En est-il ainsi pour les peuples? Pour ceux qui sentent que leur âme s'en va à vau-l'eau et qui s'accrochent désespérément à ce qui reste de leur identité? Je le crois. Parmi les Iroquois dont j'ai parlé plus haut, ceux qui avaient tout perdu, religion, langue, traditions, terre ancestrale, étaient les plus agressifs et ceux qui réclamaient le plus brutalement que l'on reconnût leur identité dont il ne restait guère plus que le nom et la discrimination dont ils étaient victimes de la part des blancs. Si ce ne sont pas là les chants les plus beaux, ce sont sûrement les plus désespérés.

Après la publication en 1965 du livre prophétique de George Grant, *Lament for a Nation,* beaucoup de Canadiens se rendirent compte de leur américanisation et se réfugièrent dans la conservation de leur territoire physique, l'un des derniers morceaux qu'ils n'avaient pas cédé à l'Empire; on appela *mappism* cette dernière limite de leur identité. Hugh Mclennan déclara, peu de jours après la défaite du PQ au Référendum, que le Canada allait enfin pouvoir s'occuper de sauver la biosphère canadienne, comme si, tout étant perdu sur terre, il lui fallait assurer sa survie céleste. D'autre part, il faut croire que le chant désespéré que fut le livre de Grant eut des échos chez ceux de l'intelligentsia de l'Ontario qui s'opposèrent véhémentement à la continentalisation du Canada réalisée par Mulroney et Reagan, en 1988. N'y aurait-il qu'au Québec où le vers de Musset se révèle conforme à la réalité? La grande manifestation du 12 mars 1988, où l'on vit plus de 60 000 personnes descendre dans la rue pour réclamer le retour à la loi 101, garante de l'unilinguisme français, marque-t-elle l'un des derniers barouds d'honneur contre de formidables ennemis: des affichettes en anglais à l'intérieur des magasins. Tout le monde se félicite aujourd'hui que tout se soit déroulé dans l'ordre, la sérénité et presque la joie. Ainsi, au moins aurons-nous conservé, jusqu'au bout de la disparition, l'un des caractères que nous prêtait lord Durham: celui d'être de bons bougres qui aiment rire et danser.

Que nous soyons de bons bougres, je le concède volontiers! Comment expliquer autrement que nous nous laissions berner si souvent par des Trudeau, Bourassa et Mulroney? Pourquoi à la moindre étincelle de vie, reprenons-nous espoir et résistons-nous au pessimisme et au cynisme qui provoquent tant de sottise et d'aveuglement? Quant à moi, c'est à cause d'une certaine fidélité envers tous ceux et celles qui ont bâti ce pays et qui y ont duré et, à coup sûr, pour essayer de contrer tous ceux qui sont en train de le vendre au plus offrant, fût-ce au pays le plus endetté du monde, que je continue, malgré tout, de vouloir espérer.

Même si et *parce que* Pierre George avait raison qui constatait, en 1979, que la langue française semblait être le dernier trait culturel qui distingue les Québécois des autres Nord-Américains, il faudrait s'y accrocher de toutes nos forces. À l'heure de tous les périls, il me semblerait stérile et vain de chercher, au-delà de la langue française, ce qui reste de l'âme québécoise, simplement pour contredire Pierre George. L'existence de la langue française au Québec ainsi que l'attachement à cette langue, réalité et symbole ultime de la résistance d'un peuple contre l'assimilation, devraient devenir le tremplin d'une *renaissance* de notre pays. *La langue française instrument et symbole du réveil québécois?*

Si m'émeuvent les grognards de la vieille garde de Napoléon que fait défiler Hugo, avec leurs drapeaux troués par les balles ennemies, me touchent moins ceux qui manifestent ici pour la défense de la langue française qu'un trop grand nombre d'entre nous massacrons gaiement tous les jours de notre vie. Si c'était là le dernier morceau de notre héritage, il faudrait enfin reconnaître que c'est un joyau que nous devons cesser de dilapider et qui devrait être le point de départ d'un ressaisissement national. Autrement, au train où vont les choses, la langue ne sera plus qu'une toge prétexte qui dissimulera mal les Américains à part entière que nous serons devenus.

J'ai du mal à croire que des hommes politiques, rompus à toutes les techniques de vente, qui «vendent» eux-mêmes le Québec à l'étranger, qui se sont même engagés sur les bords d'un lac à «faire la promotion» (expression qui sent l'anglais à plein nez) de la langue française, se contentent de jouer avec des affichettes qu'ils sortent, un jour, des magasins pour les rentrer le lendemain. Si c'est là faire progresser la langue française au Québec, comme ils s'y sont engagés — juré-craché! — ils n'ont plus qu'à rentrer eux-mêmes chez eux pour n'en plus ressortir. Cette farce macabre a assez duré!

Il faudrait d'entrée de jeu nous rendre compte qu'avant d'avoir des droits sur la langue française, nous avons d'abord et surtout des obligations envers elle: celles de la conserver et de la respecter; après, nous pourrons jouer aux affichettes et aux fléchettes (amendes à payer). Il fut un temps où certains se targuaient de parler en français classique: celui de Louis XIV, de préférence. Des hommes de bien, diplomates de surcroît, «conférençaient» là-dessus, dans les provinces françaises et répandaient la bonne nouvelle. Il faut aussi cesser cette mascarade et nous avouer à nous-mêmes et aux autres que Louis XVI même est mort; ici, c'est d'une indigestion de «hot dogs steamés». Cette confession blessera notre fierté nationale, mais nous fera peut-être rechercher un traitement possible.

La possibilité de toute cure, pour celui qui souffre d'une maladie chronique, n'apparaît que le jour où il reconnaît lui-même qu'il est malade; c'est surtout vrai pour ceux qui en sont venus à dépendre d'une action, d'un geste, d'une substance pour calmer leur angoisse; même s'ils ont honte de cette dépendance, ils en viennent à y recourir davantage pour étouffer leur culpabilité même. Il me semble qu'il y a quelque chose de ce genre qui se passe quand il est question de joual chez nous. Les étrangers ont appris depuis longtemps à ne risquer aucune remarque désobligeante là-dessus. Chacun peut raconter une anecdote qui montre que souvent les remarques désobligeantes sur notre langue sont empreintes d'ignorance et de préjugés. Voici la mienne: pendant la guerre, je lisais un livre d'André Gide dans une édition pirate publiée à Montréal; une anglophone du Nouveau-Brunswick lut le titre, le nom de l'auteur et celui de la maison d'édition sur la couverture; elle l'ouvrit et lut quelque lignes. «Je ne puis lire que le *Parisian French.*» Je suppose que de semblables sottises ont développé chez nous, avec les décennies, un rejet de toute critique et un réflexe de défense. Qui sont bien compréhensibles.

Nous aurions bien tort, quand même, de laisser les sots dicter notre jugement.

À ceux qui disent que le français s'est amélioré au Québec, je n'en disconviendrai pas, mais je nuancerai cette constatation. Je dirai, d'emblée, que la langue écrite s'est améliorée, mais j'ajouterai: qui écrit encore dans nos sociétés où les images et les communications orales (télé, radio et audiovisuelles de toute nature) gagnent chaque jour de plus en plus de terrain? S'il semble acquis que nous vivons dans des sociétés à plusieurs vitesses, du point de vue économique, il semble que la même chose se passe du point de vue de la langue. Chaque enquête récente aux États-Unis constate le progrès de l'analphabétisme, même chez les étudiants de *high schools*. Nous y venons nous-mêmes! Cela dit, et compte tenu du fait que la langue française semble l'un des traits culturels qui distinguent la majorité des Québécois des autres Nord-Américains, sinon le seul, il me semble que le gouvernement du Québec devrait y attacher une extrême importance. Et non seulement pour empêcher par des lois la langue anglaise de s'afficher dans les commerces. Il devrait, me semble-t-il, rendre chacun des Québécois responsable et respectueux de cette langue. Ces sentiments et ces attitudes ne peuvent pas être imposés par des lois; ils peuvent l'être par des mesures positives qui les favorisent.

Pourquoi les organismes publics, qui ont pour mission de protéger et de faire progresser la langue française au Québec, ne s'ingénieraient-ils pas à favoriser et à récompenser celles des institutions publiques, comme l'école et les médias, qui feraient des efforts en vue de l'éradication de l'ivraie et de l'implantation d'un français écrit, et surtout parlé, qui se rapproche de plus en plus du français international. Au lieu que ce soit le charabia qui soit de plus en plus à l'honneur dans les programmes de divertissement, comme c'est maintenant le cas, ce serait ceux qui respectent davantage la langue française. À l'école ne devrait-on pas essayer par tous les moyens de combler l'écart grandissant entre la langue écrite et la langue parlée? De sorte qu'à plus ou moins long terme, le français écrit apparaisse à de moins en moins d'élèves comme une langue étrangère, une langue du dimanche, jour qui devient de plus en plus bien ordinaire. C'est ainsi qu'au lieu d'assassiner joyeusement la langue française, chacun, de proche en proche, se ferait une fierté de la bien parler.

Aujourd'hui que l'on parle abondamment de la dénatalité et de la disparition des francophones et de celle de leur langue, peut-être est-il opportun de rappeler ce qu'écrivait, naguère, Jean Bouthillette, dans son livre *Le Canadien français et son double*: «*La Conquête avait engendré en nous le terrible dialogue de la liberté et de la mort. C'est dans le dialogue de la liberté et de la vie que se fera notre Reconquête. Mais à l'heure de tous les possibles et des échéances déchirantes, ce que doit d'abord vaincre notre peuple, c'est sa grande fatigue, cette sournoise tentation de la mort.*»

Peut-on enrayer l'amnésie et l'inculture?

À l'heure où la seule bonne nouvelle possible pour
ceux qui gèrent la grande succursale commerciale
qu'est devenu le gouvernement du Québec est celle
de l'annonce de la vente de quelque partie du pays à
des firmes transnationales, on fait figure d'empêcheur
de danser en rond en rappelant les phrases de Bouthillette que je viens de citer. Il semble bien qu'en
cette fin de XXᵉ siècle, le souci de tous les hommes et
de toutes les femmes de nos sociétés devrait être celui
d'aider leur pays à «se positionner», comme on le dit
si vilainement, pour le grand combat planétaire qui
s'engage entre les empires pour la domination économique et militaire du monde. Les yeux braqués sur
ces montagnes de marchandises et d'armes, chaque
nouveau riche n'a que dérision et sarcasme pour ceux
qui le mettent en garde contre le saccage des patrimoines naturels et humains qu'entraîne cette avidité
planétaire. Devant cette folie collective, peut-être ne
reste-t-il plus à une petite colonie américaine que
d'essayer de limiter les dégâts, que de tenter d'enrayer
l'amnésie et l'inculture?

Et pourtant, en 1976, un soir de la mi-novembre,
plusieurs d'entre nous avons cru que les Québécois
reprendraient en main leur sort et bâtiraient un pays
en continuité avec ce que nous croyions être, celui
que nos poètes et artistes avaient entrevu. Peut-être
était-il déjà trop tard et quinze ans de course pour
rattraper les États-Unis avaient-ils vaincu tous nos
mécanismes immunitaires? L'américanité que nous

partageons avec l'Empire entraîne-t-elle fatalement, à terme, l'américanisation pure et simple?

Peut-être ne nous sommes-nous pas assez rendu compte du changement qu'impliquait le passage de l'éthique de conviction à celle de responsabilité pour le gouvernement qui avait été élu? Convaincre ses compatriotes de leur droit à l'indépendance et gouverner son pays, fût-ce une colonie, sont choses bien différentes. Peut-être avons-nous été trop nombreux, la victoire acquise aux urnes, à retourner à nos occupations et à laisser *notre* gouvernement mener à bien le projet de bâtir un pays?

Peut-être ne fûmes-nous pas assez nombreux à nous rendre compte que la tâche à laquelle s'était attelé le Parti québécois était irréalisable? Mener la colonie vers l'indépendance, instaurer une société à visage humain, sociale-démocratique, tout en gérant au mieux la dépendance, en évitant les coups fourrés et les croche-pieds, abondamment distribués à l'intérieur comme à l'extérieur, voilà des tâches qu'un gouvernement, quel qu'il fût, ne pouvait toutes mener à bien. Étant donné les caractères bien particuliers du Québec et dont j'ai abondamment parlé plus haut, peut-être ne faut-il pas s'étonner que les francophones d'ici se retrouvent à égalité, au soir du 20 juin 1980. Sans compter que le matin, avant l'ouverture du scrutin, 20% allaient, à coup sûr, voter non.

Quoi qu'il en soit, et sachant ce qui se passe au Québec, depuis bientôt dix ans après le Référendum, on peut faire l'hypothèse qu'une majorité de Québécois, en disant non à la possibilité de négocier un

autre statut avec le Canada, acquiesçaient, inconsciemment surtout, au rattachement de leur pays à
l'Empire américain. Rattraper les États-Unis ne veut-il
pas dire, à la longue, s'y fondre pour mieux atteindre
leur standard de vie et vivre de plus près la «dolce
vita» dont toutes leurs industries culturelles exportent
les modèles sur toute la terre? Comment expliquer
autrement que c'est au Québec où la population s'est
montrée la plus enthousiaste, au Canada, envers le
traité de libre-échange qui nous lie de plus en plus à
l'économie des États-Unis et, par ricochet, à son mode
de vie et à sa vision du monde? Tout se passe comme
si après avoir intériorisé les valeurs de l'Empire, après
y avoir vu l'idéal de la bonne vie et de la bonne
société, il ne nous restait plus qu'à signer, au bas d'un
document, notre reddition et notre intégration en
bonne et due forme. Tous nos efforts tendront à
l'émulation des États les plus «performants» de la
Nouvelle-Angleterre où déjà tant des nôtres se sont
fondus dans le plus grand *melting-pot* du monde. Le cas
du Québec est loin d'être unique.

Il arrive que de partout dans le monde on constate le déclin de l'Empire américain, même de l'intérieur des États-Unis, et qu'on ne se gêne pas pour dire
que ce sont la frénésie et le délire de consommation
qui accentueront leur chute; on se rend de plus en
plus compte que c'est à crédit et aux dépens des
autres pays que ces gaspillages et ces dilapidations se
pratiquent. Le plus grand paradoxe, c'est que ce pays
soit encore, et de loin, le plus envié du monde, celui
dont on épie le moindre geste et la plus farfelue des

modes pour mieux les singer. Tout se passe comme si avant de passer la main à ses rivaux, l'Empire américain brillait de tous ses feux et continuait à attirer tous les papillons de la terre. Ses industries du spectacle, du paraître, du clinquant et du toc, pénètrent dans tous les coins et recoins de la terre. On regarde religieusement *Dallas*, même en Estonie. Tout le monde semble honoré et émerveillé de s'associer, peu ou prou, à la décadence de l'Empire. Qui a de beaux restes, même pour ses rivaux!

Pourquoi le Québec ferait-il exception? Alors que tout est à portée de main et que tous les merveilleux gadgets, les recettes d'enrichissement rapide, les violences et les aberrations les plus terrifiantes sont tous francs de douane et de port. Autant en profiter au maximum! Quitte à couper dans les services essentiels et à n'entretenir qu'au compte-gouttes les infrastructures, même celles dont les Romains avaient déjà doté leur Empire.

Le présent est devenu le temps privilégié

Au temps où, en Occident, les hommes s'intéressaient davantage à leurs origines, à leur histoire, à la recherche de la meilleure façon de vivre en société, qu'aux marchandises et à leur mise en marché, le temps privilégié des diverses sociétés et de différentes époques servait à les caractériser et à les distinguer les unes des autres. C'est ainsi, par exemple, qu'encore aujourd'hui les pays islamiques privilégient le passé, leurs prophètes et leurs traditions, tout en espérant la vie éternelle pour ceux qui auront vécu, ici-bas, selon ce qui leur était prescrit par leur religion. Depuis la Révolution française, les Européens où qu'ils soient, dans la vieille Europe ou ailleurs, se sont résolument tournés vers l'avenir en rejetant Dieu et le passé. Les idées de progrès et d'avenir dominèrent vite, à mesure que les idéaux de la Grande Révolution se diffusèrent. Ce qui impliquait la perfectibilité de tout ce qui dépend de l'homme et de la société dans laquelle il vit. Depuis environ deux décennies, depuis les turbulences des années 1960, depuis leur culmination en mai 1968, tout se passe comme si les Occidentaux avaient trouvé la forme idéale de vie et de société; seules des sociétés attardées du Tiers-Monde, d'Afrique et d'Amérique latine par exemple, s'obstinent à leurs dépens à chercher, en dehors des sociétés dominantes, d'autres modèles de vie en société. Ni l'Occident ni l'Asie même, convertie au capitalisme, n'offrent de solution de rechange.

Si, donc en Occident, existe un accord tacite sur le fait que l'hyper-capitalisme d'aujourd'hui représente la seule forme de vie sociale possible et que tout changement radical est devenu chimérique, la seule forme de progrès réalisable — celui même dont tous les médias dissertent — c'est le progrès technique, qui ne peut qu'être bénéfique puisqu'il est engendré par la meilleure société possible. Il y a bien les Cassandre qui crient casse-cou et dénoncent les graves déséquilibres que les hommes font subir à la nature ainsi que la prolifération des armes nucléaires, mais comme le pire n'est jamais sûr, il faut tenter de vivre quand

même. Et s'adapter dare-dare à tous les bouleversements qu'engendrent ces merveilleuses techniques,
fût-ce en portant sans cesse un masque à gaz ou en se
barricadant chez soi jour et nuit.

L'avenir étant incertain, il faut vivre le présent —
ce qui en reste de vivable — le plus intensément et le
plus frénétiquement possible, «comme si chaque
heure devait être la dernière de votre vie», dit la
bonimenteuse, celle qui vend du bonheur à la télé.
Chacun organise son bonheur selon ses moyens, et ses
moyens se traduisent en marchandises disponibles, du
jet au crack. C'est dire que le présent — et quel présent! — est devenu le temps privilégié de nos sociétés,
avec un brin de rétro pour la nostalgie et un doigt
de science-fiction pour tromper l'angoisse du futur.
Depuis quelques décennies, la Californie est devenue
le creuset et le symbole de tous les spectacles, de tous
les simulacres, de toutes les excentricités et de toutes
les avant-gardes. C'est aussi l'endroit où tous les sismo-
graphes prédisent qu'à plus ou moins court terme se
produira un tremblement de terre de très grande
amplitude. Les habitants le savent et décident quand
même de continuer à y vivre. Mais avant de disparaître, il faut aller au bout de tout, tout essayer, tout
penser, tout éprouver en «s'éclatant» sur toutes les
coutures. C'est ce modèle qui se diffuse à la vitesse de
la propagation du son et de la lumière dans un monde
devenu unifié.

Ceux qui pensent que nos sociétés, dites développées, ou post-modernes, comme on dit dans la
langue branchée, ne représentent peut-être pas l'apo-

gée de la bonne vie, et même si cela l'était pour eux, il faut admettre que la vaste majorité de la population de ces sociétés et, à plus forte raison, le reste de l'humanité ne peut ni ne veut peut-être pas vivre le modèle californien. Que peuvent-ils faire? Sûrement pas rêver de l'éternel retour à un âge d'or mythique ou construire, dans leur coin, une autre *utopie* à la Thomas More. Il faut, me semble-t-il, imiter les pêcheurs de l'Île-aux-Coudres et tenter de préserver certaines valeurs *pour la suite du monde.* Quand les bulles multicolores des sociétés de spectacle seront crevées, il faudra bien que la mémoire et la culture reviennent aux hommes et aux femmes. En d'autres termes, il faut essayer de limiter les dégâts et préserver des morceaux de nos patrimoines naturels et humains, et ne pas tout sacrifier à la croissance technique et économique. Il est bien évident que parmi les puissances mondiales qui aspirent à remplacer l'Empire américain comme leader hégémonique, ce sont de très vieilles civilisations, telles la Chine et le Japon, qui ont la chance de mieux faire le lien entre le passé et le présent, parce que déjà elles se sont évertuées à réaliser un syncrétisme entre leur héritage ancestral et les nombreux emprunts qu'elles ont faits à l'Occident. L'Europe se porte candidate à cette hégémonie, mais Paul Kennedy, l'auteur de *The Rise and Fall of the Great Powers,* se demande si elle réussira à s'organiser comme puissance unifiée.

Qu'en est-il du Québec, lambeau de l'Empire français maintenant amarré de toutes parts à l'Empire américain, dont Jean Baudrillard dit que c'est «la seule grande société primitive des temps modernes»; il ajoute — ce qui n'est pas vrai des sociétés primitives — où règnent l'amnésie et l'inculture. Si ce jugement est beaucoup trop sévère et qu'il n'a aucune chance d'être partagé, ne fût-ce que par une infime minorité de Québécois, il est même douteux que quelque mise en garde que ce soit contre l'impérialisme économique et culturel soit entendue. Il faut y aller quand même.

La plupart des Américains qui réfléchissent au déclin de leur Empire prévoient son désengagement graduel dans les parties du monde où il ne peut plus jouer les gendarmes et faire régner la «pax americana». Ce qui veut dire que les États-Unis vont de plus en plus se retirer sur leur continent et s'y arc-bouter, en intégrant le Mexique, comme ils viennent de le faire pour le Canada. Le jour où les Américains admettront qu'ils vivent au-dessus de leurs moyens et qu'il ne leur sera plus loisible de vivre aux dépens des autres pays, ils auront tendance à n'exploiter que leur propre continent, ce qui signifie réduire d'abord leur déficit commercial avec leur satellite canadien, lui-même divisé en satrapies globalement plus endettées qu'eux. Quoi qu'en disent les sieurs Bourassa et Parizeau, on voit mal comment la province de Québec se tirerait beaucoup mieux d'affaires que ses sœurs.

N'y aurait-il plus qu'à tirer l'échelle et à nous abandonner avec confiance aux lois du marché, sûrs que nous serions que sa main invisible nous sera clémente, comme l'a été jusqu'ici la Providence? Après le gâchis qu'est en train de réussir le premier ministre

315

du Québec, ce serait bien là l'invocation la plus conforme à la mode du jour.

Limiter les dégâts pour le Canada et le Québec, c'est essayer d'abord de garder en place des politiques de solidarité, comme celles des programmes dits sociaux qui assurent un minimum de dignité et de sécurité à tous les citoyens. L'un des premiers effets de l'intégration économique du Canada aux États-Unis sera la tendance à niveler par le bas, c'est-à-dire les États-Unis, les programmes de sécurité sociale pour que ce cheval et ce lapin soient compétitifs dans les corridas continentales et planétaires. Comme dans toutes les courses, ce sont d'abord les faibles et les pauvres qui sont éliminés pour permettre aux plus forts et aux plus riches de gagner davantage. Quand l'actuel gouvernement du Canada s'aperçoit qu'il vit au-dessus de ses moyens, comme celui des États-Unis, il pense immédiatement à mettre ceux qui sont le plus dans le besoin à l'eau et au pain sec; il faut que les gros soient compétitifs! Pour résister à la dérive américaine où nous entraîne le traité de libre-échange que les États-Unis et le Canada viennent de signer, il faut garder toutes sortes de liens avec l'Europe et la France en particulier; ces pays n'ont pas encore abdiqué toute leur liberté aux États-Unis et pensent plutôt à bâtir un continent à visage humain.

Ne serait-ce à cause de cette première considération, il faut que le Québec garde des liens avec le Canada et l'Europe. Il faut cesser d'avoir les yeux rivés sur les marchandises et, surtout, les matières premières que l'actuel gouvernement du Québec et les commerçants d'ici espèrent vendre aux États-Unis; il faut, par exemple, entretenir notre réseau électrique d'abord pour servir les habitants du Québec et non pour exporter à tout prix.

La deuxième considération part d'un autre constat économique: le Québec et le Canada se sont développés davantage que les États-Unis à partir d'une économie mixte; ici le secteur public, davantage orienté vers le bien commun de la société globale plutôt qu'exclusivement vers le profit, a servi à corriger quelques-uns des effets pervers de ce que l'on nomme l'entreprise libre; il faut calmer les appétits des amis de MM. Mulroney et Bourassa et revenir à un type de société qui ne soit pas dominée par ceux qui ne peuvent pas résister à se vendre, si c'est à un prix qu'ils considèrent fort, peu importe les effets néfastes pour leur propre pays. Peut-être qu'après tout l'argent qui n'a pas d'odeur n'a-t-il pas de pays non plus? Les hauts fonctionnaires américains qui démissionnent de leur poste pour travailler pour le Japon si on leur offre un meilleur salaire tendraient à montrer que l'argent n'a pas non plus de continent.

Je suppose donc que limiter les dégâts du libre-échange, c'est d'abord conserver un type de société où la solidarité humaine tempère l'avidité et la rapacité des vautours économiques, vautours qui diminuent dans la nature, mais qui prolifèrent dans nos sociétés et, qui plus est, sont devenus nos parangons.

Même si l'on acceptait que fussent limités ainsi les dégâts de l'économisme et de l'argent, les problèmes particuliers au Québec n'en seraient pas réglés pour autant, parce que ces impératifs économiques et sociaux visent autant le Canada que le Québec. Le problème de ce coin d'Amérique du Nord, c'est celui de ses relations avec les États-Unis et celui, peut-être plus épineux, des relations entre les deux composantes de cette région de l'Amérique du Nord: le Canada et le Québec. De difficiles que ces relations tripartites ont toujours été, elles sont devenues, avec la loi du libre-échange et l'«accord» du lac Meech, presque ubuesques. Et tout cela à cause des magouilles et des embrouilles de deux politiciens qui ont joué à donnant, donnant; tu me donnes Meech, je te donne Reagan.

Nos politiciens qui parlent sans cesse de planétarisation de l'économie ne semblent pas prendre en compte que l'économie n'est pas seule en cause, mais que cette planétarisation a des effets sur les deux autres grandes instances de toute société: politique et culturelle. On le voit aujourd'hui en France, par exemple, où en même temps que se posent les problèmes de l'intégration *économique* des différents pays européens, ceux des répercussions d'une telle intégration sur la *politique* et la *culture* de ces entités sont aussi abondamment discutés. Il faut tout de suite remarquer que ce que l'on appelle l'Europe de 1992 comprend plusieurs pays dont quelques-uns sont à peu près de même taille et de même importance, l'Allemagne, la France, l'Angleterre et l'Italie, nullement menacés de perdre leur identité politique et culturelle. Qu'en est-il au Canada et surtout au Québec, qui sont face au géant américain et qui sont déjà fortement américanisés? L'ironie de la situation, c'est qu'on parle un peu au Canada, pendant les élections, des dangers que son intégration économique avec les États-Unis fait courir au peu d'autonomie politique et culturelle qui lui reste, et *pas du tout au Québec.* Tout se passe comme si les Québécois, habitués depuis des siècles à la dépendance, ne se souciaient plus aujourd'hui que de conquérir des marchés aux États-Unis pour leurs matières premières, leurs services et leurs marchandises. Et pourtant ces derniers, de plus en plus retranchés sur leur continent, vont peser de tout leur poids non seulement sur l'économie, mais sur la politique et la culture du Québec et du Canada.

Non seulement les Canadiens, et les Québécois surtout, ignorent-ils l'impérialisme américain et continuent-ils à s'affronter comme s'ils étaient seuls sur ce continent, mais le premier ministre du Québec, en trafiquant la loi 101, divise les Québécois entre eux et, ce faisant, provoque au Canada une réaction brutale contre le Québec. Et vivent les satrapies distinctes! Que l'Oncle Sam va digérer plus facilement!

Si les politiciens canadiens et québécois cessaient de tout envisager en fonction d'élections à gagner, ils se rendraient peut-être compte que si la géographie les oblige à vivre avec le géant américain et à chercher à s'accommoder économiquement avec lui, il leur faut, d'autre part, tenter de conserver ce qui leur reste d'autonomie politique et culturelle, en sachant que s'ils cèdent sur ce qu'on appelle ici les programmes sociaux, l'économie mixte et les paiements dits de péréquation, c'est à plus ou moins court terme leur complète intégration à l'Empire en déclin.

C'est dire que si la solution imaginée par René Lévesque et son parti n'a jamais été aussi impérative, jamais non plus n'apparaît-elle plus difficile à réaliser, à cause de l'électoralisme de M. Bourassa qui divise pour régner. Aussi longtemps que les Canadiens et les Québécois surtout — qui semblent n'en avoir cure — n'auront pas pris conscience que leur intégration économique aux États-Unis va entraîner inéluctablement la perte du peu d'autonomie politique et culturelle qui leur reste, il ne sert à rien de suggérer des moyens politiques pour limiter les dégâts. Tant que les citoyens canadiens et québécois se contenteront de laisser définir leurs problèmes politiques, économiques et culturels par les *partis* politiques et les sondages d'opinion, il y a bien peu de chance que soit pris en compte la globalité de leur situation sur ce continent. Il se trouvera toujours un politicien qui, pour des raisons purement électoralistes, viendra mêler les cartes et tout bousiller. Les présentes magouilles de M. Bourassa sont exemplaires là-dessus. Au moment où les Canadiens s'entendent pour enfin concéder que le Québec n'est pas une province comme les autres et qu'elle doit protéger sa culture, M. Bourassa, pour être lui-même élu quelque part au Québec, remet en cause ce consensus et nous ramène, Québécois et Canadiens, à des décennies en arrière, pendant que le géant américain se pourlèche; aussi longtemps que les Canadiens et les Québécois, les anglophones et les francophones, se battront entre eux, l'Empire aura moins de mal à compléter sa domination.

Pour conclure, et non dans le vain espoir d'être entendu, il me faut dire très concrètement quel pourrait être, selon moi, le réalignement des partis politiques au Canada et au Québec, devant les blocs économiques qui aspirent à l'hégémonie mondiale; s'il n'est nullement en notre pouvoir d'en modifier le cours, il nous reste à évaluer lucidement les chances que nos deux peuples ont de conserver certains acquis historiques (politiques et culturels) par rapport à l'Empire américain.

Au Canada, il ne fait aucun doute que c'est le Parti social-démocrate qui offre le plus de garanties, tant par son programme que par les combats qu'il a livrés et qu'il continue aujourd'hui de livrer quant à la préservation d'une économie mixte et d'une politique de solidarité envers les citoyens, les groupes sociaux et les régions; les deux handicaps qu'il aura à surmonter, surtout par rapport au Québec, c'est d'abord qu'il n'a jamais réussi à s'y implanter et qu'il a tendance, théoriquement et idéologiquement, à être trop centralisateur et, par conséquent, trop bureaucratique. Ce sont là, me semble-t-il, des obstacles qui pourraient être surmontés dans une négociation avec celles des formations politiques qui, au Québec, partagent la plupart de ses valeurs et de ses objectifs.

Au Québec, les deux partis d'opposition, le Parti québécois et le NPD, sont très près l'un de l'autre sur les plans socio-économique et national; il me semble qu'ils pourraient s'entendre sur un programme commun, sinon sur la fusion de leur parti. Les deux formations discuteraient avec le Parti social-démocrate du

Canada, avec lequel ils ont beaucoup en commun, sur un programme électoral et de gouvernement qui reconnaîtrait la souveraineté du Québec au niveau culturel et l'association économique des deux États pour préserver leur marge de manœuvre vis-à-vis des États-Unis et du reste du monde. Le temps ne jouant pas pour nous, je me rends bien compte que même si l'hypothèse que je viens d'émettre venait à faire son chemin chez quelques hommes politiques, il faudrait la ranger vite au rang de ce que les réalistes nomment dédaigneusement des utopies. Surtout chez les francophones d'ici qui continuent à s'imaginer que les anglophones du Québec sont nos pires ennemis et que ceux du Canada sont des orangistes qui ne rêvent qu'à en découdre avec les papistes. Tout se passe comme si c'était là tout ce qui subsiste dans notre amnésie générale.

3

LA SORTIE DU SIÈCLE

Le Québec qui est entré dans le siècle avec la Révolution tranquille, rompant vite ses amarres avec la théocratie, sort de ce siècle bien arrimé au destin du monde. Nos docteurs Pangloss ont commencé à s'enrichir et à s'amuser; ils répètent inlassablement avec celui de Voltaire: «tout est pour le mieux dans le meilleur des mondes possibles», à cette différence près, post-modernité oblige, que nos laudateurs de la joie de vivre ne sont pas des docteurs, mais des commerçants en tous genres. Il leur faut monnayer ce bonheur nouveau et en faire profiter la terre entière. Loin de penser, comme je viens de le suggérer, qu'il faut limiter les dégâts, ils professent que les machines ne vont pas assez vite et qu'il faut davantage appuyer sur le champignon.

Et pourtant! Si nos rêves prométhéens nous laissent quelque répit et que nous jetons un coup d'œil sur ce qui se passe autour de nous, nous découvrons vite que le monde entier essaie aussi de limiter les dégâts que causent la soif de puissance et la cupidité de quelques-uns. La grande majorité de l'humanité tente tout simplement de ne pas mourir de faim et de sauver ses enfants. «...un autre rapport de la FAO montre que 64 pays (dont 29 en Afrique) seront incapables de nourrir leur population dans moins de treize ans!... la grande majorité des 220 000 bébés qui naissent chaque jour se trouve dans le Tiers-Monde...[1]». Et les sources de nourriture diminuent chaque jour! «La grande majorité de l'humanité se nourrit chaque jour... d'une douzaine de plantes seulement, alors que l'on compte plus de 100 000 espèces végétales... une immense richesse, menacée par l'uniformisation des campagnes... des villages entiers plongés dans la disette à la suite d'une sécheresse, d'une mousson trop précoce ou d'un parasite décimant l'espèce productive... Et voilà le paysan désespéré d'avoir jeté ses graines de variétés archaïques qui, très souvent, auraient pu résister au fléau... 96% des petits pois américains sont issus de deux variétés seulement. La même fragilité touche également le blé, les arachides et les pommes de terre.» Tout va très bien, madame la marquise! «Selon le biologiste anglais Norman Mayers, l'homme aurait détruit, depuis 1900, près de 75% des espèces existantes. Celles-ci continuent de disparaître, actuellement, au rythme de plusieurs dizaines par jour. «L'apocalypse tranquille... ne se produira peut-être pas, mais la menace n'en est pas moins réelle.» On avisera quand on y sera, comme aujourd'hui en Alaska. Pour le moment, de grâce, un autre spectacle! Après, nous irons ensemble porter les «20 milliards de tonnes de déchets [qui] finissent

---

1.   Toutes les citations sont tirées d'un numéro spécial de la revue l'*Express*, n° 1970, avril 1989.

chaque année dans la mer. Et 90% stagnent près du littoral, menaçant les oasis des déserts océaniques.» Viennent s'ajouter les 70 000 composés que crée chaque année le génie chimique. «Qui invente chaque année plus de 1000 molécules nouvelles.» Heureusement, on ne semble pas sûr de la létalité que produiront l'augmentation de gaz carbonique dans l'atmosphère et celle du trou dans l'ozone! Ouf! Nous pouvons continuer à jouer à la Bourse! Rien de tel pour oublier tout ce qui pourrait troubler notre digestion! Le grand projet de toute société dite développée, c'est que tous les individus, de préférence regroupés en entreprises petites, moyennes et grandes, se mettent à l'œuvre pour détruire systématiquement et efficacement toute forme d'énergie, de vie et de culture. Cela s'appelle le plein emploi! Je ne serais pas surpris qu'il naisse chaque jour, dans chaque pays, plus d'institutions et d'organismes de bienfaisance pour soigner les éclopés du progrès qu'il ne disparaît d'espèces végétales et animales. Nous sommes tellement occupés à limiter les dégâts — dégâts que nous provoquons chaque jour de plus en plus efficacement — que nous oublions — tous nos instants étant consacrés à l'argent, aux marchandises et au spectacle — que c'est nous qui avons choisi cette «bonne vie» et cette «bonne société» et qu'aucun dieu ne nous les impose.

Le triomphalisme du capitalisme

La sortie du siècle marque le triomphe du capitalisme sur les mouvements qui l'ont contesté pendant près de deux siècles. S'il n'est pas aujourd'hui aussi sauvage que celui que décrivait Engels en 1845 dans *La situation de la classe ouvrière en Angleterre*, il n'en continue pas moins à détruire les patrimoines naturels et culturels sur toute la terre. Même si l'on veut le considérer comme un mode de production historique, c'est-à-dire un type de société parmi d'autres et qui sera éventuellement remplacé, il n'est pas sûr qu'avec l'arme nucléaire il ne se soit pas accordé le moyen de détruire toute vie sur terre et de donner ainsi raison à ceux qui croient qu'il représente l'ultime bonne société, parce que la plus parfaite.

La faillite tragique du communisme russe et est-européen, la récente sanglante répression en Chine et l'opulence des pays riches, ces grands prédateurs, laissent le capitalisme maître du monde et seul modèle à imiter: la social-démocratie, qui n'a d'autre destinée que de parasiter le capitalisme, arrive à peine, dans quelques rares pays, à limiter tant soit peu les dégâts du capitalisme. La liberté d'entreprendre, l'individualisme et l'égoïsme apparaissent comme les éléments dominants de cette vision du monde qui s'est universalisée. Depuis l'apparition de la société industrielle et bourgeoise, à la fin du XVIIIe siècle, c'est la première fois qu'elle n'est plus contestée; la «bonne vie» et, partant, la «bonne société», consiste à jouir de toutes les marchandises, marchandises dont le spectacle est le parangon.

Des grands idéaux de la Révolution française, il ne reste plus que la liberté... d'entreprise; la fraternité ne se trouve aujourd'hui qu'entre les grands prédateurs qui doivent s'entendre entre eux pour mieux dépecer les pauvres, les pays qui sont à la traîne. S'il restait une lueur d'humanité quelque part, c'est chez les éclopés et les exclus de ces grandes machines capitalistes et bureaucratiques qu'on la trouverait; l'Entraide de Kropotkine a trouvé refuge chez ceux et celles qui sont abandonnés au bord de la route et que la misère et la folie attendent patiemment: au Québec, les bouboumacoutes les traquent impitoyablement pour crime de lèse-richesse. Comme disait l'autre, la meilleure façon pour les riches de devenir plus riches et pour l'État de les aider à le faire, c'est de prendre aux pauvres; on prend peu à chacun, mais ils sont si nombreux!

Des trois grands idéaux de la Révolution, c'est l'Égalité qui bat surtout de l'aile. Le monde lui-même est divisé en tranches dont la liste s'allonge vers le bas; nous en sommes au Quart-Monde et certains pays en voie de développement, comme on dit si joliment, louchent vers un cinquième monde qui devra bientôt accepter les déchets des premiers mondes pour survivre en s'empoisonnant... lentement, leur promet-on! Dans l'Empire américain en déclin, le *lumpen proletariat* augmente chaque année; d'aucuns évaluent que cette armée comprend le quart de la population. Dans tous les pays riches, on note plusieurs vitesses de croisière vers cette sous-prolétarisation (*under class* en américain).

Comment expliquer que la Révolution d'octobre en 1917 qui devait réaliser l'égalité de tous les citoyens a abouti à l'égalité dans la terreur, la pauvreté et la bureaucratie? Vers la fin de sa vie, Sartre a cru que «le ver était dans le fruit», c'est-à-dire dans le marxisme dont la Révolution russe se proclamait. Est-ce bien sûr? En France, la Terreur de 1793 et de 1794 était-elle inscrite dans les principes et théories qui ont guidé la Révolution dès 1789? En Russie, comme en France, comment tenir compte des ennemis intérieurs et surtout extérieurs qui ont incité à déchaîner ces folies sanguinaires? Le ver peut être aussi ailleurs: quand Lénine déclare que le communisme, c'est la grande industrie allemande plus les soviets, n'introduit-il pas la réalisation la plus typique du capitalisme, qui finalement conduira l'URSS au capitalisme d'État? Des techniques qui sont mises au point pour parcelliser le travail pour mieux le régenter produisent des sociétés où règne l'aliénation, c'est-à-dire l'émiettement et la séparation généralisés. Comme l'écrit Jacques Ellul que cite Serge Latouche, la raison technicienne et économiste qui domine l'Occident pousse au totalitarisme: «...à la vérité il y a une voie, mais une seule: la dictature mondiale la plus totalitaire qui puisse exister. C'est exactement le seul moyen pour permettre à la technique son plein essor[2]...» Les blocs de pays qui s'organisent aujourd'hui se préparent à détruire nature et cultures au nom de l'efficacité technique et économique: c'est le totalitarisme annoncé par Jacques Ellul. Quel pays, quelle culture saura résister au diktat économique? «Ceux qui ont survécu, écrit Latouche, sont dans une certaine mesure prêts à

---

2.   Serge Latouche, *L'occidentalisation du Monde*, Paris, La Découverte, 1989, p. 135.

affronter le défi. Ils n'acceptent pas sans réagir de se laisser laminer par les évolutions dites irréversibles parce que liées à des mécanismes techno-économiques[3].» Il n'est pas exclu qu'en Occident les pays de l'Est de l'Europe qui ont survécu au totalitarisme militaro-politique ne se laissent pas enrégimenter dans un autre totalitarisme, techno-économique cette fois. Mais les marchandises et les spectacles sont si attirants!

La fin de la modernité ou l'hyper-capitalisme?

Il est de bon ton, aujourd'hui, de soutenir que nous sommes entrés dans une autre ère, celle de la post-modernité; c'est ce qu'affirme, entre autres philosophes, Gianni Vattimo[4]. On lit en quatrième page de couverture de son ouvrage ces lignes: «... il n'y a pas de "dépassement" de l'âge de la technique et... un ancrage ontologique nous demeure aujourd'hui interdit. Autrement dit, notre temps est celui du *nihilisme...* La pensée post-moderne est alors celle qui ne se reconnaît plus d'autres ressources que la mobilité de l'interprétation.»

Ces lignes résument sobrement la position des adeptes de l'herméneutique que le *Petit Larousse* définit ainsi: «Science qui définit les principes de la critique et de l'interprétation des textes anciens.» Assez curieusement, à l'heure de tous les périls — nucléaire, écologique, techno-économique —, l'homme post-

---

3. Serge Latouche, *op. cit.*, p. 120.
4. Gianni Vattimo, *La fin de la modernité. Nihilisme et herméneutique dans la culture post-moderne*, Paris, Le Seuil, 1987.

moderne serait limité au nihilisme, c'est-à-dire «la réduction de l'être à la valeur d'échange» (p. 25). Il ne lui resterait, selon Peter Sloterdjik, que j'ai cité trop souvent au gré de mon éditeur, à cultiver «des iris benjamiennes, des fleurs du mal pasoliniennes et des belladones freudiennes», c'est-à-dire à interpréter des textes anciens dans des écrits toujours de plus en plus ésotériques, pendant que son environnement naturel et culturel s'en va à vau-l'eau. Le grand avantage de cette démarche, c'est que, personne ne connaissant la vérité «vraie» de ces auteurs, chacun peut y aller de son couplet que son voisin conteste: ainsi sont assurés pour des décennies et des décennies, articles, livres, colloques et subventions de recherche. Chacun cultive son jardinet qui s'engraisse sans cesse de fruits les plus ésotériques et exotiques.

Comment ce pactole et cette chasse gardée sont-ils advenus? Il faut bien dire que l'herméneutique n'a pas attendu l'homme post-moderne pour exister; elle est aussi vieille que les religions. Elle a très longtemps été l'interprétation des textes et des paroles sacrés et s'est appelée exégèse. Cet exercice avait pour but de retrouver une vérité qui s'était altérée pendant sa transmission de génération en génération. Il s'agissait donc de la «ré-appropriation» d'une vérité révélée; avec le temps, cette interprétation s'est aussi activée sur toute grande œuvre écrite.

Qu'y a-t-il de nouveau dans l'herméneutique qui serait le seul horizon de l'homme post-moderne, de tous les hommes, les philosophes n'ayant en tête que l'homme universel? Les maîtres-penseurs détiennent la vérité et, quand l'un d'entre eux s'exprime, son discours devient instantanément texte sacré qu'il faut interpréter incontinent, car ils ne s'expriment pas toujours clairement, les bonzes. C'est ainsi que Gianni Vattimo s'est rendu compte récemment que Nietzshe ayant annoncé la mort de Dieu à la fin du XIXe siècle et Heidegger, la mort de la métaphysique sous Hitler, il n'y a plus de matière à «ré-appropriation» parce qu'il n'y a plus de fondement transcendant, plus de *Grund.* Donc, conclut-il hardiment, plus de «dépassement» critique possible, parce que les philosophes ne peuvent plus «régresser» (drôle de dépassement!) vers l'arrière pour retrouver la vérité divine ou métaphysique, les deux étant mortes. Cela est peut-être exact pour les herméneutes, mais pas pour tous, tant il est vrai que si tous les herméneutes sont des hommes, tous les hommes ne sont pas des herméneutes. Et cela est loin d'être un *scoop*!

Faut-il rappeler à l'auteur que pour la théorie et la sociologie *critiques,* à tout le moins celles de Marx et de l'École de Francfort qu'il cite, il ne s'agit aucunement de «ré-appropriation» d'une vérité révélée, mais de l'appropriation par l'homme de la nature et de sa propre nature. L'émancipation n'est pas derrière l'homme, dans un *Grund* défini de toute éternité, mais dans son existence individuelle et collective; les hommes font leur vie et leur histoire en tenant compte quelquefois des belles histoires des herméneutes. Certains se demandent même à qui profite l'impossibilité décrétée de la critique. Ne serait-ce pas par hasard au totalitarisme techno-économique?

L'intégration tranquille

En 1960, l'entrée du Québec dans le siècle et dans le monde a donné lieu à ce qu'on a appelé la Révolution tranquille. Après à peine trois décennies de pratique de ce siècle, pendant lesquelles on a assisté, dans plusieurs pays, à des efforts pour sortir du capitalisme de casino, il faut constater que la roulette de tous les casinos du monde l'a emporté sur toutes les autres, même sur la roulette russe et le bouclier chinois. La résignation du Québec à l'intégration tranquille aux États-Unis ne fait pas exception; lui aussi doit aujourd'hui se contenter de limiter les dégâts qu'apporte la prospérité à «l'heureux petit nombre», selon la traduction que faisait Stendhal de «the happy few», le 21 Floréal, an XII (11 mai 1804).

ANNEXES

Annexe I

L'ÉMANCIPATION SOCIALE EST-ELLE DEVENUE IMPOSSIBLE?*

Cet essai fait partie d'une recherche entreprise, il y a quelques années, sur la culture populaire. Après avoir constaté que cette dernière notion n'est pas innocente, les chercheurs en sont venus à s'intéresser aux «pratiques émancipatoires». Pour nous, la culture dite populaire fait partie de ces pratiques dites émancipatoires, dans la mesure où elle se distingue de la culture d'élite et de la culture mass-médiatique, toutes deux produites par une petite minorité et consommées par l'ensemble des citoyens. Les remarques qui vont suivre continuent celles que j'ai publiées sous le titre de «Remarques sur les pratiques émancipatoires dans les sociétés industrielles en crise» dans un ouvrage collectif *Les pratiques émancipatoires en milieu populaire* (IQRC, coll. «Documents préliminaires» n° 2, 1982).

---

*   Tiré de: «*À propos d'autogestion et d'émancipation*», Québec, Institut québécois de recherche sur la culture, 1988.

Six ans après, on ne peut nier que nos sociétés sont toujours en crise et que cette crise s'est même aggravée pendant ce temps-là. Sans mettre en question mes remarques de 1981, il faut reprendre la critique et poser plus explicitement le problème de la domination et de l'émancipation. Peut-être que la meilleure façon de cheminer, c'est d'essayer de décrire brièvement ce que les sociétés industrielles avancées sont devenues ou sont en train de devenir, de nous demander comment elles en sont venues là et enfin de nous redemander quels pourraient être les moyens, si moyens il y a, de combattre cette domination.

Il est deux sortes de critique que l'on peut faire de ces sociétés: en gros celles de l'Europe de l'Ouest et celles de l'Amérique du Nord. Comme ce modèle de société est en train de se propager aux quatre coins de la terre, à cause surtout de l'impérialisme politique, économique et culturel des États-Unis, cette critique vaut, à des degrés divers, pour l'ensemble des sociétés en voie d'occidentalisation: le Japon en est le meilleur exemple. On peut critiquer leur fonctionnement sans mettre en cause le type historique qu'elles représentent; on peut aussi, et c'est beaucoup plus rare, les critiquer en proposant de les remplacer par un autre type de société.

Comme la plupart de ces pays se disent démocratiques, c'est-à-dire qu'ils comportent des dirigeants élus par une majorité d'électeurs et d'autres qui s'y opposent — excepté dans les zones immédiates d'influence des États-Unis d'Amérique (Amérique latine) et l'Union des Républiques socialistes soviétiques (les pays de l'Est) — on peut constater qu'aux États-Unis, en France, au Canada et au Québec, par exemple, on ne manque pas de critiquer les partis politiques qui forment le gouvernement. Qu'ont en commun ces critiques? Excepté dans certains pays et pour de très brèves périodes — en France et au Québec, par exemple — elles ne remettent pas en cause le type de société que ces pays pratiquent. Il n'est que de suivre les débats dans les assemblées nationales de ces différents pays pour s'en rendre compte. Quand des leaders comme Nixon et Reagan deviennent trop voyants, on les répudie, ne serait-ce que pour sauvegarder la crédibilité du système. Autrement, la critique se fonde presque exclusivement sur l'économie, même celle des partis d'extrême gauche, dans les pays où ils existent.

À certains moments, la critique se fait radicale: en France, par exemple, le mouvement surréaliste de l'après-Première Guerre mondiale a été presque stoppé par la crise économique des années trente; le mouvement situationniste qui a culminé, en France, avec mai 1968, s'est résorbé dès la première crise du pétrole. Il en fut ainsi partout ailleurs. On dirait que tout est mis en œuvre, à la moindre alerte de nature économique, pour faire rentrer les protestataires dans le rang du consensus. Au lieu de se poser la question de savoir si ces crises économiques et ces guerres ne sont pas filles des impérialismes et de ces sociétés, les citoyens se rallient autour des leaders pour défendre leurs biens et leurs privilèges. Pendant ce temps, le capitalisme privé et le capitalisme d'État se maintiennent et se redéploient.

Quand on parle de société industrielle avancée, on pense d'abord aux États-Unis d'Amérique, comme le faisait Tocqueville en 1831, en pensant, lui, à la démocratie et à son avenir. Comme lui, en s'intéressant aux États-Unis, on s'intéresse aussi à son propre pays, surtout si ce pays, le Québec, se situe aux «limes» de l'Empire américain. C'est pourquoi nous centrerons la plupart de nos remarques sur la crise des sociétés industrielles surtout sur ces États-Unis auxquels Tocqueville a consacré sa très grande étude *De la démocratie en Amérique*; nos questions porteront surtout, comme les siennes, sur la culture, sur les mœurs qu'il appelait aussi «les habitudes du cœur»; pour lui ce qui l'intéressait, c'était de savoir ce que deviendront la liberté et l'égalité dans ce pays qu'il observait, il y a plus de cent cinquante ans.

Quand nous parlons de crise, nous parlons surtout de celle de la culture, essentiellement de celle des valeurs. Ce qui ne veut pas dire que cette crise ne s'accompagne pas, aux États-Unis, en 1987, d'une crise économique et politique. C'est d'ailleurs presque exclusivement de cette dernière qu'il est question dans les médias et les forums. Les États-Unis traversent aujourd'hui une période d'extrême endettement et de déficits; c'est le pays le plus endetté du monde. Son leadership politique n'est plus aussi incontesté qu'il l'a été, même dans le monde occidental.

Et si c'était d'abord une crise culturelle, celle dont on ne parle presque pas, qui expliquerait la crise économique et politique et non l'inverse, peut-être vaudrait-il la peine de s'y arrêter. C'est d'ailleurs ce qu'a fait une équipe de sociologues de l'Université de Californie, en partant, elle aussi, de Tocqueville à qui elle a emprunté l'expression «Habits of the Heart».

Une société du spectacle?

Baudrillard dans son ouvrage *Amérique* (1986) dit des États-Unis que c'est la première société primitive contemporaine dans laquelle triomphent l'amnésie et l'inculture. Reprenant Tocqueville pour nous demander comment ce pays a cheminé du point de vue culturel depuis 1831, nous nous posons les mêmes questions que les auteurs de *The Habits of the Heart* qui écrivent: «Une étude des mœurs nous renseigne sur l'état de la société, sa cohérence et sa viabilité à long terme» (p. 275, ma traduction[1]). Inutile de dire que si nous nous posons à peu près les mêmes questions, nous procédons bien différemment et nous concluons d'une tout autre façon. En effet, nous ne croyons pas qu'une réforme de l'enseignement des sciences sociales, comme les auteurs le préconisent, toute louable qu'elle soit, réglera les problèmes de la culture américaine. Voici donc quelques éléments pris sur le vif en 1987 de cette société du spectacle.

Accablé par les scandales de l'Irangate, critiqué par la Commission Towers qu'il avait lui-même nommée, Reagan se laisse convaincre de donner une conférence de presse télévisée. La question que se posent

---

1. R. Bellah *et al., Habits of the Heart*, University of California Press, 1985.

son entourage, la presse et une bonne partie des citoyens américains, c'est de savoir s'il peut encore tenir le coup à la télé pendant plusieurs minutes. On le fera répéter pendant plusieurs heures. Ce qui importe, ce n'est pas tant ce qu'il va dire mais comment il le dira! De l'avis de la majorité des observateurs, il a passé le test de la télévision. Il est toujours le grand communicateur!

Le lendemain, la chaîne de télévision CBS invite, entre autres spécialistes, un «grand critique de la télévision». Lui aussi croit que Reagan a fait un bon show; il ajoute que son successeur à la Maison-Blanche devra être lui-même un excellent acteur pour garder sa popularité auprès des masses. Dans les quelques lettres qu'on a publiées après le show, celles qui étaient favorables à Reagan disaient qu'il est un grand président puisqu'il a communiqué aux Américains l'idée qu'ils sont encore le plus grand peuple sur terre!

Je ne veux pas m'arrêter à l'Irangate ni au déclin de la popularité de Reagan, mais simplement attirer l'attention sur sa conférence de presse et poser ensuite d'autres questions sur le type de société dont l'Amérique est le leader. C'est d'ailleurs un peu la même chose qui se produit en France. On invite à la télé des leaders politiques auxquels on pose des questions. On mesure à chaud leur performance! On dira qu'un tel maîtrise mieux le médium qu'un autre!

Encore aux États-Unis, viennent d'éclater les scandales des jeux organisés dans les «high schools» et les «colleges». Il faut dire que certains de leurs matchs sont télévisés et prennent de ce fait une importance nationale. Pour gagner des parties et donc acquérir une grande popularité, des maisons d'enseignements attirent de jeunes athlètes par des bourses, par des dispenses de cours et par des cadeaux de toutes sortes; certaines ferment les yeux sur les drogues qu'absorbent nombre d'athlètes pour être plus performants. À défaut d'enquêtes systématiques, on peut supposer que ceux qui participent à ces détournements de l'activité ludique se recrutent parmi les couches de population les plus démunies, celles qu'on appelle pudiquement les minorités ethniques.

Encore une fois, s'agit-il de passer des lois plus sévères pour faire disparaître ces pratiques aberrantes? Ou ne s'agit-il pas plutôt de mettre en cause la société du spectacle qu'est devenue l'Amérique?

On pourrait se demander ce que sont l'information et la distraction dans les sociétés industrielles avancées. La différence entre les deux a tendance à s'amenuiser dans la mesure où la réalité et l'apparence sont de plus en plus confondues. Un politicologue américain a soutenu que Ronald Reagan confond la réalité avec les épisodes de certains films qu'il affectionne et dans lesquels il a quelquefois joué. Des phrases entières de ses discours seraient empruntées à ces films. Les téléspectateurs de la Californie, ses anciens électeurs, le lui rendent bien: *certains* d'entre eux, au lieu d'écouter sa conférence de presse de mars 1987, ont préféré regarder un match de sport, télévisé à la même heure.

Quoi qu'il en soit, des postes et des réseaux de télévision, sentant bien où se trouvent les dollars, cou-

343

pent de plus en plus les émissions dites d'information au profit de celles de jeux et de dramatiques. Je crois que c'est facile à comprendre. McLuhan l'a déjà dit. Faire savoir qu'un grand nombre de personnes sont mortes ici et là dans le monde, soit de faim ou de guerre, est devenu banal. Voir une personne agoniser dans un roman-savon est beaucoup plus intéressant car, confondant la fiction avec la réalité, les téléspectateurs croient connaître la victime et s'identifient à elle ou à ses tortionnaires. Être informé du nombre de divorces à New York est moins prenant que de voir une héroïne de roman-savon, trompée et bafouée, qui demande le divorce après plusieurs scènes de larmes et d'injures. Si la réalité quotidienne, nationale et internationale, est insupportable, mieux vaut absorber de la guimauve à dose massive.

Au Canada et au Québec, on note le même phénomène. L'organisme d'État qui régit radio et télévision demande plus d'information; les postes privés continuent à donner plus de divertissements et pillent l'information là où elle ne coûte pas cher.

Le tout dernier scandale à ce jour, celui qui implique la politique, la religion et la télé, atteint plusieurs millions de personnes aux États-Unis et se chiffre en centaines de millions de dollars. Voici les faits tels que rapportés par la revue canadienne *Macleans* du 6 avril 1987. Le révérend Jim Bakker dont le ministère s'appelle PTL (Praise the Lord et People that Love) a avoué qu'il a trop aimé, qu'il a eu des relations sexuelles avec une secrétaire de son Église, âgée de 21 ans. Il est venu l'avouer, accompagné à la télé par sa femme, Tammy. Honteux, Bakker démissionna de l'empire PTL, qui compte, entre autres actifs, une station câblée de télévision et un parc d'attractions évangélique (gospel-theme amusement park); cette foire serait presque aussi importante que le Disneyland de Californie. *Penthouse*, comme c'était arrivé pour l'ancienne secrétaire d'Oliver North, le cow-boy de l'Irangate, voulut que la partenaire de Bakker, le ministre évangélique, posât nue dans le magazine. «Si elle est assez bonne pour Jimmy Bakker, dit le représentant de *Penthouse*, elle est assez bonne pour le reste du monde.»

Il va sans dire que ce scandale est devenu aujourd'hui une espèce de saga aux multiples rebondissements qui alimente tous les médias américains; c'est un télé-roman qui comporte les meilleurs ingrédients du succès: religion, politique, argent, loi, dolce vita et cul. Orcar Wilde avait raison qui disait que c'est la vie qui imite l'art plutôt que l'art qui imite la vie. On notera ce que la vie et l'art sont devenus dans l'Amérique de 1987; s'y exhale aussi un relent de sida pour épicer et dramatiser les deux.

On pourrait continuer d'aligner et de commenter ces scandales. Il arrive, toutefois, que le plus scandaleux, c'est que ces scandales ne scandalisent plus; ils sont devenus la vie quotidienne de l'Amérique; tous n'y participent pas aussi activement que le révérend Bakker, mais tous les vivent comme des télé-romans, en s'identifiant avec l'un ou l'autre des bons et des méchants. Et la roue continuera de tourner. La télé et le cinéma découperont ces scandales en rondelles qu'ils débiteront à la petite semaine. Il sera bien difficile de savoir où sont la vie et la fiction; un peu tout le monde sera devenu M. Reagan lui-même: «Praise the Lord and God bless America.»

Ça va changer? C'est commencé! disent certains Américains

Je me souviens de Raymond Aron qui écrivait, et qui me disait pour me détourner de Sartre, que les Américains sont des réalistes, des gradualistes qui changent les choses petit à petit et réussissent toujours; contrairement aux Latins qui veulent tout changer d'un seul coup et qui finalement ne changent jamais rien. Je lui ai longtemps presque donné raison. Michel Contat, rendant compte, dans *Le Monde* du 27 mars 1987, d'un livre sur Aron et Sartre, intitulé *Les Petits Camarades*, écrit: «Sartre peint les hommes tels qu'il ne voudrait pas qu'ils soient, au nom de ce qu'ils pourraient être; Aron décrit leur société telle qu'elle est, avec regret, mais enfin c'est comme ça.» Je crois qu'on peut aujourd'hui continuer ce débat qui n'a pas perdu un iota de sa pertinence; pour donner un peu plus raison à Sartre contre Aron qu'on ne le fait souvent, je m'appuierai plus tard dans mes remarques sur Tocqueville qu'Aron admirait tant. (J'ajouterai ceci, un peu par malice et non pour démontrer quoi que ce soit: lors d'un congrès international tenu à Washington, je me promenais en voiture le long du Potomac avec Pierre Naville, admis aux États-Unis pour cette circonstance, mais qui n'avait pas le droit de quitter la capitale; trotskiste, il était assez près de

Sartre. Tout à coup, nous vîmes Aron descendre de voiture et être accueilli dans la rue par des militaires du Pentagone. Et Naville, superbe de dire: Qui est le larbin de qui dans cette affaire?)

Il est bien évident qu'après l'Irangate et tous les scandales, dont les quelques-uns que je viens de mentionner, beaucoup d'Américains se rendent compte que tout ne va pas pour le mieux dans le meilleur des mondes. Le *Time* de New York a publié le 30 mars 1987 un très long essai sur l'«État de la Nation» et dont le titre est: «A Change in the Weather». Ce périodique reprend la thèse d'un historien américain célèbre, Arthur Schlesinger Jr et de son livre *The Cycles of History*; il y traite essentiellement du cas de son pays. Je ne crois pas qu'il y soit question de l'émergence et du déclin des Empires. Ce serait probablement un acte considéré comme anti-américain. On peut critiquer des Américains, même les plus célèbres, mais non l'Empire. Ainsi *Time* écrit que Reagan voulait guérir la société des habitudes prises par le New Deal de Roosevelt et, citant Emerson pour expliquer la chute de Reagan, ajoute avec le philosophe: «À la longue, tout héros devient un casse-pieds.»

En somme, Schlesinger et *Time* reprennent aujourd'hui à peu près les deux termes de Tocqueville — à savoir qu'en 1831 se disputaient l'individualisme et l'égalitarisme — au moment où il observait la société américaine. Lequel l'emporterait? L'historien américain, lui, soutient que depuis cent ans, à chaque génération, pendant trente ans, à peu près, l'une ou l'autre tendance a prédominé, chacune à son tour.

D'après eux, nous sortons de la tendance individualiste pour revenir à plus de social-démocratie.

«The nation is beginning to look beyond now.» L'après-Reagan est déjà commencé! Il y a des indices, dit encore *Time*, qu'il se produit un changement fondamental dans le climat politique des États-Unis, dans son humeur philosophique, tel qu'il se produit à chaque génération. C'est la réponse à la question qui sous-tend mes remarques: s'émanciper de quelle domination? Réponse de Schlesinger: de Reagan et de quelques-uns de ses comparses cow-boy. Si je me fiais à ce type de critique, je devrais mettre un point final ici.

Comme j'ai l'impression qu'on ne va pas au fond du problème et que j'habite aux marches de l'Empire, je continue l'analyse de l'interprétation de Schlesinger et du *Time*. Dans ces écrits, il s'agit, en somme, du rôle du gouvernement américain pour régler les problèmes économiques et sociaux des individus et du pays. Essentiellement de savoir si le gouvernement laisse des individus et des groupes s'enrichir à peu près comme ils le veulent; ou bien si le gouvernement doit plutôt viser à distribuer plus équitablement les richesses produites. Comme le dit le maire américain d'une grande ville (*Time*, 30 mars 1987): on s'éloigne de ce que vous pouvez appeler l'attitude de «laisser faire» de Reagan et on va vers une politique plus activement compatissante envers ceux qui sont réellement dans le besoin. On passe du mot d'ordre «regardez en haut vers le succès et la richesse» à celui de «regardez en bas vers les pauvres et les sans-abri». Il semble, toujours d'après *Time*, que les sondeurs d'opinion arrivent aux mêmes résultats que ceux que je viens de rapporter: 69% suggèrent de dépenser moins pour la guerre et plus pour la santé, les pauvres et les vieux, pour purifier l'environnement et aider les sans-abri. Bien que les périodes d'individualisme forcené ne correspondent pas tout à fait à celles où le Parti républicain détient le pouvoir à Washington, c'est d'autre part, presque toujours le Parti démocrate qui fait montre de plus de compassion envers les pauvres. C'est l'historien Schlesinger qui, partisan lui-même des démocrates, l'affirme et qui, de l'avis de plusieurs, le prouve. Plusieurs candidats démocrates à la présidence ne s'expriment pas autrement que cet historien. Telles que rapportées par *Time*, voici quelques-unes de leurs déclarations:

> Quand des boursiers Rhodes sont arrêtés pour traficotage à la Bourse, cela contribue à gonfler le sentiment populiste qu'une classe privilégiée s'enrichit au détriment du reste de l'économie. Ces candidats, ajoute *Time*, font bien attention à ne diriger leurs attaques qu'envers Wall Street et le Big Business et non contre les affaires détenues par des familles et des entrepreneurs (30 mars 1987) (notre traduction).

Voilà, en gros, ce qu'est le balancier américain. Une période de capitalisme sauvage suivie d'une période de compassion pour les pauvres et les malades. Est-ce assez pour rendre compte des cent dernières années d'histoire des États-Unis, pour caractériser ce type de société et surtout pour essayer d'apercevoir vers quoi il se dirige et vers quoi il entraîne les États qui sont, bon gré mal gré, dans son sillage et son orbite? En m'interrogeant ainsi, je m'interroge certes sur l'avenir de notre monde occidental, d'un point de vue intellectuel, mais aussi et surtout sur mon pays le Québec qui, hélas! me semble s'américaniser de plus en plus, de jour en jour, et qui n'a pas la faculté de résistance du mastodonte américain. Quand l'Amérique éternue, le Québec tousse et son âme se fendille toujours davantage.

Si je me rapportais aux télé-évangélistes, je dirais qu'on sacralise — un bien grand mot — l'arbitraire américain. En effet, à écouter même les plus érudits d'entre eux, on a l'impression que les Américains sont le peuple élu de Dieu, qu'ils font sa volonté et que s'ils s'égarent un peu pendant une génération, la suivante expiera en essayant de recoller, tant bien que mal, les pots cassés. La dernière opération s'appelle, dans la terminologie de *Time*, un changement fondamental de parcours et de philosophie. Ce sont des termes qui conviendraient mieux pour qualifier 1776, 1789 et 1917. Et si l'on soutenait, au contraire, que notre monde est gros d'une révolution culturelle et que ce ne sont pas les démocrates, cuvée 1988, qui la feront mais qu'ils la hâteront, on ferait beaucoup de peine à Schlesinger et Cie, braves gens s'il en fut jamais. C'est cette opinion que je vais tenter d'étayer dans la suite de ces remarques.

On a tellement parlé d'économie et donc d'inflation, de taux d'intérêt, de déficit et de dettes, qu'on a oublié le principal, la culture. L'économiste Jacques Attali définit ainsi la culture:

Dans toute société, les rapports de l'homme avec son environnement et avec les autres hommes sont régis par un ensemble de représentations, d'attitudes, de comportements communs, leur donnant un sens et constituant au-delà du sens immédiat du langage une culture. Un homme agit en fonction de cet environnement symbolique, qui détermine des critères de comportement (*La Parole et l'Outil*, PUF, 1975, p. 76-77).

C'est donc un domaine important dans la vie d'un homme et d'une société. Pourtant, chez les Américains cités, il n'en est pas question, même lorsqu'il s'agit de changement fondamental dans le parcours de la société et de la philosophie des États-Unis. Pourtant à la fin du long essai de *Time* on lit ceci: «Au commencement, l'Amérique était une page blanche; dans les mots de Tocqueville, pas d'histoire, tout en puissance [...] La nation va maintenant accomplir un acte très américain, celui de se réimaginer.» Si je sais lire, ce dernier mot ne veut pas simplement dire imaginer un bas taux d'inflation, moins de sans-abri et plus ou moins de riches. Peut-être est-ce là le lourd tribut à payer pour être devenu l'empire le plus puissant du monde que de ne pouvoir imaginer un autre type de société et que de voir l'*homo americanus* comme l'aboutissement indépassable de l'évolution socio-culturelle de l'humanité. Je mets en garde contre cette aberration américaine en citant Max Weber, un ami de Raymond Aron, dont beaucoup d'universitaires américains se proclament encore les disciples et qui écrivait au sujet de l'avenir des États-Unis et de l'Occident:

Nul ne sait encore qui à l'avenir habitera la cage, ni si, à la fin de ce processus gigantesque, apparaîtront des prophètes entièrement nouveaux, ou bien une puissante renaissance des pensers ou des idéaux anciens ou encore, — au cas où rien de cela n'arriverait — une pétrification mécanique, agrémentée d'une sorte de vanité convulsive. En tout cas pour les «derniers hommes» de ce développement de la civilisation, ces mots pourraient se tourner en vérité: spécialistes sans vision et voluptueux sans cœur — ce néant s'imagine avoir gravi un degré de l'humanité jamais atteint jusque-là («Remarques sur la sociologie critique et la sociologie aseptique», cité par Marcel Rioux dans *Sociologies et Sociétés*, vol. 1, n° 1, mai 1969, p. 53-67).

La montée des barbares

Ces temps-ci, en France et même aux États-Unis, paraissent des volumes où l'on se demande ce qu'est devenue «la culture». «Madame se meurt, Madame est morte», dit-on. Voilà le verdict! Je parlerai ici, à titre d'exemple, des idées que l'Américain Allan Bloom a exprimées dans *l'Âme désarmée, Essai sur le déclin de la culture générale.*

Bloom a donné une longue interview au *Figaro-Magazine* du 28 mars 1987 dont j'extrais quelques passages. En gros, M. Bloom me semble plutôt de droite. M. Bloom est spécialiste de Platon et professeur de philosophie politique à l'Université de

Chicago. Le *Figaro-Magazine* dit de son livre: «Aucun ouvrage, depuis la parution de *l'Opium des intellectuels* de Raymond Aron n'avait aussi lucidement mis à plat les comportements intellectuels conscients ou inconscients, du monde occidental [...].» Pour lui et pour le journaliste Georges Suffert qui l'interroge, «la culture» dont il est question, c'est la culture intellectuelle et artistique transmise de génération en génération, depuis les Grecs jusqu'aujoud'hui. Pour eux, et d'autres, l'acception dite ethnologique de la notion de culture, telle celle de Jacques Attali que j'ai citée plus haut, est un abus de langage, une supercherie; on ne saurait parler de la culture des Mayas ni de celle des Dogons sans crime de lèse-majesté envers la grande culture occidentale; c'est une première forme de barbarie. Il est évident, selon M Bloom, que des méchants Occidentaux sont aussi dévoyés et vont rejoindre ceux dont parlait naguère Julien Benda dans sa *Trahison des clercs.* Monsieur Bloom n'aime pas ses étudiants: ils ne lisent pas Platon, font l'amour à gogo et ne sont pas jaloux. Plus de culpabilité, ni de honte! «Mais pour le moment, je constate, dit-il, que la principale conséquence de cette évolution des mœurs, c'est le renforcement de la solitude.» Je suis bien d'accord avec lui, mais il aurait pu s'interroger sur le pourquoi de cette solitude. Non, il aime mieux continuer de fustiger les jeunes. «Pour la plupart des jeunes, la musique classique est marginale (comme la culture). Au contraire le rock — rythme et mélodies — est l'expression barbare de l'âme.» Il y a quelques adultes occidentaux qui sont responsables de toutes les aberrations dont les jeunes se rendent coupables. «L'historicisme nous délivre de l'histoire et du sens. Le contenu des textes disparaît dans la brillance de l'interprétation. Vous retrouvez là l'influence de Barthes, Foucault et Derrida — Pour eux Platon sait évidemment moins de choses sur l'homme que Sartre.» Monsieur Bloom rejoint certains Français d'aujourd'hui qui, comme lui, se désespèrent, comme fraction de classe, de ne plus avoir le statut social d'il n'y a guère. La seule différence c'est que lui exprime plus candidement ses états d'âme. Parlant de 1946, il dit dans son interview: «Sur les bancs de la fac je côtoyais des combattants qui avaient gagné une guerre juste. Tout était possible. Nous allions transmettre la grande culture, la grande culture européenne.» Il est bien évident que lorsque la culture première (au sens ethnologique) est en crise, la culture seconde (culture stylisée) l'est aussi. Comment en serait-il autrement? Notre honorable professeur est aussi un peu raciste sur les bords.

Curieusement, dit-il, au moment où nos troupes entrent dans les ruines de Berlin, au moment où l'Allemagne est détruite, des pans entiers de la philosophie allemande pénètrent les États-Unis. Nous n'avons pas de philosophie spécifique, on va nous offrir du kit. Et ça va marcher. La crise que je décris est la conséquence directe de cette injection.

D'autres méchants débarquent donc dans la pure Amérique: Marx et Nietzsche. Et ils auraient pu dire, comme l'avait fait Freud en abordant aux États-Unis: «Nous leur apportons la peste!» Dernier trait du discours de ce monsieur Bloom qui défend la «grande culture»:

> Je raconte dans mon livre comment un chauffeur de taxi d'Atlanta [tout probablement un Noir, ce qui n'arrange rien] m'a expliqué qu'il avait maîtrisé son «moi». C'était déjà assez impressionnant. Mais il a précisé: «Grâce à la psychothérapie de la gestalt.» J'ai reçu la gestalt sur la tête. Je n'ai pas su si je devais rire ou m'interroger de nouveau sur la nature et le rôle de la philosophie.

Le pauvre chauffeur de taxi ne savait pas qu'il s'adressait à un gardien du Temple, à un défenseur de la «grande culture», protégée par une muraille de mandarins. Monsieur Bloom fait preuve d'une grande suite dans les idées; à Suffert qui lui demandait ce qu'il fallait faire face à cette grande crise de l'Occident, il répondit, superbe: relire les grands textes. Platon en tête! Comme il a déjà dit au cours de l'interview que personne aujourd'hui ne lit plus, ça ne peut que vouloir dire que lui et d'autres spécialistes de la grande culture vont se replonger dans leurs grands textes, comme un suprême exorcisme contre les Barbares de tout poil.

Cette petite expédition du côté de chez M. Bloom, non pas Léopold, mais Allan, me permet de préciser un peu cette notion de culture qui en France et même aux États-Unis est remise à l'ordre du jour. Tout se passe comme si un peu tout le monde qui se sent mal à l'aise dans nos sociétés contemporaines se disait que c'est une question de culture. Comme ceux qui écrivent là-dessus font généralement partie de cette haute et grande culture dont parle monsieur Bloom, ils se sentent visés, eux et leurs œuvres, et annoncent la fin du monde. Lucien Goldmann et Simone de Beauvoir ont déjà parlé de classes sociales et de fractions de classe qui sont en régression et qui ont une vision du monde tragique et pessimiste. Je crois, d'autre part, qu'il faut remettre cette vision du monde dans l'ensemble de celle d'une société ou, comme aujourd'hui, dans l'ensemble de la civilisation occidentale. Culture, au sens ethnologique, désigne en gros ce que Tocqueville entendait par «les habitudes du cœur» (*Habits of the Heart*, expression reprise récemment aux États-Unis). Cela dit, il est bien évident que les deux types de phénomènes entretiennent d'étroites relations et qui varient selon les époques et les classes sociales. Dans la suite de ces remarques, j'emploierai les deux notions mais en ajoutant certaines épithètes pour qualifier la culture intellectuelle et artistique.

Jusqu'ici nous avons vu que certains Américains parlent surtout d'économie et de politique de l'État, et reprennent certaines des analyses de Tocqueville; et que Schlesinger voit que l'histoire des États-Unis obéit à des cycles fondés sur la succession des générations. Les écrivains français qui n'ont jamais accepté la notion de culture ethnologique s'intéressent surtout à la «grande culture» et ont tendance à se donner des maîtres différents, de génération en génération. Récemment, il semble que ces périodes soient de plus en plus courtes. À la fin des années 1960, on parlait beaucoup, sur la place de Paris, des nouveaux philosophes. Ils sont maintenant disparus et se sont recyclés dans d'autres jeux de l'esprit. De ce point de vue, Philippe Sollers et Bernard-Henri Lévy me semblent exemplaires. Il appert que si l'on veut essayer de rendre compte de la crise des sociétés industrielles, il faut tenir compte de l'ensemble de ces sociétés et particulièrement de l'Empire américain; il faut aussi tenir compte de tous les phénomènes socio-culturels qui composent l'ensemble d'une société.

Si l'on veut analyser l'évolution d'une société et d'un type de société, d'un mode de production, comme les marxistes l'appellent, il faut non seulement prendre en considération les changements dits cycliques, ceux qui sont immédiatements perçus comme le balancier qui amène périodiquement au pouvoir les républicains et les démocrates, mais des phénomènes de longue durée et qui sont pour ainsi dire cumulatifs: parce qu'ils ne changent pas à intervalles réguliers ou brusquement, ils sont moins perceptibles ou moins sujets à l'analyse. Si l'on convient que le social-historique se compose de trois grandes instances, politique, économique et culturelle, il me semble que les phénomènes qui appartiennent à la longue durée, qui sont plus latents et moins immédiatement perceptibles, sont ceux que l'on appelle «culturels»; les «habitudes du cœur» dont parlait Tocqueville changent moins vite et non par à coups et, en dernier ressort, peuvent le mieux rendre compte du changement global d'une société ou d'une civilisation. L'historien Arthur Schlesinger, en parlant des cycles de l'histoire américaine pendant le siècle qui s'achève, donne l'impression qu'en dehors des changements politiques et économiques provoqués par la venue des démocrates ou des républicains, le reste de la société américaine reste stable. Non seulement est-ce là n'avoir qu'une vue étriquée des choses, mais c'est aussi se priver d'un point de vue qui pourrait expliquer les changements politiques et économiques mêmes et bien d'autres. C'est à ce moment-là que l'on pourrait peut-être commencer à parler sérieusement du déclin de l'Empire américain.

L'Amérique de Tocqueville

> Le 24 février 1848, à Paris, par une de ces journées où l'on «respire en plein l'atmosphère des révolutions», un député parvient, après quelques difficultés à la Chambre où il gagne sa «place accoutumée sur les bancs relevés du centre gauche». Il a quarante-deux ans, il s'appelle Alexis de Tocqueville; il est célèbre depuis treize ans déjà pour un ouvrage dont allait bientôt paraître la douzième édition, *De la Démocratie en Amérique* (Tocqueville, Bibliothèque sociale, Aubier Montaigne, p. 13, Paris, 1977)[2].

Voilà donc ce comte normand, revenu aux affaires, après la Révolution et l'Empire, lorsque les Bourbons, avec Louis-Philippe 1er, en 1830, revinrent sur le trône français. Tocqueville qui était un peu de la famille fut envoyé en mission aux États-Unis, avec le

---

2. Toutes les citations subséquentes de Tocqueville sont tirées du même ouvrage.

comte de Beaumont, pour y étudier les pénitenciers. *De la Démocratie en Amérique*, qu'il écrivit à la suite de ce voyage, manifeste, de la part d'un aristocrate français, beaucoup de libéralisme; de là sa place au centre gauche de la Chambre de 1848.

Si l'on résume, pour les besoins de ces remarques-ci, les idées principales de Tocqueville, on voit qu'elles se développent autour de trois notions, celles de démocratie, d'égalité et de liberté. L'aristocrate européen qu'il était découvre un État démocratique que n'a pas enfanté une révolution comme celle de son pays. Il croit voir aux États-Unis une espèce d'événement providentiel qui lui apparaît comme une expérience politique unique au moyen de laquelle il pourra étudier les enjeux, les conditions de la démocratie et même ses contradictions. La grande question qu'il se pose dans les années 1830, c'est de savoir si l'on peut longtemps concilier égalité et liberté et finalement laquelle l'emportera. Plus d'un siècle et demi plus tard, il nous semble peut-être facile d'apporter la réponse, mais il faut considérer que déjà Tocqueville avait bien posé le problème. Il avait aussi aperçu dès ce moment-là que:

> Il y a aujourd'hui sur la terre deux grands peuples, qui, partis de points différents, semblent s'avancer vers le même but: ce sont les Russes et les Anglo-Américains [...] chacun d'eux semble appelé par un destin secret de la Providence à tenir un jour dans ses mains les destinées de la moitié du monde (p. 81-82).

On peut dire que les phénomènes et les notions qui forment l'armature de *De la Démocratie en Amérique* continuent de constituer l'essence de la problématique américaine; c'est là le balancier dont parle Schlesinger: plus d'égalité pour les démocrates et plus d'individualisme pour les républicains. À partir des observations et des opinions de Tocqueville même, on peut aujourd'hui comprendre comment et pourquoi l'Amérique et, à sa suite, les sociétés industrielles avancées sont entrées dans une crise qui s'aggrave d'année en année.

Contrairement à ce que dit le comte, l'Amérique ou les Américains ont un passé: ils sont Anglais et de religion protestante. Bien que Tocqueville note que déjà, en Angleterre, existaient plus de notions de droit et de liberté que chez la plupart des peuples européens, pour lui, le point de départ de la démocratie américaine se trouve au Nord des États-Unis. Nous verrons plus loin que la culture anglo-saxonne, la religion et la langue surtout, vont jouer un rôle important, dans la suite des événements de l'histoire des États-Unis.

Un autre fait que Tocqueville néglige tellement il est aveuglant, c'est que cette Amérique anglo-saxonne naissante porte en elle l'industrialisme, le capitalisme et la société bourgeoise; il y fait allusion très brièvement mais n'en déduit pas les conséquences possibles. C'est comme s'il laissait ce soin à Marx, qui le fera pour le capitalisme et beaucoup moins pour l'industrialisme. J'admets qu'il est plus facile de faire ce constat aujourd'hui qu'il y a plus d'un siècle et demi.

Mais les États-Unis, dit-il, ayant été peuplés par des hommes égaux entre eux, il ne se trouve pas *encore* [je souligne] de dissidence permanente entre les intérêts de leurs divers habitants [...] La majorité a donc aux États-Unis une immense puissance de fait et une puissance d'opinion même aussi grande; et lorsqu'elle est une fois formée sur une question, il n'y a pour ainsi dire point d'obstacles qui puissent, je ne dirai pas arrêter, mais même retarder sa marche, et lui laisser le temps d'écouter les plaintes de ceux qu'elle écrase en passant — *Les conséquences de cet état de choses sont funestes et dangereuses pour l'avenir* [l'italique est de nous] (p. 67).

Tocqueville savait que le sort qui attendait l'Amérique était aussi le sien et le nôtre.

J'avoue, écrit-il, que dans l'Amérique, j'y ai cherché plus que l'Amérique; j'y ai cherché une image de la démocratie elle-même, de ses penchants, de ses passions; j'ai voulu la connaître, ne fût-ce que pour savoir du moins ce que nous devions espérer ou craindre d'elle (p. 59).

Je ne veux pas discuter, comme l'a très bien fait Claude Lefort, par exemple, de la relation entre égalité et liberté chez Tocqueville et ne veux pas, non plus, poser cette question d'un point de vue plus théorique. Il faut aussi dire que ce problème n'est pas encore résolu aujourd'hui et qu'il devrait être au centre des discussions sur la société qui remplacera celle dans laquelle nous vivons et que nous critiquons.

C'est peut-être le plus grand mérite de Tocqueville d'avoir vu que c'est là le grand problème de la démocratie.

Comme c'est la liberté plutôt que l'égalité qui a rompu les amarres et fait la nique à cette dernière, je m'interrogerai sur ce que Tocqueville en disait en 1835.

Ce qu'il dit de la liberté, de l'individualisme et de l'égoïsme pourrait l'être aujourd'hui et l'on se prend à se demander pourquoi il n'a pas carrément prévu que ce serait là l'aboutissement de l'aventure américaine. Pour ne pas démentir sa grande réputation d'aristocrate libéral? Il faut plutôt le lire.

> Lorsque le goût des jouissances matérielles se développe chez un de ces peuples plus rapidement que les lumières et que les habitudes de la liberté, il vient un moment où les hommes sont emportés, et comme hors d'eux-mêmes, à la vue de ces biens nouveaux qu'ils sont prêts à saisir. Préoccupés du seul soin de faire fortune, ils n'aperçoivent plus le lien étroit qui unit la fortune particulière de chacun d'entre eux à la prospérité de tous [...] L'exercice de leurs devoirs politiques leur paraît un contretemps fâcheux qui les distrait de leur industrie [...] Ces gens-là croient suivre la doctrine de l'intérêt, mais il ne s'en font qu'une idée grossière, et, pour mieux veiller à ce qu'ils nomment leurs affaires, il négligent la principale, qui est de rester maîtres d'eux-mêmes (p. 145).

Et encore: «L'amour du bien-être est devenu le goût national et dominant: le grand courant des passions humaines porte de ce côté; il entraîne tout dans son cours.» Et ceci qui est encore plus actuel: «Je n'ai pas rencontré, en Amérique, de si pauvre citoyen qui ne jetât un regard d'espérance et d'envie sur les jouissances des riches, et dont l'imagination ne se saisît à l'avance des biens que le sort s'obstinait à leur refuser.» Ce qui devient chaque jour de plus en plus vrai pour les Québécois et qui ne l'était pas moins quand Tocqueville vint nous visiter en 1831. Le mal court!

«J'ai fait voir comment dans les siècles d'égalité, écrit le comte, chaque homme cherchait en lui-même ses croyances; je veux montrer comment, dans les mêmes siècles, il tourne ses sentiments vers lui seul.» Après avoir distingué l'égoïsme de l'individualisme, il écrit:

> L'égoïsme dessèche le germe de toutes les vertus; l'individualisme ne tarit d'abord que la source des vertus publiques; mais, à la longue, il attaque et détruit toutes les autres. Il va s'absorber dans l'égoïsme [...] L'individualisme est d'origine démocratique, et il menace de se développer à mesure que les conditions s'égalisent (p. 135).

Et ceci encore qui pourrait dater d'aujourd'hui:

> Chez les peuples démocratiques, de nouvelles familles sortent sans cesse du néant, d'autres y retournent sans cesse, et toutes celles qui demeurent changent de face: la trame des temps se rompt à tout moment, et le vestige des générations s'efface. On oublie aisément ceux qui vous

ont précédé, et l'on n'a aucune idée de ceux qui vous suivront. Les plus proches seuls intéressent (p. 139).

Au moment où certains de mes informateurs du Québec, dans les années 1950, pouvaient nommer quinze cents et même deux mille de leurs parents, dans un collège de New York, on arrivait, dans le même temps, à une trentaine à peine. Ça nous a bien passé depuis!

Relisant Tocqueville aujourd'hui, j'ai bien du mal à ne pas croire que ce n'est pas David Reisman qui a écrit hier certains de ces passages.

Je veux imaginer sous quels traits nouveaux le despotisme pourrait se produire dans le monde: je vois une foule innombrable d'hommes semblables et égaux qui tournent sans repos sur eux-mêmes pour se procurer de petits et vulgaires plaisirs dont ils remplissent leur âme. Chacun d'eux, retiré à l'écart, est comme étranger à la destinée de tous les autres, ses enfants et ses amis particuliers forment pour lui toute l'espèce humaine; quant au demeurant de ses concitoyens, il est à côté d'eux; mais il ne les voit pas; il les touche et ne les sent pas; il n'existe qu'en lui-même et pour lui seul, et s'il lui reste encore une famille, on peut dire du moins qu'il n'a plus de patrie [...] En vain chargerez-vous ces mêmes citoyens, que vous avez rendus si dépendants du pouvoir central, de choisir de temps à autre les représentants de ce pouvoir, cet usage si important, mais si court et si rare de leur libre arbitre, n'empêchera pas qu'ils ne perdent peu à peu la faculté de penser, de sentir et d'agir par eux-mêmes, et qu'ils ne tombent ainsi graduellement au-dessous du niveau de l'humanité (p. 171 et 173).

Il me semble que ce n'est pas le parti démocrate américain — plus enclin à la compassion que Reagan et ses fans — qui réglera la crise profonde où sont engagés l'Empire américain et les États qui gravitent dans son orbite. C'est encore bien moins le nouveau Gorbatchev qui le fera; rien ne sert d'affirmer, comme le fait madame Thatcher, que c'est un homme avec lequel on aimerait faire des affaires et que c'est bien dommage qu'il soit entouré de communistes. Il faut essayer de lire autrement notre réalité, toute notre réalité, en devenir conscients et enfin entreprendre des actions qui nous remettent sur la voie de l'humanité et nous détournent des robots, fussent-ils performants et aguichants.

Sortir de l'abstraction et l'apparence

Claude Lefort, en parlant de Tocqueville, écrit:

> À présent, l'analyse de l'individualisme ne fait que mettre en évidence le processus de séparation, d'isolement, de *privatisation* des individus, qui s'effectue entièrement au préjudice de la société [...] À l'image de la société nivelée se superpose celle de la société morcelée (*Essais sur le politique*, Paris, Seuil, 1983, p. 234).

Je doute qu'aujourd'hui la société soit nivelée, ni encore moins l'ensemble du monde, mais que nos sociétés soient morcelées et qu'y règnent des abstractions et apparences qui tendent à remplacer la réalité, voilà un résumé de la thèse que je veux brièvement exposer ici. Cette thèse est très simple: l'Occident est sans cesse allé vers un morcellement de la réalité et une apparence envahissante qui finit par remplacer cette réalité. La domination politique et économique n'a pas cessé, mais elle a abouti dans la séparation et l'aliénation généralisée; l'humanité pourrait bien disparaître totalement dans une guerre de robots. Marx, qui est devenu aujourd'hui, à cause des horreurs de la société russe qui s'en réclamait, un grand-père humilié, a, comme Freud et Nietzsche, dit des vérités que les gloses ont obscurcies. Il écrit par exemple:

> L'économie politique ne nous explique nullement le pourquoi de la séparation du travail et du capital [...] Sans doute nous avons tiré le concept de *travail aliéné* (de vie aliénée) de l'économie politique comme le résultat du mouvement de la propriété. Mais l'analyse de ce concept nous montre que si la propriété privée apparaît comme la raison, la cause du travail aliéné, elle, en est bien plutôt la conséquence, de même qu'à l'origine les dieux ne sont pas la cause, mais l'effet des égarements de l'esprit humain. Plus tard ce rapport causal se change en action réciproque (Cité dans Marcel Rioux, *Essai de sociologie critique*, p. 87).

Marx disait que pour comprendre ce qu'est le travail, il faut étudier ce qu'il est devenu aux États-Unis.

Cet état de chose s'est mieux développé dans le type le plus moderne de la société bourgeoise, aux États-Unis. C'est là que la catégorie abstraite, «travail», «travail en général», travail sans phrase [en fr.], le point de départ de l'économie moderne, devient pratiquement vraie (Rioux, *ibid.*, p. 91).

Il en est ainsi de l'aliénation-séparation, qui est non seulement le point de départ de l'«économie moderne» mais de toute la société moderne. Il est intéressant de constater que Tocqueville s'intéressant au politique et Marx à l'économie arrivent tous deux au même résultat; ce qui devrait conforter dans leur tombe Sartre et Aron qui, vivants, ne voulurent pas le savoir.

Essayer de comprendre ce qui arrive aujourd'hui

Devant ce que l'humanité s'est fait devenir, devant toutes ces questions qui ne trouvent pas de réponses, on pourrait dire que tel ou tel penseur d'hier avait bien raison et argumenter *ad infinitum.* C'est la voie que ceux qui, par profession ou inclination, étaient ou restent des érudits. On pourrait dire que c'est la faute de l'un ou l'autre Empire; on pourrait dire que c'est parce que nous nous sommes éloignés de Dieu ou d'une quelconque loi naturelle. Aux États-Unis les télé-évangélistes se construisent là-dessus de puissants empires. Ce qu'il y a de plus angoissant, c'est que nous ne posons pas ces questions: par exemple que sont les hommes et les femmes devenus dans ces grandes épopées de la technique et de l'économie? Pourquoi l'humanité risque-t-elle de s'autodétruire? Pourquoi détruisons-nous si allègrement la nature? Pourquoi la moitié des habitants de New-York soigne-t-elle l'autre moitié? Pourquoi des foules urbaines laissent-elles mourir quelqu'un sur un trottoir? Pourquoi les jeunes sont-ils si nombreux à se suicider? Peut-être que si l'on demandait à ceux que ces questions préoccupent de donner des réponses, cela pourrait amorcer une prise de conscience. Quoi qu'il en soit, il me semble que ce sont ces questions et d'autres qui ont toujours sous-tendu les démarches de la théorie et de la sociologie critiques; ce sont elles qui sont à l'origine de ces remarques-ci.

Avant de commencer à répondre à ces questions, il me semble qu'il faut dire que dans le social-historique rien n'est irrémédiablement déterminé et qu'à un moment ou l'autre des choix sont faits qui, une fois arrêtés, entraînent d'autres choix qui, eux, peuvent paraître inéluctables mais ne le sont jamais car les hommes sont les seuls animaux, comme le dit Piaget, qui ont la faculté de détruire les structures sociales qu'ils se sont données. L'historien Georges Duby nous invite à nous interroger «*sur l'intervention de l'imaginaire dans le fonctionnement des sociétés humaines*» (l'italique est de nous). L'évolution du social-historique n'est donc pas déterminée à la façon du soleil.

Si nous nous interrogeons sur l'Empire américain d'aujourd'hui, il faut d'abord montrer qu'il y a eu un choix au départ et que ce qu'il advient de ces choix au cours de l'histoire ressortit peut-être à une logique, qui n'est pas celle de l'histoire, mais est celle de l'argent, de la marchandise et du spectacle. Les dominants de ce type de société (industrielle) ont tout fait et font encore tout pour garder ce type de société en l'état. La question primordiale est celle-ci: malgré le poids immense des dominations politique, économique et culturelle, l'ensemble des prolétaires que nous sommes tous devenus peuvent-ils changer le cours de nos sociétés et redevenir des hommes et des femmes à part entière? Ou faut-il attendre la mort nucléaire?

Amerika, Amerika!

L'Amérique ne représente pas un commencement absolu, comme Tocqueville veut le croire. Ceux qui vinrent s'établir en Amérique du Nord et formèrent les États-Unis d'Amérique, venaient de la Grande-Bretagne et, à ce titre, étaient bien caractérisés par une culture et une langue communes; ils partageaient lc même type de civilisation que les Européens, surtout ceux qui avaient été touchés par la Réforme. Héritiers de plusieurs siècles d'histoire, tout ce que l'on peut dire d'eux c'est qu'il est probable que leur venue dans le Nouveau Monde leur permit d'aller jusqu'au bout des possibilités renfermées dans leur héritage d'Européens et d'Anglo-Saxons protestants.

Or ce bagage de traits historiques était loin d'être neutre et se composait de choix culturels qui avaient été faits bien avant eux. En d'autres termes, ils étaient les contemporains des Amérindiens qu'ils rencontrèrent à leur arrivée, mais s'en distinguaient totalement par leur vision du monde et leurs «habitudes du cœur», pour employer les termes de Tocqueville. Les Pèlerins et leurs compatriotes immigrants appartenaient à ce même type de société qui donne le capitalisme, la révolution industrielle et la bourgeoisie; ils sont porteurs d'un gène culturel qui donnera un type particulier de domination politique, économique et culturelle. Ils ont poussé à leur extrême limite ce que des siècles de civilisation occidentale et de culture anglo-saxonne avaient sélectionné parmi les possibilités humaines. C'est un cas d'hypertélie culturelle qui, comme sa contrepartie biologique, peut entraîner sa disparition. Puisque je veux montrer que d'abstraction en abstraction, de dissociation en dissociation, de séparation en séparation, on en arrive aujourd'hui à une société de l'apparence et du spectacle, il me faut tenter de montrer que les premiers choix dans cette direction datent de loin et qu'ils ont eu toujours pour finalités conscientes et inconscientes le contrôle, la domination et l'exploitation de la nature et des êtres humains.

Archéologie de l'enfermement

Qu'est-ce qui s'était passé auparavant pour autoriser Foucault à dire qu'à un moment donné, dans le déroulement de la civilisation occidentale, on enferme tout le monde? Les fous dans les asiles, les jeunes à l'école, les enfants à la maison, les malades à l'hôpital, les gratte-papier et les dirigeants dans leur bureau, les ouvriers à l'usine? Cinq siècles auparavant, les bénédictins avaient inventé l'horloge mécanique.

Si l'horloge mécanique n'apparut que lorsque les cités du XIIIe siècle exigèrent une vie réglée, l'habitude de l'ordre en soi et la régulation sérieuse du temps étaient devenues une seconde nature dans le monastère. Coulton est d'accord avec Sombart pour considérer le grand ordre des Bénédictins comme le fondateur probable du capitalisme moderne [...] L'instrument se répandit alors hors des monastères, et la sonnerie régulière des cloches apporta une régularité jusque-là inconnue dans la vie de l'artisan et du marchand. Les cloches de la tour commandèrent même la vie urbaine. On mesurait le temps, on le servait, on le comptait, on le rationnait, et l'Éternité cessa progressivement d'être la mesure et le point de convergence des actions humaines (Lewis Mumford, *Technique et Civilisation*, Paris, Seuil, 1950, p. 23).

C'est une *dissociation* dont l'importance est capitale et que Franklin expimera ainsi: «Time is money». Lewis Mumford écrit que:

[...] l'horloge a dissocié le temps des événements humains et contribué à la croyance en un monde indépendant, aux séquences mathématiquement mesurables, le monde spécial de la science (p. 24).

C'est la première machine de la technologie moderne; c'est la première abstraction qui se substitue au temps humain; l'artificialité gagne sa première manche sur la réalité. On entre dans ce que Weber appelle le romantisme du nombre. Le capitalisme amena l'apocalypse des chiffres: il amena de plus en plus de calculs et d'abstractions dans l'ensemble de la vie industrielle, tous fondés sur l'argent et les marchandises.

En 1987, on s'excuse presque de devoir citer Marx. La mode change vite dans nos sociétés; les publicitaires et les plumitifs citeraient plus volontiers Gorbatchev. Allons-y quand même!

> Puisque la monnaie, écrit-il, ne révèle pas de quelle transformation elle résulte, tout [marchandise ou non] est convertible en or. Tout peut être vendu, tout peut être acheté. La circulation est la grande cornue sociale dans laquelle on jette tout et où l'on retrouve tout, cristallisé en monnaie [...] L'Argent efface les différences qualitatives entre les biens. L'Argent — robot implacable — efface toutes les distinctions. Mais l'Argent lui-même est une marchandise, un objet externe susceptible de devenir la propriété privée d'un individu. Ainsi le pouvoir social devient pouvoir privé entre les mains d'une personne privée (p. 32).

Mumford qui cite ce texte de Marx ajoute:

Ce dernier fait est particulièrement important

pour la vie et la pensée: la recherche du pouvoir au moyen d'abstractions. Une abstraction en renforçant une autre. Le temps était de l'argent, l'argent signifiait puissance [...] Le pouvoir-science et le pouvoir-argent étaient en dernière analyse, le même: celui de l'abstraction, de la mesure et du quantitatif (p. 32 et 33).

C'est la *raison économique* qui va désormais subordonner, quand elle ne l'éliminera pas, la *raison culturelle*.

Le capitalisme, écrit Mumford, n'a pas utilisé la machine en vue d'un mieux-être social mais pour accroître les bénéfices privés. [...] Le capitalisme a existé dans d'autres civilisations dont le développement technique était relativement faible [...] Mais le style de la machine, jusqu'à nos jours, a été fortement influencé par le capitalisme [...] L'équivalent abstrait que sont le temps, l'argent, la marchandise, la mesure sont propulsés par le capitalisme industriel. On apprit à ne pas tenir compte des hommes eux-mêmes, de leurs traditions, de leurs sentiments et de leurs valeurs. L'argent et les marchandises devinrent les rois de la société de marché (p. 34 et 35).

Weber et Tawney ont montré que le capitalisme a eu besoin d'une religion pour se développer. C'était celle de la majorité des Anglo-Saxons qui vinrent peupler une partie de l'Amérique du Nord.

La vie, dans sa variété sensuelle, écrit encore Mumford, et la chaleur du plaisir, était exclue du monde protestant [...] Le temps est réel: comptezle! L'argent est réel: économisez-le. L'espace est réel: faites-en la conquête! La matière est réelle: mesurez-la. Voilà les réalités et les impératifs de la philosophie bourgeoise [...] Au XVIIIᵉ siècle, Benjamin Franklin, précédé peut-être par les Jésuites, couronnera le phénomène en inventant un système de comptabilité morale (p. 48).

Tout se passe comme si l'homme avait, de tout temps, créé des idoles qui ensuite viennent le persécuter et l'enchaîner. Se débarrasse-t-il de l'une de ces idoles qu'il en crée vite une autre ou d'autres qui prennent la place de la première. Les Lumières, ayant rejeté Dieu qu'elles considéraient comme la cause de tous les maux, en créèrent d'autres avec la bourgeoisie qui, elle, remplaça l'aristocratie et le clergé. Ces idoles ont plus de pouvoir, bien qu'invisibles et abstraites, que la réalité même. Mieux, elles se donnent pour la réalité. Les Américains, économes et puritains, ont tout économisé. Reagan, le roi des illusionnistes, termine son sermon aux Communes d'Ottawa, au printemps de 1987, par «God bless you all!» Et cela après que le Grand Satan américain eut parlé exclusivement d'argent et du Grand Satan communiste.

Tocqueville et Marx

Après avoir rapporté très brièvement certaines des vues de ces deux penseurs sur le capitalisme et l'Amérique, on peut dire que la plupart des maux de nos sociétés d'aujourd'hui avaient été repérés par eux et étaient en germe dans celle d'hier. Tocqueville voyait la servitude dans la Russie et l'égoïsme dans l'Amérique; l'histoire lui a donné raison. Quant à Marx, ayant moins tenu compte que Tocqueville des «habitudes du cœur», il n'a peut-être pas vu assez que la «raison économique» qu'il avait si génialement analysée corromprait toute la société et que sa doctrine de libération et d'émancipation serait pervertie en Russie. C'est réaffirmer que l'histoire n'est pas déterminée, mais que certains choix étant faits, tout semble se dérouler selon une certaine logique. Cette logique n'est pas celle de l'histoire mais celle d'une certaine vision du monde. Au secondaire, mon professeur d'histoire qui ne savait qu'une seule phrase d'anglais disait qu'un père américain en voyant son fils s'éloigner de sa maison l'admonestait ainsi: «Make money my son, honestely if you can, but make money any way!» Si l'on répète depuis le XVIe siècle, chez les calvinistes et les puritains, qu'il faut faire fructifier son talent, on arrive beaucoup plus tard, à la Bourse de New York et à Boesky, et à tous les traficotages.

Il faut vite dire que ni Tocqueville ni Marx ne pouvaient prévoir le développement de certaines techniques qui dans tous les domaines de la vie allaient venir renforcer toutes les abstractions dont le capitalisme et le protestantisme étaient porteurs. C'est le sociologue Jean Baudrillard, qui, continuant les situationnistes Guy Debord et Raoul Vaneigem, s'est fait le théoricien de cette société du spectacle. La thèse 34 du livre de Debord se lit ainsi: « Le spectacle est le *Capital* à un tel degré d'accumulation qu'il devient image.»

Ce qu'il faut essayer d'expliquer, c'est comment l'apparence a fini par remplacer la réalité. Pourquoi, aujourd'hui, pour donner un peu de répit à la fiction, représente-t-on la vie des animaux dans leur état naturel, pourquoi nous représente-t-on les quelques poches d'humanité qui vivent encore près de la nature? Pourquoi les habitants de nos grandes villes, spectativores onze mois par année, veulent-ils s'évader quelques semaines dans la nature? Pour en rapporter quelques images qui leur feront endurer le reste de l'année la société du spectacle. On note un peu partout une espèce de nostalgie de la nature et de la réalité; on essaie de se désempêtrer du factice et du simulé; ce qui fait dire à Debord: «Dans le monde *réellement* renversé, le vrai est un moment du faux.» Regarder pendant quelque temps de vrais animaux et de vrais hommes et femmes est un moment vrai d'une existence fausse.

L'individu, la vie et la société comme spectacle

Pour combattre la domination politique qui sépare les dirigeants et dirigés et qui infériorise des individus et des groupes à cause de leur naissance, de leur sexe, de leur religion, les peuples américain (1776) et français (1789) font de grandes Révolutions qui veulent établir l'égalité et la liberté pour tous. Autant aux États-Unis qu'en France, ces Révolutions laissent subsister une inégalité: l'inégalité économique. C'est surtout cette inégalité, celle entre les propriétaires des moyens de production et le prolétariat, que les réformateurs du

XIXe siècle veulent abolir. Marx et sa postérité y consacreront toute leur vie. La Révolution Russe de 1917 veut abolir cette inégalité mais n'y réussit pas et, pour toutes sortes de raisons, met au monde un type de société que Castoriadis a appelé stratocratie. Et l'on se retrouve aujourd'hui avec deux Empires, le Russe et l'Américain qui dominent, comme Tocqueville l'avait prévu, chacun la moitié du monde. Pourquoi, peut-on se demander, après ces Révolutions et toutes ces guerres, grandes et petites, retrouve-t-on l'humanité dans la servitude et le cauchemar climatisé? On pourrait remplir plusieurs bibliothèques avec les réponses qui ont été données à cette question.

Je n'en retiendrai que deux: 1. la subordination de la raison culturelle à la raison économique qui date de loin et qui, aujourd'hui, comme l'aliénation, est généralisée; 2. la croyance à la neutralité de la technique. Je crois que ces deux raisons, prises ensemble, peuvent expliquer l'état des sociétés industrielles avancées de l'Europe de l'Ouest et de l'Amérique du Nord. Il semble bien que pour l'Empire russe il faille tempérer cette conclusion; l'économie n'y a jamais été tout à fait autonomisée comme en Amérique, le contrôle du pouvoir et des hommes empêchant l'économie et la technique de se déployer aussi librement. Tocqueville écrit au sujet des deux exemples: «Leur point de départ est différent, leurs voies sont diverses; néanmoins, chacun d'eux semble appelé par un dessein secret de la Providence à tenir un jour dans ses mains les destinées de la moitié du monde.» Ce point de départ différent dont parle Tocqueville réside dans des choix culturels que l'origine et l'histoire de ces deux peuples a fixés depuis longtemps et qui, au-delà de leurs désaccords ponctuels, sous-tendent leurs différences fondamentales.

Que faire?

Poser cette question, c'est revenir à la réalité, non seulement pour l'expliquer et la comprendre mais pour essayer de la changer. Les réponses varient selon que ceux qui posent cette question appartiennent à l'un ou l'autre Empire et à la place de leur collectivité d'appartenance dans cet empire. Étant Québécois et réfléchissant là-dessus en 1987, je dois tenir compte de l'état présent de cette «société distincte» et de sa place dans l'Empire américain. Ce qui veut dire qu'il y a des actions que les Québécois — ceux qui partagent en gros cette analyse et je sais que leur pourcentage est restreint — doivent entreprendre en tenant compte de leur spécificité et d'autres actions qui pourraient l'être par tous ceux qui, dans les sociétés industrielles avancées, veulent sortir du cauchemar climatisé.

Aussitôt que l'on parle de changer la société, on se retrouve, en dernière analyse, devant le dilemme auquel eurent à faire face deux grands acteurs historiques: Rosa Luxemburg et Lénine. Quel que soit le vocabulaire utilisé il s'agit de l'alternative, révolution imposée ou spontanéisme; c'est-à-dire avec Lénine préparer la révolution d'en haut ou, selon Luxemburg, mobiliser les masses en faisant, par exemple, la grève générale contre le système dominant.

Tocqueville avait bien vu que chez les peuples dits démocratiques «les grandes révolutions deviendront rares». Ce qui, pour lui, voulait dire qu'il n'est pas facile de changer les sentiments et la pensée des peuples démocratiques. Il écrit:

> Je ne crois pas qu'il soit aussi facile qu'on l'imagine de déraciner les préjugés d'un peuple démocratique; de changer ses croyances; de substituer de nouveaux principes religieux, philosophiques, politiques et moraux à ceux qui s'y sont une fois établis: en un mot, d'y faire de grandes et fréquentes révolutions dans les intelligences. Ce n'est pas que l'esprit humain y soit oisif: il s'agite sans cesse; mais il s'exerce plutôt à varier à l'infini les conséquences des principes connus et à en découvrir de nouvelles, qu'à chercher de nouveaux principes. Il tourne avec agilité sur lui-même plutôt qu'il ne s'élance en avant par un effort rapide et direct; il étend peu à peu sa sphère par de petits mouvements continus et précipités; il ne la déplace point tout à coup (p. 158 et 159).

Tout ce chapitre serait à citer, tellement il décrit bien ce qui était vrai en 1835 et qui l'est encore plus aujourd'hui: «Les principales opinions des hommes deviennent semblables à mesure que les conditions se ressemblent.» On s'aperçoit que même si l'on prend le parti de Rosa Luxemburg contre Lénine, il est devenu de plus en plus difficile de mobiliser les masses pour «changer la vie».

L'américanisation du Québec

Ceux qui, comme moi, croyaient à l'indépendance du Québec et à la possibilité d'y développer un type de société différent de celui des États-Unis, se fondaient sur le fait qu'à cause de sa spécificité, ce pays représentait le maillon faible du capitalisme sauvage de l'Amérique du Nord. On peut dire aujourd'hui, un quart de siècle plus tard, que c'était là une vision des choses très optimiste; je dirais même, avant que les «réalistes» ne me lancent le mot au visage comme une injure, que c'était une utopie. J'assume ce terme, car sans utopie, sans l'«institution imaginaire de la société», il ne peut y avoir de changement fondamental: on ne rêve qu'à des taux d'intérêt et d'inflation ou à quelque robot très performant. Parce qu'en 1980, les Québécois et les Québécoises ont raté la chance d'engager un processus qui les eût conduits à la souveraineté, de bâtir une société qui eût des chances de s'écarter du modèle américain, ils ont choisi indirectement et par voie de conséquence de s'américaniser. Sept ans après, on constate qu'ils ont fait des pas de géant. La libre circulation des biens matériels et symboliques aidant, on peut prévoir, dans les court et moyen termes, que le Québec n'aura plus rien à envier au Canada: l'américanisation sera le bien le mieux partagé dans la partie nord de notre continent. Le grand rêve sera réalisé: enfin, le Québec et le Canada auront un marché de près de trois cents millions de consommateurs. Nous n'aurons plus qu'à surveiller l'inflation et les taux d'intérêt et à... regarder la télé! Que souhaiter de mieux pour un peuple!

C'est dire que même ceux qui désireraient mettre fin à tous les bienfaits de la vie américaine, devront agir davantage comme Nord-Américains que comme Québécois. La société québécoise, étant revenue à la résignation tranquille — pensant de moins en moins à la vie éternelle et de plus en plus à la vie spéculaire — prendra tous les virages technologiques de l'avenir.

Depuis quelque temps, ont déjà commencé de paraître des volumes qui parlent du déclin de l'Empire américain; avec la fin du deuxième millénaire et la fin du XXe siècle, on devrait parler de plus en plus de la fin du monde. Aussi, il me semble que réfléchir sur l'avenir des sociétés industrielles avancées et notamment de l'Amérique, c'est envisager trois possibilités: apocalyptique, objectale ou utopique. La première hypothèse, qui peut être symbolisée par le titre du dernier livre d'André Pierre de Mandiargues, est la plus radicale. Ce titre est: *Tout disparaîtra*. Il ne reste plus qu'à imaginer un scénario final; la plupart opteront pour l'holocauste nucléaire; un robot malfaisant appuiera sur le bouton rouge qui déclenchera la fin. Même si l'on arrive demain à réduire le stock de missiles, il en restera toujours assez pour tout faire disparaître. Les deux Empires ont de quoi détruire l'humanité dix fois!

Quant à moi, j'opterais pour une solution qui tiendrait compte de la science-fiction et qui serait donc en continuité avec l'État du spectacle, qui se serait alors complètement généralisé. Disons dans cinq ans! Un soir, comme tous les soirs, on donne à New York un spectacle qui est retransmis dans toutes les parties habitées de la terre. À la fin, les mauvais devaient être détruits et réduits en petits nuages rouges qui se perdraient dans les airs. Au lieu d'attaquer seulement les méchants du film, quelques délinquants déjà condamnés à disparaître, les rayons Bêta-Zêta, pulvérisèrent les spectateurs. Ainsi s'acheva le plus grand spectacle de la planète! Seul survécut un groupe de pêcheurs Andaman qui étaient en mer ce soir-là.

La mort [presque] naturelle de l'homme

C'est la deuxième hypothèse, celle que Jean Baudrillard vient d'exprimer dans un petit volume *L'autre par lui-même* (Galilée, 1987) et dont je veux ici donner quelque idée. Il entrevoit la disparition de l'homme, au bout du tunnel médiatique. Cet auteur m'est toujours apparu comme l'un des plus lucides, dans la lignée de penseurs tels Mauss, Bataille et Leiris qui m'ont moi-même influencé.

Après avoir lu *Amérique* de Baudrillard, où il n'y a pas d'Américains mais seulement la nature américaine, peut-être aurait-on pu prévoir qu'il annoncerait aujourd'hui la disparition de l'homme au profit de l'objet. Peut-être n'est-ce là qu'un juste retour des choses; certains naturalistes nous avertissent que l'homme, après avoir causé l'extinction de plusieurs espèces animales et végétales, est lui-même sujet à extinction. Après avoir pollué la nature, l'homme se polluerait lui-même par ses productions symboliques et matérielles.

Je vais tenter de donner un bref aperçu de la thèse de Baudrillard en la paraphrasant et en citant un peu de son texte. Ce qui me semble différer le plus de la thèse qui est sous-jacente à certaines de mes remarques précédentes, c'est que l'auteur soutient que nous sommes passés de la société du spectacle à celle de l'information et de la communication.

Nous ne sommes plus dans le drame de l'aliénation, nous sommes dans l'extase de la communication [l'italique est de l'auteur]. Ce serait donc un pas de plus dans l'abstraction dont nous avons parlé plus haut: temps, argent, marchandise et spectacle. Dans l'information et la communication, le message n'existe déjà plus, c'est le médium qui s'impose dans sa communication pure. Appelons cela extase: le marché est une forme extatique de la circulation des biens, comme la prostitution et la pornographie sont une forme extatique de la circulation du sexe (p. 20-21).

Le spectacle nous séduisait, l'obscène nous fascine. «Cette fascination touche aussi bien l'art moderne, dont l'objectif est littéralement de n'être plus regardable, de défier toute séduction du regard. L'art moderne n'exerce plus que la magie de sa disparition.»

L'homme solitaire dans la foule devient chez Baudrillard l'«homo narcissus». «La hantise naguère était de ressembler aux autres et de se perdre dans la foule. Hantise de la conformité, obsession de la différence [...] Aujourd'hui, c'est de ne ressembler qu'à soi-même» (p. 37). L'individu n'existe plus comme auteur mais comme «terminal de multiples réseaux». Tout y est livré à la transparence, c'est pourquoi il n'y a plus de transcendance, c'est pourquoi aussi il n'y a plus de refoulement, ni de transgression possible» (p. 40).

Encore quelques citations qui ne donneront, hélas! qu'une bien piètre idée de ce brillant essai. Les humains étant devenus:

> corps non psychologique, non sensuel, corps délivré de toute subjectivité et retrouvant la félinité animale de l'objet pur, du mouvement pur, d'une pure transparence gestuelle [...] *Une façon de disparaître, et non de mourir.* [L'italique est de l'auteur.] Disparaître, c'est se disperser dans les apparences. Rien ne sert de mourir, il faut encore savoir disparaître. Rien ne sert de vivre, il faut encore séduire. [...] Toutefois, on n'est pas loin de la société du spectacle parce que l'on perçoit «l'illusion généralisée comme plus vraie que le vrai», dit-il dans sa conclusion (p. 42).

La troisième hypothèse à la Illich, pourrait-on dire, fait l'unanimité, sous une forme ou sous une autre, de toutes les utopies de gauche, de celles d'hier et d'aujourd'hui. Aujourd'hui, une différence de taille apparaît: Thomas More, qui a rêvé à la société parfaite et écrit *L'Utopie* a fait place, quatre siècles plus tard, à Rosa Luxemburg, par exemple, qui a voulu convaincre les masses de se donner une autre société dans laquelle les hommes et les femmes seraient libres, égaux et fraternels. Au début du siècle, la domination la plus ressentie était celle que le capitalisme et l'impérialisme engendraient; la révolution pacifique, menée par les peuples eux-mêmes, devait faire disparaître la domination politique et économique On peut dire que c'est là l'utopie classique, autant celle de Mumford, de Marcuse et d'Illich et tous ceux qui veulent sortir démocratiquement de l'oppression et de l'exploitation. C'est aussi la position que j'ai prise dans *Le besoin et le désir.* Je croyais et je crois encore que la domination s'est généralisée: d'économique et de politique qu'elle était au temps de Marx et même de Luxemburg, elle est devenue culturelle; c'est aujourd'hui, la séparation, l'aliénation et l'apparence qui prévalent. Comment revenir à la nature, à la réalité, à l'humanité de l'homme? On fait le pari que les hommes et les femmes deviendront conscients qu'ils ont été floués par les grandes machines économiques, bureaucratiques et mass-médiatiques et qu'ils s'émanciperont de ces dominations. Qu'ils cesseront, petit à petit, d'être des bêtes à produire, à consommer et à jouir pour devenir des personnes qui vivent en harmonie avec la nature, les autres et eux-mêmes. Dans cette vision des choses, la pratique l'emporte sur la théorie; le monde ordinaire sur les penseurs. D'où, dans les travaux auxquels j'ai été associé, l'expression de «pratiques émancipatoires». Personne ne niera qu'il n'existe pas de ces tentatives de libération dans les sociétés industrielles avancées! À commencer par l'«écologisme» et le «féminisme». Gabriel Gagnon rend compte dans une autre partie de ce livre d'un certain nombre de ces pratiques émancipatoires au Québec.

La récupération

Edgar Morin, accueillant Marcuse à Paris, en plein mai 68, lui dit: «N'êtes-vous pas flatté d'être le troisième M avec Marx et Mao, sur les bannières des étudiants?» Marcuse lui répondit: «On récupère tout, même Marcuse.» Cette repartie introduit à mes interrogations sur les pratiques émancipatoires. Est-il possible que ces pratiques et ces porteurs de libération ne soient pas récupérés par les grosses machines de nos sociétés et singulièrement par la télévision dont Baudrillard écrit: «À l'image de la télévision, le plus bel objet prototypique de cette ère nouvelle, tout l'univers environnant et notre propre corps se font écran de contrôle.» Je me souviens qu'au moment où Mao et le Che représentaient, pour les dominants du monde entier, des adversaires dangereux, avoir vu les plus belles filles du monde remonter les Champs-Élysées, déguisées en Che et en Mao. La publicité, la mode et la télévision arrivent à banaliser la contestation et à aplatir en signes tout ce qui est ambigu et peut menacer le système par sa charge symbolique. Les plus grandes œuvres musicales et littéraires servent à pousser à la consommation et au confort physique et intellectuel.

Nos sociétés ont justement inventé des techniques d'information ou de communication qui, de par leur nature même et non à cause de la vilenie des hommes, travaillent à transmuter la réalité en apparence et en abstraction. Il est vain et inutile de rêver, de chercher à implanter par exemple, un bon usage de la télévision. On aura beau y mettre tous les plus beaux messages du monde, elle restera toujours une preuve que McLuhan avait éminemment raison de dire que *The medium is the message.* Ce que le cinéma a été et est toujours pour Ronald Reagan, d'abord confusion entre la réalité et les fabulations et enfin, oubli temporaire ou permanent de la réalité, la télévision l'est pour des millions de citoyens. Les individus, dépossédés de leur mémoire collective, solitaires dans la foule, aliénés et émiettés, ne pourraient pas endurer cette vie étriquée sans les images de la télé. Les plus débrouillards traficotent dans d'autres abstractions: l'argent, la marchandise et la télématique. Reagan continue de croire *in petto* que les pluies acides sont causées par les canards. Les assassins de la nature ont encore un bel avenir.

Même si en quelque pays arriéré, comme le Québec ou la France, quelques-uns s'engagent dans des pratiques émancipatoires en croyant que le cauchemar climatisé des Américains épargnera leur pays, ils découvrent, tôt ou tard, que le chancre gagne du terrain tous les jours. En 1981, un gouvernement socialiste prend le pouvoir en France; il découvre vite, qu'à cause de contraintes de toute nature, externes et internes, il ne peut changer quoi que ce soit d'important et revient dare-dare au centre mou. Même phénomène au Québec: on part indépendantiste et on finit dans le «beau risque» fédéraliste.

Les apparences et les abstractions récupèrent vite la réalité. On demandait à un critique américain de télévision, à la chaîne CBS, ce qu'il faisait en dehors des heures qu'il passe à la télé; il répondit qu'il allait voir de temps en temps ce qui se passe dans la réalité. Au bout du compte, dit-il, retourner à la réalité, c'est comme s'il appuyait sur le trente-septième bouton de son appareil de télé, tellement les deux, la fiction et la réalité, tendent à se confondre. La première leçon que les policiers de New York doivent donner aux recrues de leur service est de leur enseigner que leur travail n'est pas celui des policiers de «Miami Vice». Les instructeurs n'arrivent pas toujours à éviter les catastrophes; des délinquants réels qui se conduisent comme les délinquants de la télé obligent les policiers réels à se conduire comme ceux de la télé, le choc de la réalité et de la fiction entraîne des catastrophes où ce ne sont pas toujours les méchants qui meurent. D'autant que certains des policiers de «Miami Vice» ont été recrutés dans le personnel même de la police de New York. Dans un tel système, j'en suis venu à croire que seuls survivront quelques individus et quelques groupes qui feront la nique aux abstractions et qui continueront de s'accrocher à la réalité.

La répétition

L'hypothèse utopique qui reste pour le moment toujours mienne, malgré ce qui précède, fait naître d'autres questions. Les utopies que j'appellerais constructivistes, dont celles des penseurs, des littérateurs et des architectes, sont menées à bonne fin parce qu'elles ne dépendent que de leur créateur. Gilles Lapouge a bien montré que même celle de Rabelais, l'abbaye de

Thélème, dont la règle est «Fais ce que tu voudras», se révèle à l'analyse comme de vastes structures rigides où les gens sont enfermés. Lénine a voulu réaliser la sienne, une utopie concrète, — la bonne vie, la bonne société — non pas en littérateur ou en architecte — mais en prenant le pouvoir politique, en Russie, avec des «bolcheviks». Rosa Luxemburg, en 1919, tout en admirant le succès de Lénine, écrivit:

> Sans élections générales, sans liberté illimitée de la presse, sans lutte libre entre les opinions, la vie se meurt dans toutes les institutions publiques, elle devient une vie apparente, où la bureaucratie est le seul élément qui reste actif... Quelques douzaines de chefs de parti, d'une énergie iné-puisable et d'un idéalisme sans bornes, dirigent et gouvernent. Parmi eux, la direction est en réalité aux mains d'une douzaine d'hommes à cerveau éminent, et une élite de la classe ouvrière est de temps à autre convoquée à des réunions pour applaudir aux discours des chefs, voter à l'una-nimité les résolutions qu'on lui présente. C'est donc, au fond, un gouvernement de coterie — une dictature, il est vrai, mais non pas la dictature du prolétariat, non: la dictature d'une poignée de politiciens[3].

Elle décrit, dès cette époque, la Russie d'aujour-d'hui. Plusieurs d'entre nous l'avons suivie en essayant de changer la société par persuasion, par conscien-

---

3. Rosa Luxemburg, *La Révolution russe, 1919*, citée par H. Hamon et P. Rotman dans *La Deuxième gauche*, Paris, Éd. Ramsay, 1987.

tisation croissante et, de proche en proche, espérions-nous, par la mobilisation des masses. Aujourd'hui, il m'apparaît que ce type d'utopie que nous avons appelé «autogestionnaire» est particulièrement difficile de réalisation. Si Luxemburg n'avait pas été assassinée en 1919, elle en aurait peut-être convenu. Et ce, dans une Allemagne où les partis socialistes avaient fait d'importants gains; Marx lui-même avait d'abord cru que c'est là que le socialisme triompherait. Autre exemple: en France, la «deuxième gauche», la Confédération française démocratique du travail (CFDT) en tête, était autogestionnaire à la fin des années 1970. Bien que les gauches prennent le pouvoir en France, en 1981, le mouvement autogestionnaire se dissout graduellement par la suite.

Pourquoi l'utopie autogestionnaire, démocratique et spontanéiste n'a pas réussi, alors que les conditions dans l'Allemagne de l'après-Première Guerre mondiale et dans la France de 1980, par exemple, semblaient être très favorables à l'amorce de sa réalisation? Pourquoi mai 68 a-t-il accouché, en France, d'un gouvernement Pompidou? Pourquoi la Révolution tranquille du Québec a-t-elle politiquement accouché d'une souris?

L'utopie autogestionnaire — de Luxemburg à aujourd'hui, pour ne pas remonter plus haut — «ne privilégie pas le "tout politique", le "tout-au-Parti", le "tout-à-l'État" (Hamon et Torman) et veut donc restaurer la personne et la société civile. En cela, elle contredit des siècles d'étatisme. Ostrogorski, dès le début du siècle, critique l'État et les partis politiques qui sont devenus depuis longtemps, des entités séparées et abstraites. Toute la vie sociale et politique en est atteinte. Le plus bel exemple contemporain de cet état de choses, le Parti socialiste français nous l'a donné et continue aujourd'hui de le donner. C'est le premier obstacle de taille. Il y en a d'autres.

Peut-on, par exigence démocratique, associer des pans entiers de la société civile à la construction imaginaire et à la réalisation de la cité autogestionnaire? Au mieux, ça ne saurait être qu'un long processus, entrecoupé de régressions, et dans lequel l'autonomie prendrait lentement le pas sur l'hétéronomie et ce, pour les individus et les collectivités. Peut-être n'est-ce qu'aujourd'hui seulement que certains descendants de Lénine et de Staline prennent conscience des critiques de Rosa Luxemburg? Les abstractions s'étant gonflées et multipliées depuis 1918, peut-être est-ce devenu virtuellement impossible de nous ramener à la nature et à la réalité?

Enfin, et c'est peut-être là la critique la plus générale, en même temps que la moins précise, le rejet d'un modèle de société pensé et imposé de haut par quelques-uns ouvre la porte à toutes sortes d'aléas et de monstres. Je ne voudrais mentionner qu'un seul de ces dangers: celui de la nostalgie d'un certain passé, plus imaginé que réel. Peut-être peut-on nommer cette nostalgie, rousseauiste? J'en parle ici d'autant plus volontiers que je sais que j'en suis coupable. Si je considère, par exemple, qu'à un moment donné je me suis intéressé à la fête et que dans le schéma théorique que j'ai développé avec d'autres (Garon-Audy et Zaida

Radja), Bakthine et Rousseau nous ont inspirés, il me semble qu'il y avait là de la nostalgie; d'autant plus que la fête était considérée comme un moment privilégié du *souvenir et de l'espoir*.

Marx a attiré l'attention sur ce phénomène de l'imaginaire social en observant qu'au XIXe siècle et particulièrement en France, la Tête des vivants — dans les périodes de bouleversements sociaux — pesait lourd du poids des événements et des héros du passé (M. Rioux, *Essai de Sociologie critique*, p. 176-177).

Ce que je veux surout dire, Dostoïevski l'a écrit dans *Humiliés et Offensés*: «On dit que celui qui a bien mangé ne peut pas comprendre celui qui a faim mais, moi, j'ajouterais que ceux qui ont faim ne se comprennent pas toujours non plus entre eux» (cité par W. Krysinski). Comment ceux qui ont faim de justice, de liberté, de fraternité et de pain peuvent-ils spontanément s'entendre sur la société qu'ils désirent? Chacun, et chaque groupe, font appel à un imaginaire social qui diffère selon leur insertion dans la société qu'ils combattent et peut-être surtout selon un âge d'or qu'ils auront reconstitué. Comment alors éviter qu'une certaine nostalgie ne soit partie intégrante de leur désir de changement?

L'espoir malgré tout

Si l'on ne cède pas à la tentation de l'apocalypse dont nous avons parlé ni à celle de la fatalité de Baudrillard, dont nous avons dit quelques mots, on voit mal qu'il existe d'autres voies que celle de Luxemburg et plus près de nous, celles d'Illich et de Sartre. Il me semble que la problématique énoncée dans notre ouvrage sur les «pratiques émancipatoires» reste valable, bien qu'aujourd'hui, sous Reagan, Chirac, Mulroney et Bourassa, elle puisse apparaître comme un dernier baroud d'honneur, avant la disparition du sujet et du point de vue critique.

Annexe II

LES FRUSQUES DE LA SEMAINE ET L'HABIT DU DIMANCHE*

Alain Finkielkraut vient de publier un livre[1] qui a eu beaucoup de succès à Paris. Il est bien écrit et présente assez honnêtement — il charrie un peu à certains moments — ce qui, pour certains, a toutes les apparences d'un grave problème. M. Allan Bloom traite quelque peu du même problème dans *L'Âme désarmée*[2].

Voici comment M. Finkielkraut présente son volume: «Le terme de culture, en effet, a aujourd'hui deux significations. La première affirme l'éminence de la vie avec la pensée; la seconde la récuse: des gestes élémentaires aux grandes créations de l'esprit, tout n'est-il pas culturel? Pourquoi alors privilégier celles-ci au détriment de ceux-là, et la vie avec la pensée plutôt que l'art du tricot, la mastication du bétel ou l'habitude ancestrale de tremper une tartine grassement beurrée dans le café au lait du matin»

---

* Tiré de: *Possibles*, volume 12, n° 3, été 1988, Montréal.
1. *La défaite de la pensée*, Paris, Gallimard, 1987.
2. Paris, Julliard, 1987.

(p. 9). Quelques lignes plus haut, il cite Brice Parain qui «oppose la vie quotidienne à la vie avec la pensée, qu'il appelle aussi vie supérieure». D'où le titre de cet article, une culture quotidienne — les frusques de la semaine — et la culture supérieure — l'habit du dimanche.

Ceux qui admettent que l'Occident est en crise, à commencer par l'Empire américain, et qui ne se contentent pas d'y voir des crises économiques et politiques passagères, ont raison de penser que cette crise qui s'aggrave est surtout d'ordre culturel, c'est-à-dire de l'ordre des valeurs. La question est de savoir si cette crise existe parce qu'on a reconnu que la vie quotidienne est éminemment une sphère dans laquelle les valeurs d'une société s'incarnent et se pratiquent. M.Finkielkraut cite Lévi-Strauss là-dessus: «L'ethnologie parle donc de *cultures* au pluriel, et au sens de styles de vie particuliers, non transmissibles (sic), saisissables sous forme de productions concrètes — techniques, mœurs, institutions, croyances — plutôt que de capacités virtuelles et correspondant à des *valeurs* observables au lieu de *vérités* ou supposées telles» (p. 72). Dans toute culture ainsi définie, qu'il s'agisse de la culture des Dogons ou de celle des Grecs, on peut aussi trouver, énoncés ou inférés, les canons qui régissent le vrai, le beau et le bon. C'est à peu près là ce qu'enseignent l'ethnologie de Lévi-Strauss et les autres sciences dites sociales ou humaines. Est-ce ce point de vue que Lévi-Strauss appelle «le regard éloigné» qui aurait déboussolé la civilisation — selon Marcel Mauss, c'est une culture qui a essaimé —

occidentale et aurait provoqué les crises qu'elle connaît aujourd'hui?

Mais, selon M. Finkielkraut, il y a plus grave. Ce serait d'avoir renoncé à juger les autres cultures selon les «vérités universelles» que l'Occident aurait trouvées et transmises depuis les Grecs; le résultat c'est ce qu'il appelle «un monde désoccidentalisé» et «la deuxième mort de l'homme». Ce danger pourrait être plus réel que le premier et je vais l'aborder tout de suite en me plaçant carrément du point de vue d'un Québécois, donc d'un Nord-Américain qui habite aux marches de l'Empire américain.

Qui définit les vérités universelles?

On a fait remarquer que si on compare la Déclaration américaine des droits de l'homme avec la française, la première apparaît plus locale, s'adressant aux habitants des treize colonies américaines, et celle de la France, plus universelle, se voulant valable pour tous les hommes. Pourquoi? C'est qu'à la fin du XVIIIe siècle, c'est la France et non les USA qui se donnait pour et était la première puissance mondiale. Et ce pouvoir, comme la classe dominante le fait pour une société donnée, définit ses valeurs, sa vision du monde et ses intérêts comme ceux de tous. Et Herder, tout Allemand qu'il fût, n'avait pas tort sur ce point-là de rabrouer Voltaire. M. Finkielkraut le résume ainsi: «Et, selon Herder, l'aveuglement de Voltaire reflète l'arrogance de sa nation. S'il pense faux, s'il unifie à tort la multiplicité des situations historiques, c'est parce qu'il est imbu de la supériorité de son pays (la France) et de son temps (le siècle des Lumières). En jugeant l'histoire à l'aune de ce qu'il appelle la raison, il commet un péché d'orgueil: il enfle aux dimensions de l'éternité une façon de penser particulière et provisoire. Le même esprit de conquête est à l'œuvre dans sa volonté de "dominer l'océan de tous les peuples, de tous les temps et de tous les lieux" et dans la disposition du rationalisme français à se répandre hors de ses limites nationales et à subjuguer le reste du monde.» (p. 16-17)

À la fin du XXᵉ siècle, il y a belle lurette que les USA ont remplacé la France comme puissance impériale. Ils sont devenus, plus que la France au XVIIIᵉ siècle, le leader incontesté de l'Occident; les Français en savent quelque chose. Le Québécois que je suis et qui voit son pays s'américaniser chaque jour davantage est obligé de penser, sinon de parler, comme Herder, et de dire avec Lévi-Strauss que le barbare «c'est d'abord l'homme qui croit à la barbarie» (p. 73). Pour l'Américain, ce qui n'est pas lui n'est pas loin d'être barbare. Pour me défendre contre l'envahissement des USA, j'ai besoin de croire aux cultures de Lévi-Strauss et de ne pas croire que l'aigle américain incarne les vérités ou les Lumières universelles. Les Français d'aujourd'hui ont peut-être besoin autant que moi de ces deux hérésies que dénoncent MM. Bloom et Finkielkraut.

Au fait, j'ai toujours cru avec Antoine Augustin Cournot que la raison, dont les philosophes discourent, est une *faculté* dont tous les hommes sont doués, donc universelle. Mais que ce qui est jugé *raisonnable* varie avec les peuples, les époques et les grands groupes sociaux.

Mais peut-être que Voltaire et Herder avaient tort tous les deux! Le premier pour croire que sa culture était l'héritière et la dépositaire de vérités universelles (que la Révolution et Napoléon allaient ensuite répandre, les armes à la main, dans le monde barbare); Herder, pour avoir exalté l'âme aryenne et servi de caution morale à tous les crimes que l'on commettra en son nom. Quand on possède des vérités universelles, il faut que ça se sache.

La vie quotidienne récuse-t-elle «la vie avec la pensée»?

Dans le texte que j'ai cité plus haut, M. Finkielkraut écrit que la culture, entendue comme «vie quotidienne», «récuse» l'éminence de la vie avec la pensée. Je crois que c'est faux, et de deux façons; de la part de ceux qui vivent cette vie quotidienne et de la part de ceux qui l'étudient. Dans toute société, la culture, comme style de vie, est transmise de génération en génération et la culture, entendue comme vie avec la pensée, n'est «récusée» par aucune; au contraire, chaque société transmet une sagesse, une pensée que ses anciens ou ses spécialistes ont élaborée et raffinée au cours de son existence. Que l'on songe au livre de l'ethnologue Paul Radin: *Primitive Man as a Philosopher*. Quand une dissociation existe entre les deux types de culture, c'est plutôt chez certains esthètes comme l'admiratrice de Gide et dont il parle dans son *Journal*.

Certaines personnes, écrit-il, ont tellement d'admiration pour les penseurs et les artistes qu'elles ne peuvent s'imaginer qu'eux aussi vont aux cabinets.

Que s'est-il passé à la Révolution française?

La Révolution abolit-elle l'État de droit divin ou la nation française? M. Finkielkraut voudrait nous faire croire que c'est la nation française. «Voyez Siéyès, écrit-il: «La nation est un corps d'associés, vivant sous une loi commune et représentés par la même législature». Il ajoute: «*Associés*: ce seul vocable effaçait un passé millénaire et, au nom de la nation, donnait brutalement congé à l'histoire nationale.» Ce qui est aboli c'est l'État français de droit divin et dans lequel la noblesse et le clergé sont les états dominants; le Tiers-état, la bourgeoisie veut prendre le contrôle de l'État: elle n'y parviendra en France, que vers 1830. Le terme de Siéyès, associés, est juste; des citoyens s'associent pour former une société, un État; c'est une forme sociale que les Allemands nomment *gesellschaft*; c'est une association réalisée en vue d'un objectif. Le lieu social que forme la nation, la communauté, *gemeinschaft* en allemand, n'a pas été détruit par la nouvelle société, par le nouvel État que les Français mettent sur pied; il préexiste à la société et s'incarne dans *une* culture, telle que définie plus haut par Lévi-Strauss. Qu'au cours de l'histoire, les Allemands et les Français aient invoqué, et tour à tour perverti, toutes sortes de notions pour prendre ou garder l'Alsace et la Lorraine ne change rien à l'affaire. L'État et la

Nation sont deux réalités qu'on doit analytiquement distinguer.

Là où M. Finkielkraut charrie, c'est lorsque, par un amalgame habile, il voudrait faire croire que ceux qui ne sont pas de son avis sont de droite, avec Bonald et Joseph de Maistre et tutti quanti. On peut croire en la réalité nationale, sans vouloir prouver l'existence de Dieu, comme le firent certains réactionnaires français.

Le paradoxe de Lévi-Strauss

Brièvement énoncé, cet apparent paradoxe tient à deux énoncés de l'ethnologue. En 1951, il publie un texte *Race et histoire,* commandé par l'Unesco, dans lequel «il commence, dit M. Finkielkraut, par retirer toute valeur opératoire au concept de race. Les différences qui existent entre les groupes humains, écrit-il [L.S.] tiennent à des circonstances géographiques, historiques et sociologiques, non à des aptitudes distinctes liées à la constitution anatomique ou physiologique des noirs, des jaunes ou des blancs... La tentation de placer les communautés humaines sur une échelle dont on occupe soi-même le sommet est scientifiquement aussi fausse, et aussi pernicieuse moralement, que la division du genre humain en entités anatomico-physiologiques closes.» (p. 65-69) Les penseurs des Lumières ont, selon Lévi-Strauss, succombé à cette tentation et même, au XIXe siècle, beaucoup de spécialistes en sciences humaines. M. Finkielkraut cite, à ce sujet, Lewis Henry Morgan, le premier grand spécialiste des Iroquois, à qui Engels a fait un sort dans

l'*Origine de la famille, de la propriété privée et de l'État.*
Morgan exprime ici la théorie de l'évolution qui avait
cours en 1877. «On peut assurer maintenant, écrit Morgan, en s'appuyant sur des preuves irréfutables, que la
période de l'état sauvage a précédé la période de barbarie dans toutes les tribus de l'humanité, de même
que l'on sait que la barbarie a précédé la civilisation.
L'histoire de l'humanité est une quant à la source, une
quant à l'expérience, une quant au progrès.» (p. 70)

Ces considérations de Lévi-Strauss, publiées dans
Race et histoire, ont été adoptées par l'Unesco et par la
grande majorité des spécialistes en sciences sociales.
En 1971, l'Unesco réinvite Lévi-Strauss. Ses remarques
font scandale. Et c'est ce que j'appelle le paradoxe
de Lévi-Strauss. Voici quelques éléments de cette
deuxième intervention, tels que rapportés par M.
Finkielkraut.

Si nous refusons de hiérarchiser les cultures et les
sociétés et si nous reconnaissons à chacune d'entre
elles le droit de se développer, Lévi-Strauss en conclut
que «l'attitude d'individus ou de groupes que leur
fidélité à certaines valeurs rend partiellement ou totalement insensibles à d'autres valeurs» (p. 104) ne peut
être taxée de racisme. M. Finkielkraut résume et cite
de nouveau Lévi-Strauss. «...la mutuelle hostilité des
cultures est non seulement normale mais indispen-
sable. Elle représente, écrit Lévi-Strauss, "le prix à
payer pour que les systèmes de valeurs de chaque
famille spirituelle ou de chaque communauté se con-
servent et trouvent dans leurs propres fonds les ressources nécessaires à leur renouvellement".» (p.105)

Ethnocentrisme et tolérance

M. Finkielkraut déplore cet état de choses. Sans prôner l'intolérance ou l'impérialisme culturel des Lumières, il voit dans ces attitudes des sciences humaines et de l'Unesco la source de tous les maux dont l'Occident est affligé en cette fin de XXe siècle. C'est loin d'être sûr!

Si l'on revenait aux vues de L.H. Morgan, il faudrait consentir à l'américanisation de la planète. Si nous suivons son disciple, Leslie White, pour lequel le degré de civilisation d'une société se mesure par l'énergie harnachée par personne, par jour, il faudrait encore une fois américaniser la planète car c'est aux USA que se gaspille le plus d'énergie. Je ne sache pas que ni les Russes, ni les Chinois, ni même les Français seraient d'accord là-dessus. Au lieu de vouloir hiérarchiser les cultures, pourquoi ne pas admettre que chacune d'elles représente un possible parmi l'infinité des façons d'être humain. En quoi leur épanouissement appauvrit-il une autre culture? Enfin, reconnaître aux autres sociétés le droit de vivre avec la pensée, leur pensée, ne nous enlève aucunement la possibilité de «la vie avec la pensée». Libre à nous, Occidentaux, de croire que notre vie avec la pensée est supérieure à celle des autres cultures; mais cessons d'enseigner aux Noirs: «Nos ancêtres les Gaulois» ou nos grands penseurs Aristote et saint Thomas d'Aquin! Ce ne sont pas les Chinois, que je sache, qui nous forcent à remplacer Diogène par Confucius.

Camper en dehors de la nation

Proudhon, le socialiste français que Marx ridiculisa dans *Misère de la philosophie* en réponse à l'ouvrage de Proudhon, *Philosophie de la misère*, écrivait que la classe ouvrière, au XIXe siècle, campait en dehors de la nation. Marx partage la même attitude en 1845. «La nationalité du travailleur n'est pas française, anglaise, allemande, elle est le *travail*, le *libre esclavage*, le *traffic de soi-même*. Son gouvernement n'est pas français, anglais, allemand, c'est le *capital*. L'air qu'il respire chez lui n'est pas l'air français, anglais, allemand, c'est *l'air des mines*. Le sol qui lui appartient n'est pas le sol français, anglais, allemand, c'est quelques pieds *sous la terre*[3].» Maximilien Rubel ajoute en note que c'est ainsi qu'il faut entendre la phrase du *Manifeste communiste*: «Les travailleurs n'ont pas de patrie.»

Marx qui, avant de se vouloir philosophe, historien ou économiste, se voulait le défenseur des travailleurs, du prolétariat, réclame pour ceux qui campent en dehors de la nation une espèce de vocation universelle, c'est-à-dire d'incarner des valeurs universelles, celles du travail. Ne pourrait-on pas dire la même chose de certains Juifs, qui eux aussi, ont longtemps été exclus de la société et de la nation dans lesquelles ils vivaient et tenus de vivre dans des ghettos et qui, de ce fait, passent volontiers outre à la nation et veulent se rattacher directement à des valeurs intemporelles et universelles.

------

3.   *Œuvres*, La Pléiade, 1982, p. 1435.

La plupart des auteurs sur lesquels s'appuie M. Finkielkraut, Juif lui-même, à commencer par Marx, pour discréditer l'idée de nation, sont Juifs. Le premier qu'il invoque est Julien Benda dont j'ai lu et admiré tout l'œuvre. Il me semble qu'encore ici, il n'y a pas de contradiction fondamentale entre ce que disent Benda, d'une part, et Lévi-Strauss et même Raymond Aron, d'autre part. Quel que soit le parti que ces Juifs prennent dans ce débat, M. Finkielkraut en tête, c'est tout en leur honneur que de soulever ces questions. Les mots de «spectateur engagé» qu'Aron utilise pour se décrire me semblent plus justes que celui de l'ange Uriel que se donnait Benda. Que les «clercs», comme Benda appelait les intellectuels, doivent essayer de «raison garder» dans les débats de la cité, m'apparaît essentiel. C'est à quoi Raymond Aron s'est efforcé sa vie durant. C'est ce que M. Finkielkraut lui-même vient de faire dans le *Nouvel Observateur*, (n° 1184), en se demandant «Le tiers monde vote-t-il Barbie?». On voit mal en quoi son intervention justifie son rejet de la vie quotidienne comme culture et conforte sa thèse sur l'existence de valeurs intemporelles et universelles.

L'universel et le particulier

Que dans toute société, toute culture, existent des modèles du Bon, du Vrai et du Beau, cela paraît être universel. Que chaque société veuille faire partager ces canons à tous ses membres, cela paraît aussi universel. Qu'une société dominante et une classe sociale dominante veuillent imposer leur vision du monde à ceux et celles qu'elles dominent, cela paraît aussi universel. Le relativisme culturel ou moral est une vue de l'esprit et n'est pas le lot de la majorité des agents sociaux.

En revanche, ce que l'on considère comme bon, beau et vrai, est toujours situé et daté. Que chaque société ait tendance à sacraliser ou à naturaliser l'arbitraire culturel ne change rien à l'affaire. Que les Américains s'imaginent que les animaux et les poissons fonctionnent à profits et pertes, comme eux-mêmes, n'empêche pas les morues de fonctionner au gaspillage, comme le prétendait Georges Bataille.

La crise de l'Occident, il faut en chercher la cause en Occident, et singulièrement dans la capitale du capitalisme mondial, les USA. De ce point de vue, *La Barbarie*[4] de Michel Henry est une bonne illustration.

---

4.   Paris, Grasset, 1987.

ANNEXE III

UN ÉCRIVAIN ET SON PAYS*

Je ne me suis jamais défini comme écrivain et je vois quelque outrecuidance dans le fait que j'accepte de parler de mes écrits comme s'ils étaient ceux d'un littérateur; je suis un professeur et un chercheur qui a écrit sur des sujets d'ethnographie et de sociologie, ce qui est bien autre chose que d'écrire des poèmes ou des romans. Plutôt que le mot d'écrivain, c'est celui de pays qui m'a attiré quand on m'a proposé d'écrire cet essai; je peux dire que le pays a toujours été, d'une manière ou d'une autre, l'objet de mes recherches et de mes écrits; je parlerai donc davantage de pays que d'écriture.

Si l'on entend par pays non seulement un État ou une nation mais l'endroit où l'on est né et aussi une terre d'élection, il sera ici question de pays dans toutes ces acceptions et il y sera aussi question d'alternances du cœur et de la raison par rapport à ces pays. Il ne saurait y avoir d'alternance quant au pays où l'on naît puisque, comme celui de naître, le fait que ce soit

---

* Ce texte a été diffusé par Radio-Canada le 25 août 1979.

dans un lieu précis et donné une fois pour toutes ne dépend en rien de soi. Le pays comme terre d'élection et le pays comme communauté nationale est susceptible de varier selon les alternances du cœur et de la raison.

Le pays où je suis né et où j'ai passé mon enfance et mon adolescence se nomme Amqui; ce village se situe dans un plus grand pays qui s'appelait et s'appelle encore la Vallée; nous étions donc des gens de la Vallée de la Matapédia; au fur et à mesure que j'apprenais mon milieu, je constatai que cette vallée faisait partie du Bas-du-Fleuve et plus récemment de la Gaspésie; pour ceux d'en haut, nous étions des gars d'en bas. Comme le dit Gilles Vigneault, quand on voyage on apprend vite qu'il y a des gens d'en haut et des gens d'en bas; assez tôt on apprend que cette appellation n'est pas seulement géographique mais désigne aussi une condition sociale; comme me disait, bien plus tard dans ma vie, un informateur: «Moi et toute ma famille, on a toujours été de la classe d'en bas.» Sans vouloir enfourcher une espèce de déterminisme géographique, il reste que de me sentir très tôt un gars d'en bas m'a peut-être induit a prendre parti pour les gens d'en bas, pour le petit peuple, au point d'être taxé de populiste par d'autres idéologues.

Je pensais justement, il n'y a guère, à ces notions de haut et de bas, en lisant le très beau livre que consacre Bakhtine au curé de Meudon, François Rabelais. Il y démontre que Rabelais s'est toujours intéressé aux choses du bas, à toutes les fonctions vitales dont ce bas est le siège. Le bas est opposé au haut, à la tête et à la raison, mais aussi à un haut encore plus haut, au clergé, à l'Église et même à Dieu. Ce serait certes pousser les choses un peu trop loin que de penser que, si j'ai toujours eu plaisir à raconter des gauloiseries, à avoir un peu l'esprit rabelaisien et même à contester assez tôt le clergé et l'Église — alors que c'était loin d'être de mode au Québec — ce serait peut-être de m'être identifié à cette qualité de «bas», opposée à celle de «haut». Encore aujourd'hui les Montréalais qui disent *monter* à Québec ou à Rimouski me scandalisent profondément; comme si nous étions le haut et eux le bas. C'est le fleuve qui ici détermine la relation du haut et du bas et non pas seulement l'usage de la langue française.

Mais il faut revenir au Bas-du-Fleuve, à la Vallée de la Matapédia et à cet Amqui de ma jeunesse et de mon adolescence. Je dis les choses comme elles me viennent et non selon un plan que j'aurais établi minutieusement. Or on sait qu'Amqui comme Causapscal et Rimouski sont d'origine algonquine, micmac, je crois. Vers l'âge de 15 ans, je lus dans un écrit consacré à la Vallée que ce mot voulait dire «lieu où l'on s'amuse». J'en étais fort aise et ne me fis pas faute d'assurer mes confrères du séminaire de Rimouski que nous avions conservé cette bonne tradition. Je n'ai jamais eu la curiosité de m'enquérir auprès des Indiens Micmac de Maria — où je passai quelque temps dans les années cinquante — si cette traduction était exacte, ni encore moins celle de leur demander si leurs ancêtres s'amusaient bien à Amqui. Or quelle ne fut ma surprise, l'autre jour, de lire, dans un guide touristique du Québec, qu'Amqui veut dire «lieu ou l'*eau* s'amuse»! L'expression est non seulement très jolie, mais elle correspond à la réalité de cette rivière. Moi, qui ai vécu bien des années dans une maison située au bord de cette rivière, peux attester que l'eau s'amuse vraiment. Tout ce que je regrette, c'est de ne pas avoir trouvé cette image. Prenant sa source dans le lac Val-Brillant et se jetant dans la Restigouche, la Matapédia n'est que remous, rapides, détours, sinuosités, rétrécissements et élargissements; comme le métro de Paris, qui lui aussi a l'air de follement s'amuser, sortant de terre un instant pour y rentrer aussitôt, la Matapédia flâne, musarde, s'amuse et prend tout son temps pour arriver à la Restigouche. Un peu comme la cigale, elle n'accumule pas, gagnant des eaux de-ci de-là pour les perdre aussitôt. À Amqui, grosse du Val-Brillant, elle était assez large pour nous permettre d'y faire de la chaloupe à rames, y pêcher l'anguille et aux habitants de s'en servir, hélas, comme dépotoir.

Nous, les enfants et les adolescents, nous amusions-nous autant que la Matapédia? Si je sais à peu près ce que c'est que de s'amuser pour cette rivière, j'avoue que je le sais moins pour nous. S'amuser, à travers la vie, prend des formes bien différentes. Ce qui nous amuse à 10 ans n'est pas ce qui nous amuse à 20 ans et plus on vieillit, plus ça change. Il y a aussi que tout cela varie avec les classes sociales, les lieux et les époques. Vivre dans un village de la Vallée pendant les années vingt et au séminaire de Rimouski pendant les années trente n'évoque pas spontanément l'amusement. Je me suis peut-être plus amusé au séminaire — pendant la grande crise économique — que dans mon village. Et tout cela à cause de ma famille, laborieuse et sévère. Mon père, épicier-boucher, était sur le pont dès 6 heures, c'est-à-dire qu'il ouvrait son magasin à cette heure-là. «L'argent est du matin» n'a-t-il cessé de répéter toute sa vie. À peu près à la même heure, ma mère traversait le pont du village pour assister à la première messe. Une demi-sœur de ma mère avait commencé dès 5 heures à mettre le quotidien en train. Pour personne la vie n'était un amusement. Bien que mes parents fussent à l'aise, à l'échelle du village — je devrais dire mon père, puisque ma mère n'a jamais eu d'argent sauf les quelques sous qu'elle donnait aux «quêteux» et aux chômeurs des villes qui déferlaient dans les villages pendant la Grande Crise; elle choisissait de leur donner à manger plutôt que de l'argent, qu'elle n'avait d'ailleurs souvent pas — bien qu'ils eussent donc de quoi vivre assez bien, il fallait «faire attention» à tout. Je me souviens que le premier jour que j'allai à l'école, je demandai à mon père deux sous — ou n'était-ce pas plutôt un sou? — pour m'acheter une gomme à effacer. — Tu as donc l'intention de faire des fautes, me dit-il; tu devrais plutôt décider de ne pas en faire; tu arriverais premier et ça coûterait moins. Après m'avoir laissé mijoter un peu ce raisonnement, il me donna les deux sous, avec un sourire en coin que par la suite je nommai l'humour de la tribu Rioux. Selon Jacques Ferron, on ne devrait pas parler de tribu Rioux mais de nation Rioux; je dois à la vérité de dire que je n'ai jamais adhéré à ce nationalisme-là. Encore que très jeune, j'étais fier de constater qu'à Trois-Pistoles les Rioux et les Belzile, du côté de ma grand-mère paternelle, étaient très nombreux et bien en vue.

Parlant d'amusement, j'ai souvent constaté, au cours d'enquêtes ethnographiques, que les enfants et les adolescents des milieux ruraux sont davantage portés à imiter le monde des adultes plutôt que de se créer un monde à eux; la raison en est, me semble-t-il, que dans ces milieux plus traditionnels, on sait qu'on aura à peu près la même vie que celle de ses parents et qu'il faut apprendre davantage en imitant les adultes, l'école n'étant qu'un mauvais temps à passer, pour se préparer à la Première Communion et à la Confirmation. Ces rites de passage étant accomplis, parents et enfants se désintéressaient généralement de l'école.

C'est ainsi que très jeune, avant même d'aller à l'école, j'accompagnais mon père qui, deux ou trois fois la semaine, parcourait les rangs pour aller acheter des bestiaux; très vite je fus en contact avec ces rangs si particuliers au Québec et si différents entre eux malgré le même aménagement du territoire. Ils portaient tous des noms en plus de leur numéro d'ordre; les deux noms dont je me souvienne ce sont ceux de Bangor et de la France; inutile de dire que tout le monde était francophone, que le rang de Bangor était habité par des Québécois, retour de la Nouvelle-Angleterre et l'autre, à son début, par des Français de France. Mon père les trouvait tous retors et eux pensaient de même de mon père. Encore plus que le village, le rang laisse l'impression de solitude, d'isolement et, malgré tout, de communauté, impression qui doit bien m'avoir marqué puisque lorsque je lus pour la première fois les vers suivants de Rainer Maria Rilke, je fus profondément ému, car ils correspondent à des réalités que j'ai vécues très jeune. Le poète Rilke écrit dans *La vie monastique*:

La dernière maison du village est aussi solitaire que la dernière maison du monde.

La route que ne retient le village continue lentement son chemin dans la nuit.

Le petit village n'est qu'un passage entre deux espaces, peuplé d'angoisses et de pressentiments — un chemin qui va le long des maisons et ne relie rien.

Et ceux qui quittent le village vont très loin et beaucoup peut-être meurent en chemin.

Quand j'étais jeune, on parlait beaucoup de ceux qui, partis travailler aux États, dans les «factories» de coton, n'étaient pas revenus; de ceux qui, enrôlés de gré ou de force pendant la Guerre de 1914-1918, étaient morts en chemin. Chez d'autres, comme pour moi qui ai quitté mon village, d'abord pour étudier et n'y revenir que pendant les vacances et ensuite définitivement, pour travailler en ville, je garde le sentiment d'une façon de vivre que j'ai par la suite essayé de reconstituer dans des études ethnographiques, et même, plus tard, essayé de revivre dans d'autres villages. Les villes où j'ai vécu ne m'ont jamais retenu, excepté Paris peut-être, parce que chaque quartier m'est toujours apparu comme un village.

413

Peut-être naît-on urbain ou rural? Quant à moi, il m'a toujours semblé que mon pays — au sens de lieu où l'on est né — m'a marqué profondément, intellectuellement et j'oserais dire spirituellement. Peut-être y a-t-il un lien entre certains aspects théoriques et normatifs de ce que j'ai écrit et le scandale qu'a toujours été pour moi le fait que les hommes, dans les grandes villes, s'ignorent les uns les autres, vivent des vies émiettées et deviennent les spécialistes d'une infime partie de ce qui compose la vie sociale. Dans le village, on ne connaît peut-être pas grand-chose des Boschimans ou de l'atome, mais chacun connaît ceux qui l'entourent et leur parle, comme il connaît leur histoire et leurs histoires; chacun peut à peu près se débrouiller dans plusieurs des arts utiles, comme l'on disait, la construction d'une maison, la culture des champs, les réparations de toutes sortes; les «chefs-d'œuvreux» n'étaient pas rares. Et quand il s'agissait de mettre un épouvantail dans un jardin ou ailleurs, chacun le fabriquait car il ne s'en vendait pas. J'ai connu un pêcheur, en Gaspésie, qui me disait que chez son père, à l'automne, quand on avait engrangé ce que l'on récoltait, salé le poisson que l'on pêchait et acheté du sel et du sucre, du thé et de la mélasse pour l'hiver, il ne restait que quinze sous pour passer l'hiver, attendre le premier poisson et les premières patates. Le mois de mars était bien sûr le mois jaune, car le poisson et les patates qui avaient hiverné avec la famille et pour elle jaunissaient de plus en plus.

Les alternances dont je parlais au début commencèrent lorsque, petit à petit, je découvris d'autres villages, situés dans la Baie-des-Chaleurs ou sur le versant nord de la Gaspésie. La Matapédia de mon enfance et les vallonnements de cette Vallée m'apparurent étriqués et les villageois d'Amqui presque déjà des urbains, comparés à ceux de l'Île-Verte et de l'Anse-à-la-Barbe où tout était plus simple, plus vrai. Les villages que j'étudiai par la suite, et toujours situés près de la «grande eau», me firent trahir mon village natal, que je n'avais pas choisi, et devinrent à tour de rôle des pays d'élection. Je m'y attachais parce que j'avais choisi, bien sûr, de les étudier d'un point de vue ethnographique mais il y avait beaucoup plus! Est-ce travers, d'ethnologue justement, lui qui semble toujours rechercher des états non pollués par le semblant et l'artifice des villes et veut retrouver ce qu'il y avait au commencement; en rétrospective, il me semble qu'il y avait chez moi cette quête de toujours vouloir connaître les hommes et les femmes dans un état de simplicité et de vérité. Récemment, relisant Rousseau et certaines études sur son œuvre, je le compris beaucoup mieux que je ne l'avais fait jusque-là; je ne l'étudiais alors que pour y chercher des théories politiques et sociales. C'est à l'occasion d'études que je poursuis présentement sur le phénomène de la Fête, de son caractère de totalisation et de transgression, que je compris mieux son amour pour les petites communautés et sa détestation pour les villes et plus particulièrement les plus grandes. J'y retrouvai ce que toujours j'ai ressenti. Au fait, ce que j'ai moins applaudi c'est sa méfiance envers les femmes; nulle part, il ne se doute que ce qu'il reproche aux femmes, ce sont les hommes qui l'ont provoqué et voulu.

Pendant quelques saisons d'été, je fis de l'Anse-à-la-Barbe mon pays d'élection; ne passant par Amqui que pour saluer mes parents, je me rendais vite auprès de mes nouveaux amis, retrouver leurs maisons peinturées de couleurs vives et comme accrochées au bord de la Baie-des-Chaleurs. Parce que beaucoup d'individus venaient de Paspébiac ou avaient épousé des gens de cette agglomération, il y avait là des descendants d'Acadiens, d'Anglais, de Jersiais, de Basques, d'Allemands et quelques familles québécoises de vieille souche; il en était résulté une langue savoureuse, à peu près la même qu'à Paspébiac et qu'on ne retrouve nulle part ailleurs au Québec. Quelques pêcheurs pêchaient près des côtes du village mais la plupart pêchaient au grand large et avaient leur port d'attache à l'Anse-à-Beaufils. Parce que je l'étudiais, ce village me devint plus familier que celui de ma naissance où là déjà, à cause d'une certaine stratification sociale, des familles n'en fréquentaient pas d'autres et de bout à bout de ce gros village, plusieurs étaient inconnus les uns des autres. Rien de tel à l'Anse-à-la-Barbe; chacun connaissait tout de l'autre, y compris, bien sûr, tout ce qui se racontait sur le dos de ses voisins; de sorte que des gens en savaient plus des autres que d'eux-mêmes. Tout le monde avait fini par être un peu parent et de démêler ces généalogies me causait bien des tracas. L'une de ces familles présentait des écheveaux si compliqués de parenté de sang et d'alliance que pour la seule fois dans ma carrière

416

d'ethnographe je dus me résoudre à ne pas y voir tout à fait clair. Au moment où je vivais dans ce village, un couple abritait une maisonnée très panachée. Voyons plutôt: le mari s'était marié trois fois et avait eu des enfants de chaque mariage; l'épouse avait été fertile durant ses quatre mariages. De plus, les mauvaises langues répétaient que chacun des conjoints avait eu des enfants pendant leurs multiples veuvages. C'est le cas de dire qu'une chatte même n'y aurait pas retrouvé ses petits. Assez curieusement, les relations de voisinage et d'amitié ne s'établissaient pas surtout entre les parents mais entre classes d'âge et personnes du même sexe. Même les époux ne sortaient pas souvent ensemble. Ce qui me rappelle que dans un autre village traditionnel du Québec, les hommes et les femmes partaient pour la messe séparément et, à l'église, avaient tendance à se diviser la nef de l'Église; on prenait même des photos des hommes et des femmes séparément; ils et elles devaient bien se retrouver quelque part puisque la famille y était partout très nombreuse.

L'autre jour, j'assistais à une fête populaire dans un quartier de Montréal lorsqu'on me désigna le fou de ce quartier-village. Tout le monde lui parlait, même les enfants qui le taquinaient aimablement à qui mieux mieux. Cette apparition me remit en tête le fou de l'Anse-à-la-Barbe. Tout le monde le connaissait aussi mais il faut croire que son cas était plus grave, car lui, il allait faire des séjours, de fois à autres, à Saint-Michel-Archange, un asile de la banlieue de Québec. Tout le monde avait sa théorie sur les causes de son malheur; comme il engraissait et maigrissait à intervalles assez réguliers, certains croyaient que c'était quand il était maigre que ça le prenait, d'autres disaient le contraire. Je n'ai jamais résidé assez longtemps à la fois dans ce village pour pouvoir départager les opinions. Je dois à la vérité de dire que m'étant souvent trouvé avec lui dans des situations assez particulières, je lui ai toujours trouvé beaucoup d'intelligence et de savoir-faire. Assez pour soutenir que le soir, à la veillée, quand la compagnie parlait de choses et d'autres, c'est lui qui semblait me comprendre davantage et me posait les questions les plus pertinentes, quand mon tour venait de parler.

Un soir que je donnais une veillée, il m'avait spontanément offert de garder la porte et d'empêcher d'entrer les ivrognes et les batailleurs; je lui dis de laisser entrer tout le monde; «j'aurai tout le monde à l'œil et vous avertirai de tout danger». Pendant la soirée, un flirt fut conduit à l'extrême limite; il fut le seul à s'en rendre compte. Un autre jour que je lisais, après un déjeuner avec des amis venus de Québec, des poèmes d'amour dans un recueil qui venait de paraître chez Gallimard, le fou qui les écoutait, assis près du poêle, se leva soudain et dit: «Je n'en peux plus, il faut que j'aille me refroidir dehors.» Était-il gras ou maigre à ce moment-là? Je crois bien qu'il était dans l'entre-deux.

Dans ce petit pays d'élection, on pratiquait une très grande tolérance envers tous les membres de la communauté. Tout se passait comme si tout ce qui existait dans ce village était un peu à tout le monde et

que tous les individus, fussent-ils un peu menteurs et
voleurs, dussent être tolérés, du fait de leur appartenance à la communauté. Comme ils avaient réinter-
prété à leur façon les commandements de Dieu et de
l'Église, il n'était pas question d'empêcher quoi que
ce soit; mais chacun se surveillait et surveillait les
autres davantage. C'est un passe-temps dont ils raffo-
laient. La Justice qui trônait à New Carlisle, quelques
villages plus haut, leur était parfaitement inconnue et
même suspecte à leurs yeux, et cela parce qu'ils
n'avaient pas grand parents ni grand connaissances
dans cette petite ville. Autant endurer! Quelqu'un me
dit qu'il était bien affligé des voleurs, comme s'il s'eût
agi de rhumatismes. Le cas le plus extraordinaire qu'il
m'ait été donné de voir fut sans doute le suivant: un
matin, je vis de ma fenêtre des hommes qui s'attrou-
paient sur le chemin du roi. Voyant à leur mine qu'il
s'agissait là de quelque chose d'extraordinaire, j'allai
les rejoindre. Un jeune homme du village, disaient-ils,
avait violé une jeune fille, la nuit précédente; ils se
montaient les uns les autres et menaçaient de faire un
mauvais parti au coupable. Tout à coup nous le vîmes
de loin venir sur la route et se diriger vers nous.
Effrayé par ce que je croyais qui se passerait, je résolus
de m'interposer entre le violeur et les autres pour éviter le pire; j'avais assez vu de batailles sanglantes dans
plusieurs villages et je voulais éviter celle qui se préparait. Rendu à notre hauteur, le présumé coupable
nous dit — salut tout le monde — et poursuivit sa
route; après lui avoir rendu son bonjour, chacun partit
sans ajouter une parole. Ce fut comme si Roger, le

419

coupable, l'individu en chair et en os, avait perdu sa culpabilité pour redevenir un gars de la communauté, un peu soi-même, en somme.

On parle beaucoup d'autogestion aujourd'hui, qui pour en dénoncer le caractère utopique, qui pour l'appeler de tous leurs vœux. D'une certaine façon l'autogestion existait à l'Anse-à-la-Barbe, au temps où ce village était mon pays d'élection; il ne s'agissait pas de gestion de biens matériels ni d'argent parce qu'il y en avait peu à gérer, encore que les prestations de toute nature que distribuaient les gouvernements étaient administrées en commun, si l'on peut dire. Je veux dire que pour plusieurs l'administration et la dépense de cet argent se faisaient publiquement dans des réunions où on «levait le coude»; comme les soirées «invitées» n'existaient à peu près pas, chacun avait le droit d'y prendre part. Mais où qu'on soit, qui qu'on soit, il y a toujours des valeurs à administrer, des valeurs que l'on accepte d'en haut ou bien des valeurs que la collectivité se donne elle-même. C'était à peu près le deuxième cas dans mon village. Les réinterprétations de toute nature que subissaient les lois de l'Église et de l'État étaient multiples et profondes. On peut dire un peu paradoxalement que loin que le curé gérât les valeurs, c'était les villageois qui géraient le curé. Parce qu'ils avaient connu des curés ivrognes et fornicateurs, ils interprétaient leurs comportements à leur façon. Dois-je dire que, dans bien des cas, les villageois étaient plus charitables et plus compatissants que leur curé. En somme, ce qui était bien et désirable, c'était ce qui s'était toujours fait au village et qui emportait l'adhésion du plus grand nombre. Je pourrais citer de nombreux cas, mais je vais me limiter au suivant, peut-être en partie parce qu'il s'agit d'un sujet d'actualité. Un après-midi, à sa première heure, quelques femmes d'âge mûr, qui discutaient dans la cour de l'une d'elles, m'invitèrent à me joindre à leur compagnie pour discuter d'un sujet brûlant: l'avortement. Et pas d'un point de vue théorique, mais il s'agissait d'un cas bien concret, celui de la petite Louise que le gros Albert avait engrossée, il y avait quelques mois. Le père de Louise, qui n'aimait pas Albert, se préparait à faire un mauvais parti à sa fille parce qu'elle l'avait laissé lui imposer ses œuvres. Or comme tout le monde aimait bien tout le monde, il fallait, me dirent les femmes, trouver un moyen pour «faire passer ça» à Louise. C'était «ça» qui était à l'ordre du jour; et comme j'avais grande réputation de science parmi elles, on m'invitait à en discuter. Nous passâmes une bonne partie de l'après-midi à discuter des moyens dont chacune avait entendu parler ou qu'elle avait pratiqués — et qui avaient réussi — mais pas une fois, personne ne mentionna — ne fût-ce qu'en passant — que l'Église condamne l'avortement, et cela pour ne rien dire des moyens un peu bizarres et curieux que chacune suggérait. Non, quelques personnes de la communauté sont en cause, il faut tout faire pour restaurer la quiétude et les bonnes relations de voisinage, et il n'est pas question des normes que des «étrangers» ont établies abstraitement. Il est arrivé aussi que les gens s'entendirent entre eux pour autogérer des subventions publiques et décidèrent de ceux qui devraient en profiter plutôt que d'autres; il n'est pas sûr que cette façon de faire fût moins bonne que celle des lointains technocrates ou que celle du député absent.

Il y aurait encore beaucoup à dire sur ce village mais comme tout ce qui se modernise et se «néonise», mon village a beaucoup changé. Il y a deux ans je l'ai visité avec des amis venus de loin. Je ne l'ai pas reconnu et me suis promis d'écrire, quelque jour, un essai qui aurait pour titre: «À la recherche du village perdu».

Mais, au fond, je l'avais perdu, mon petit pays, bien longtemps avant. Je m'intéressai à d'autres villages, à d'autres communautés québécoises et autres, mais je ne trouvai plus de pays que j'eusse pu élire. Le début de la Révolution tranquille — dont on peut dire qu'il marque la renaissance du grand pays — me ramena d'Ottawa au Québec. À Montréal, l'idée ni le sentiment ne me vinrent jamais que je pusse considérer cette ville ou quelqu'une de ses parties comme pays d'adoption ou d'élection. Je fus donc sans pays — dans toutes les acceptions du terme — pendant quelques années.

Il y a un peu plus de dix ans, des hasards voulurent que nous nous trouvâmes quelques-uns à habiter un village que chacun avait choisi et où il avait acquis une propriété. Nous voyant souvent, nous avons décidé de fonder un petit village dans le village — un vrai pays d'élection. Nous étions à ce moment-là à la période des communes, celle où des gens se choisissaient et choisissaient leur petit pays. D'aucuns diront que nous nagions en pleine utopie, nous le savions mais l'idée d'avoir un village, une espèce de petit pays d'élection l'emporta. Nous n'étions pas nombreux — une douzaine à peine — mais nous nous distinguions de ceux du vrai village par la langue et par une communauté d'idées et de sentiments que n'avaient pas les autres.

Aujourd'hui que ce village est mort et écrivant ceci, je ne puis que penser qu'à des titres divers chacun d'entre nous poursuivait un rêve qu'il n'avait pas encore pu réaliser. J'en ai assez dit du mien pour que l'on comprenne qu'encore une fois c'était pour protester contre la ville et que j'étais devenu en fait, sinon en théorie, plus rousseauiste que jamais. Je me suis souvent demandé si l'attrait prononcé que de nombreux Québécois et Québécoises ont eu pour les communautés religieuses leur venait seulement de leurs normes religieuses. Ne s'agissait-il pas aussi de remplacement de leur communauté natale en voie d'effritement, de protestation contre l'anonymat de la ville ou du prolongement de leur communauté estudiantine? Un agnostique québécois doit trouver autre chose. On me dira que récemment les communautés sont désertées et que mon hypothèse ne tient pas. Il faudrait longuement s'expliquer là-dessus. Est-ce que le surgissement de la conscience de la communauté nationale et le désir de bâtir le grand pays plutôt que le petit n'expliqueraient pas en partie la désaffection des communautés religieuses? Ceux qui ont vécu et vivent encore aujourd'hui dans des communes n'auraient-ils pas, auparavant, fait partie des communautés religieuses? Je ne le sais pas, mais je me laisse emporter par l'idée qu'il est bien difficile de vivre sans attaches profondes avec ses semblables et que cet attachement peut s'incarner de multiples façons.

Pour revenir à notre village utopique, je dirai que c'était une espèse de petit collectif à base d'amitié et de confiance où des individus se voyaient très souvent et très longtemps, en dehors de leurs activités utilitaires et professionnelles. En somme, direz-vous, un groupe bien ordinaire d'amis et de copains. Soit! Mais nous l'avons appelé village! Il y avait même tous les dimanches, à partir de la fin d'avril jusqu'en novembre — selon le temps qu'il faisait — une assemblée de village où nous discutions souvent de sujets précis, qui nous étaient souvent dictés par les activités de l'un ou de l'autre d'entre nous. De plus, si quelqu'un avait un gros problème à résoudre, il devait en discuter à l'assemblée de village pour que collectivement nous en arrivions à une solution. Je quittai le village en 1974 parce que ni moi ni l'assemblée de village ne pûmes trouver de parade à ce qui m'arrivait. Encore ici, c'est un constat d'échec; ne m'identifiant plus avec l'Amqui de mon enfance, sinon par le souvenir, ayant délaissé l'Anse-de-la-Barbe par nécessité, je me retrouvais donc, avec l'échec du micro-village que nous avions mis sur pied et qui avait duré quelques bonnes années, sans village et sans petit-pays. Il faut dire que depuis longtemps je m'intéressais au grand pays, le Québec, et que le regain de celui-ci compensait la perte de celui-là.

Le hasard fit qu'à partir de l'été 1976 je revins à

mes premières amours: le Bas-du-Fleuve et la Gaspésie. Avec d'autres de ce pays, je pensais depuis quelque temps à retourner y travailler et y vivre. Ici encore, se mêlaient le désir de travailler avec des groupes de réformistes et de radicaux pour essayer de sortir ces régions de la misère et de la dépendance et le sentiment de m'être toujours identifié à elles. Depuis le printemps 1976, j'y reviens chaque année et je reprends contact avec les gens et le pays. Je n'ai pas donné suite à mon désir d'y revenir d'une façon permanente parce que, dès le 15 novembre 1976, l'élection du Parti québécois me fit croire, à tort ou à raison, qu'il fallait rester sur la première ligne de feu et, cette première ligne, c'est Montréal.

N'empêche qu'aujourd'hui, le 9 juin, j'écris ces lignes dans un petit village, au nom très religieux, en plein cœur du Bas-du-Fleuve. Il ne s'agit plus, comme dans les autres cas, de participer de très près à la vie d'un village, mais de vivre dans un plus vaste pays que j'aime et où je me sens à l'aise. C'est ici, je crois, que pour moi le sentiment de la famille et celui du pays intermédiaire — entre le petit pays du village et le grand pays du Québec — se conjuguent et se confondent presque.

Je m'explique. Ayant quitté mon village natal et ma famille, d'abord pour étudier à Rimouski et ensuite ailleurs, je suis resté à l'écart des deux pendant de longues années, si ce n'est que pour de très brèves visites. Quand mon père mourut, en 1958, je descendis au pays pour quelques jours et me retrouvai avec plusieurs membres de ma famille. À les voir tout à la fois pleurer et rire — que les plus vieux se souviennent des traditionnelles «veillées au corps»! — à les écouter parler — il y a une façon de parler qui est du Bas-du-Fleuve — à les observer se comporter et gesticuler — je me reconnus dans eux et j'eus une vive émotion qu'au moment où je l'eus, je qualifiai de barrésienne, et reconnus que c'était bien là ma tribu. On a beau s'en éloigner, n'y presque plus penser, acquérir un parler un peu plus pointu, accumuler des connaissances autres que les leurs, visiter et vivre dans d'autres pays, on reste toujours de sa tribu de naissance; ce sont ceux qui le nient le plus véhémentement qui en manifestent les signes les plus certains. Il en va ainsi du pays intermédiaire, la région, qui, pour moi, selon les classifications, peut être le Bas-du-Fleuve, la Vallée ou la Gaspésie, mais qui a vite été et durablement le Bas-du-Fleuve.

Certains anthropologues parlent de personnalité régionale comme d'un ensemble de traits qui sont communs à ceux qui vivent dans un territoire déterminé. Qui en niera la réalité pour les vieilles provinces françaises, comme la Normandie, la Bretagne ou l'Auvergne? Au Québec, sans être aussi marqués, les traits régionaux existent aussi; la langue, l'accent et l'intonation sont assez facilement reconnaissables. Il y a beaucoup plus! Des traits communs de caractère se discernent et peuvent être reliés aux grandes familles qui prédominent dans une région. On a souvent dit que la famille est un microcosme, c'est-à-dire une espèce de monde réduit où des habitudes de vie et de pensée se prennent et se développent, chaque famille réinterprétant le monde à sa façon et acquérant des traits culturels durables. La plupart des régions du Québec se sont bâties à partir de certaines grandes familles qui ont essaimé de paroisse en paroisse et ont marqué durablement celles qui sont venues se joindre à elles. Comme la famille, la région se nourrit de traditions et de mémoires collectives; ceux qui l'ont quittée s'en rendent compte quand ils reviennent la visiter.

Arrivant l'autre jour de Montréal à Rimouski, je fus reçu à dîner par des jeunes gens presque inconnus de moi. Il fallut toutefois très peu de temps pour nous sentir très à l'aise, manger, causer et chanter, un peu comme on le fait dans les réunions de famille; et pourtant, je ne sache pas qu'aucun de nous fût le parent d'un autre, mais tous nous possédons un bagage de connaissances de la région — histoire, folklore et géographie — et des traits communs de caractère et de mentalité qui font que très vite nous pouvons échanger plus que les banalités usuelles.

Il reste que, parce que les différences sont moins marquées entre les régions du Québec qu'entre celles de la France, les Québécois dans leur ensemble, étant aussi beaucoup moins nombreux que les Fançais, sont plus homogènes et se sentent à l'aise un peu partout sur leur territoire; peut-être moins que les Français gardent-ils de solides attaches avec leur village ou leur région et n'y reviennent-ils pas aussi constamment. Il y a aussi que la mobilité verticale et horizontale a toujours été plus marquée chez nous et qu'à partir de l'époque des coureurs de bois et des voyageurs nous avons eu la bougeotte, celle de la conquête de nos vastes espaces; les places à prendre dans une société qui s'édifiait et s'édifie toujours, nous avons souvent cherché à les conquérir en changeant de lieu et de métier. L'exemple américain s'est toujours proposé à nous. L'essayiste Vance Packard qualifie ces Américains de peuple de nomades; nous n'y sommes pas encore parvenus mais nous avons fait notre part dans les déménagements.

Si l'on revient au pays, il reste que si je me suis intéressé aux petits pays et aux pays intermédiaires c'est aux grands pays, au Québec surtout et un peu à l'Acadie, que je me suis le plus intéressé et j'ai écrit des livres sur le Québec et les Québécois. Là aussi, comme dans ma recherche d'un petit pays, d'un village idéal, des alternances se sont produites quant au grand pays et j'ai oscillé entre le citoyen canadien et le citoyen québécois, et j'ai aussi connu la tentation de me dire citoyen du monde. Raconter par le menu comment s'est fait ce va-et-vient qui s'étend sur plusieurs années et comment j'ai fermement opté pour le Québec serait très long. C'est ici aussi que s'entrelacent les raisons du cœur et de la raison. Et rétrospectivement je suis amené à m'apercevoir que là où je ne croyais ne voir que la pure raison il y avait, bien sûr, du sentiment. Je n'en rougis pas car j'ai quitté depuis longtemps l'idée que le sociologue était une espèce de machine qui enregistrait les états des groupes sociaux. Dans les débats qui nous agitent, par le temps qui court, deux thèses s'affrontent: choisit-on un pays comme une multinationale le fait pour sa rentabilité ou pour sa douceur de vivre? Ou mieux, quel doit être le dosage de ces motivations? C'est un peu le même débat pour celui qui pratique la sociologie: jugements de fait, donc sismologie; jugements de valeur, donc prédication. Si la sismologie ne peut prendre racine dans la prédication, la prédication, elle, peut se fonder sur la sismologie pour inviter des populations à faire ou à ne pas faire quelque chose.

Depuis la Révolution tranquille, j'ai reporté au grand pays l'intérêt que j'avais manifesté pour les autres formes de pays; je ne m'étais pas intéressé à ces dernières du point de vue économique mais pour les connaître dans leur globalité et aussi parce que j'y devenais attaché en les étudiant. C'est ce qui s'est passé pour le grand pays, à la différence que l'attachement qui en précédait l'étude devenait de plus en plus conscient. Et il était forcé, étant donné ma formation intellectuelle et mon appartenance à ce pays, que j'arrivasse à le considérer d'abord comme une culture et ensuite comme un espace économique. Et il m'apparaît de plus en plus que ce point de vue, loin de faire l'unanimité chez les spécialistes, est vivement contesté par les économistes dits bourgeois et par les marxistes. Il l'est aussi par le tout venant qui dîne quotidiennement de croissance économique et de produit national brut et qui sort son revolver quand on lui parle de culture. Il se peut que j'aie tort et qu'à trop avoir dit mon attachement pour les petits pays, je me sois irrémédiablement condamné à ne pas voir ni comprendre la beauté des chiffres et surtout celle des plus gros nombres. Je crois que c'est monsieur Gérard

Fillion qui a qualifié de «pelteux de nuages» tous ceux qui délaissant la comptabilité — monsieur Fillion était lui-même comptable — cherchent ailleurs des raisons de vivre. Admettons donc que ceux qui pensent culture avant de penser économie s'égarent dans des régions non chiffrables et non monnayables.

Peut-on aussi concéder qu'une société s'organise d'abord et surtout comme un espace économique? Ce serait admettre que l'idéologie économique, c'est-à-dire les idées et les valeurs qui ont commencé à dominer dans la société occidentale il y a quelque trois siècles et qui placent l'économie avant toute chose, serait un produit *naturel* de la société. Il en va tout autrement. Nous savons aujourd'hui que parmi toutes les sociétés qui ont existé et qui existent encore aucune n'a jamais pratiqué cette organisation de la société. Cela ne prouve qu'il faille la rejeter mais indique son arbitraire. Soit! Il va sans dire, pour revenir au pays et à moi qui écris sur ce pays, que c'est à ce genre de problème que je m'intéresse et que, s'agissant du Québec, la passion du pays s'ajoute à la passion de la théorie. C'est dire que la recherche d'un pays m'est venue après des recherches théoriques et que les notions théoriques que j'utilise n'ont pas été élaborées pour justifier ma passion. Ce qui serait plutôt un bon point pour moi, mais qui n'avance pas d'un pas les débats dans lesquels nous sommes plongés. Je note aussi que ma position sur notre question nationale ne manque pas d'ambiguïté. Moi qui ai parlé de traditions, d'enracinement, de communauté et de convivialité, je devrais pouvoir dire que c'est parce que je me sens bien à l'aise dans cette société que j'ai opté, comme on dit, pour le Québec; or, ce n'est pas surtout à cause de cela, mais pour des raisons théoriques que je dégage de l'évolution des sociétés industrielles. C'est pourquoi je me sens mal à l'aise non seulement avec ceux qui professent d'autres options politiques, mais aussi avec ceux qui partageant les miennes le font en invoquant exclusivement le passé ou seulement des convictions théoriques. C'est assez dire que ma position est souvent peu tenable, car j'apparais comme théoricien au passionné et comme impur au scientifique bardé de certitudes inaltérables. J'en prends mon parti et continue d'écrire sur les petits pays et le pays avec tout ce que m'ont apporté mes amours et mes études.

Pour terminer ces quelques notes et puisqu'il s'agit d'écriture, je dois dire que d'aussi loin que je me souvienne je me suis intéressé aux mots de notre langue et que j'ai toujours été un liseur. Quant à l'écriture, je n'ai jamais essayé de faire beau, de faire de la littérature, comme on dit, mais de dire ce que je voulais dire, et cela le plus correctement possible. Avec les années, je suis devenu un peu maniaque des dictionnaires, allant jusqu'à acheter un «dictionnaire des injures».

Dans mes études ethnographiques au Québec et en Acadie, je me suis toujours intéressé passionnément à la langue de ceux que j'étudiais, particulièrement aux archaïsmes et aux néologismes d'invention locale. Pendant quelques saisons, j'ai travaillé avec un dialectologue de l'Université Laval qui bâtissait l'atlas du parler français au Québec et en Acadie et nous avons engrangé de véritables perles. Comme dans les autres traditions orales, on trouve dans la langue des dépôts très anciens et variés, accumulés depuis très longtemps et qui ont traversé les siècles. Retrouver à l'Anse-à-la-Barbe un mot gaulois — un doublet d'ébrancher: édrôler — est aussi extraordinaire que de retrouver la complainte de Renaud ou «le Grand Voleur de Valenciennes» dont Gaston Pâris avait retrouvé la trace, vers la fn du XIXe siècle, dans des auteurs latins; ce conte a voyagé pendant des siècles et des siècles et je l'ai recueilli à Amqui, dans la bouche d'un journalier, monsieur Alphonse Jean.

Faut-il dire que j'ai toujours réprouvé l'usage du jargon sociologique que d'aucuns utilisent non pour être plus précis mais comme pour mystifier le lecteur et acquérir une réputation de profondeur et de science. Je crois que nous avons pris ce travers chez nos voisins américains qui recomposent en énigmes des clichés ou des vérités de sens commun.

Enfin il m'apparaît que de fois à autres, comme Malherbe le faisait au Port-au-Foin, il faut aller prendre des leçons de naturel auprès des habitants et des pêcheurs qui ont gardé la verve et le bien-dire de ceux qui s'abreuvaient à la tradition orale. Puissions-nous garder dans nos écrits ces traits de langage!

Annexe IV

LES INTELLECTUELS
ET LA LIBERTÉ*

La thèse libérale prend pour acquis que les intellectuels, de par leur fonction dans la production symbolique, devraient jouir de certaines libertés qui leur per-
mettraient de jouer un rôle public, à côté des élites
économiques et politiques de la société. On peut
d'abord observer que l'exercice de ces libertés varie
avec les époques et les pays; le prestige et l'audience
qu'ont certaines catégories d'intellectuels changent
aussi avec les époques. Aujourd'hui, les scientifiques
ont plus de crédit que les littéraires. De plus, quand
une revue propose comme sujet de dissertation *les
Intellectuels et la liberté*, comme on me l'a proposé, on
semble vouloir désigner comme intellectuels surtout
ceux qui, parmi eux, se veulent «engagés» et se donnent comme la conscience de ceux qui exercent le
pouvoir politique et économique. On laisse de côté la
masse de ceux qui servent ces mêmes pouvoirs et en
profitent largement. Dans son livre, *les Écrivains contre*

---

* Concilium 101, 1975, 75-82.

la Commune[1], Paul Lidsky montre que les intellectuels ne sont pas toujours du côté des insurgés et des contestaires.

Cette thèse libérale est renforcée depuis que les régimes dits socialistes de l'est de l'Europe pratiquent une répression brutale et barbare contre les intellectuels. Aujourd'hui, le cas de Soljenitsyne contribue grandement à conforter notre bonne conscience. Dans les pays libres, disons-nous, jamais un tel déni de justice ne se produirait. Voyons avec un exemple choisi en France, comment on traite les intellectuels, et ce, sous le régime passablement autoritaire et tatillon de Pompidou. Paul Guimard dans *l'Express*, livraison du 25-31 mars 1974, commente un fait qui remonte au 13 février 1971. Ce jour-là, deux cents jeunes gens occupent la basilique du Sacré-Cœur de Montmartre pour protester contre la violence policière. Mgr Maxime Charles, recteur de la Basilique, réclame l'aide de la police. «Les brigades d'intervention... interviennent, écrit Guimard, avec une violence toute particulière. Cinquante et une personnes sont interpellées et amenées au Dépôt. Trente-cinq sont libérées sur ordre du Parquet. Seize autres sont conduites devant le juge d'instruction. Treize sont inculpés, notamment, pour infraction à l'article 314 du Code pénal... À l'époque, on ne manqua pas de remarquer qui ni Jean-Luc Godard ni Jean-Paul Sartre ne furent inquiétés, alors qu'ils proclamaient haute-

---

1. *Cahiers libres*, 167-168, Paris, Maspero, 1970.

ment que leur responsabilité était engagée. On refusa même de les entendre. M. Jean Foyer, ancien garde des Sceaux, ne cachait pas son sentiment que certaines poursuites étaient "inopportunes"... » Aujourd'hui, un jeune, Bernard Cocheteux, est condamné à 52 000 Francs de dommages et intérêts. «Le rejet de pourvoi signifie pratiquement la condamnation de M. Cocheteux père. Celui-ci est employé de banque depuis vingt-cinq ans. Il a cinq enfants, dont Bernard est le plus vieux. Son salaire est de 1600 francs par mois. Même en réduisant les siens à la misère, M. Cocheteux mettra des années à s'acquitter de sa dette, conclut Guimard. Si la partie civile trouve le temps trop long, elle pourra saisir l'appartement dont la famille Cocheteux n'a pas encore fini de payer les traites.» J'ai cité longuement cet article parce que je voudrais me servir du fait qu'il relate pour amorcer une réflexion sur *les Intellectuels et la liberté*. Pour dissiper tout malentendu, je déclare sans ambages que je tiens Jean-Paul Sartre pour le plus grand intellectuel du XXe siècle. Si je me sers de son exemple c'est qu'il est justement le plus fameux de notre temps.

Mes propos se fondent sur l'hypothèse que nos sociétés libérales sortent lentement de leur phase industrielle et qu'elles sont en transition vers une autre phase qu'on peut appeler, d'un terme neutre, post-industrielle. Auquel cas, il faut procéder à la critique des théories et des pratiques des sociétés industrielles avancées pour mieux évaluer ce que devrait être le type de société qui leur succédera et que nous devons bâtir tous ensemble.

435

Pourquoi donc, dans nos sociétés contemporaines, existe-t-il une catégorie de citoyens, que l'on désigne du terme un peu flou d'intellectuels, pour lesquels on réclame liberté d'expression et de recherche? La réponse la plus logique serait de dire que si l'on accorde la liberté d'entreprise, c'est-à-dire celle de produire des biens matériels et des services, à tout le monde et plus spécialement à ceux qui possèdent les moyens de production, il faut, en toute équité, accorder la même liberté à tous les producteurs de biens symboliques, écrivains, artistes et savants particulièrement. Des libéraux pourraient ajouter que le corollaire de cette thèse est bien connu: le jour où l'on enlève aux individus la liberté d'entreprise économique et industrielle, il n'est pas loin celui où disparaîtra la liberté des producteurs intellectuels, à tout le moins celle de ceux qui contestent les pouvoirs établis. Nous sommes encore une fois renvoyés à la bonne conscience des démocraties capitalistes où, supposément, les deux types de liberté existent. Il faut poursuivre la comparaison entre ces deux groupes de producteurs. Peut-être y a-t-il plus qu'une analogie de fonction entre eux. On dit communément de ces intellectuels engagés qui se veulent la conscience du peuple que, lorsqu'ils se prononcent sur telle ou telle question morale, au sens large du terme, ils ne le font pas à titre de spécialistes mais que ce sont leurs œuvres qui sont garantes de leur prééminence et qui leur assurent une audience chez les autres élites. Einstein intervient dans des questions politiques, non pas parce qu'il les connaît davantage qu'un bon journaliste, mais parce que ses écrits sur la théorie de la relativité lui donnent ce droit et une large audience. La même chose pour Sartre à qui ses publications — dont évidemment *l'Être et le Néant* et *Critique de la Raison dialectique* — valent de ne pas être inquiété dans l'affaire du Sacré-Cœur de Montmartre à laquelle on a fait allusion plus tôt, non plus que dans celle de *la Cause du Peuple,* journal dont il est le directeur et que le gouvernement juge subversif; ses collaborateurs, eux, sont arrêtés, accusés et condamnés. On peut donc dire que si Sartre — son cas me paraît exemplaire — n'est pas arrêté quand il commet une action que l'État juge subversive, ce n'est pas parce qu'il en connaît plus long que d'autres sur certains sujets de morale ou de politique, mais parce qu'il est l'auteur d'une production symbolique importante; d'autres, commettant les mêmes délits, sont arrêtés. Parce qu'aucune production n'est garante de leur conduite?

Il y a là analogie avec les producteurs de biens matériels ou de services. Pourquoi ces derniers ont-ils, eux, tant d'influence dans la direction des affaires publiques? Pourquoi dit-on que dans les démocraties libérales d'Occident, l'élite du pouvoir, pour employer l'expression de Wright Mills, est-elle largement composée de ceux qui contrôlent la production des biens et des services et que leur influence est déterminante dans les affaires de l'État et de la société? Ce n'est certes pas parce qu'une compagnie ou une corporation a produit des conserves de porc que son président et ceux qui ont acquis beaucoup d'argent, en ce faisant, en savent plus long que d'autres sur les besoins de la société. Peut-être pourrait-on affirmer, comme ce président de General Motors, que ce qui est bon pour sa compagnie l'est aussi pour les USA. Il y a certes une grande différence entre les puissants et les intellectuels; les premiers détiennent le pouvoir, certains plus que d'autres; les seconds contestent ce pouvoir, certains encore plus que d'autres. Ce que je veux faire ressortir, c'est que la société permet aux uns et aux autres d'avoir du pouvoir dans des sphères différentes et, à l'occasion, d'enfreindre des lois, parce que leur production matérielle ou symbolique est garante de leur conduite. Certains entrepreneurs qui ont de l'appétit avouent publiquement que ce qui les intéresse, fortune faite, c'est de travailler au bien commun de la société. Production plus capital donne le droit d'intervention.

Il y a une autre analogie entre la liberté des entrepreneurs et la liberté des intellectuels, c'est qu'elle n'existe que très peu, si ce n'est pour les très gros. On sait que, malgré les professions de foi répétées des hommes publics, la liberté d'entreprise n'existe réellement que pour ceux qui possèdent capitaux, moyens de production et techniques; la concentration verticale et horizontale des entreprises et le développement des sociétés dites multinationales restreignent la liberté d'entreprise chaque jour davantage. Même au niveau international, cette liberté s'amenuise tragiquement; plusieurs pays n'ont que la liberté de développer leur sous-développement. Du point de vue intellectuel, il semble bien que ce soit le même processus qui est à l'œuvre. Si la liberté d'entreprise existait davantage au XIXe siècle et au début du XXe siècle, il semble bien que la pratique de la liberté intellectuelle était aussi davantage possible et qu'elle avait plus d'influence sur les élites politiques et économiques. Les pouvoirs de manipulation n'étaient pas aussi raffinés qu'ils le sont aujourd'hui et les manifestations intellectuelles avaient peut-être plus de poids. Le *J'accuse* de Zola, par exemple, mit en question tout l'équilibre de la société française. Aujourd'hui, les moyens de communication dits de masse, qui sont détenus par ceux qui ont accumulé argent et pouvoirs, se chargent de distiller à tous les instants les conditionnements nécessaires à l'acceptation de l'ordre établi. Les universités sont devenues, petit à petit, des «cafétérias» où il y a à boire et à manger pour tout le monde, mais où tout à peu près est instantanément récupéré par l'ordre établi. C'est l'unidimensionalité dénoncée par Marcuse. Même l'entreprise du sénateur Sam Erwin, président de la Commission sur le Watergate, ne vise qu'à purger la société américaine de quelques bandits devenus trop voyants et à restaurer le bon fonctionnement de la société américaine. Marcuse dénonce la société américaine. Aussitôt, le propriétaire du plus grand hôtel de Santiago lui fait perdre sa chaire et l'isole comme un lépreux. Brejnev, lui, exile Soljenitsyne. La liberté intellectuelle est en difficulté dans les deux pays.

Un autre exemple servira à montrer que, sous le couvert du plus grand libéralisme, l'élite économique du pouvoir continue à dominer le pays le plus puissant des temps modernes. Aux USA, chaque individu, cha-

que groupe a le droit de faire connaître aux différentes instances de gouvernement ses vues sur toutes
les questions. Aussi, y a-t-il des centaines de milliers
d'associations volontaires qui surgissent de partout et
qui s'expriment abondamment sur toutes les questions
imaginables. Naît-il une association pour la destruction des oiseaux de proie, qu'il en naît aussitôt une
seconde qui milite pour la conservation de ces mêmes
oiseaux. Toutes les associations ne sont pas aussi béni-
gnes. Certaines font campagne contre tel monopole,
d'autres font campagne pour le même monopole. Et
ainsi de suite. Chacun a l'impression d'être libre et de
pratiquer l'idéal de la démocratie américaine. Toutes
ces revendications sont filtrées par les puissantes organisations politiques et, devant des volontés contradic-
toires, l'élite du pouvoir choisit selon ses intérêts, qui
sont, bien sûr, ceux des USA. Comme, d'autre part, il
n'y a pas de véritable choix politique qui puisse s'exprimer à travers les deux grands partis politiques, tout
finit par s'annuler pour le plus grand bien des déten-
teurs du pouvoir économique. Si l'on prend en considération le système complexe de poids et de contrepoids — le législatif, l'exécutif et le judiciaire
s'équilibrant l'un et l'autre et, à l'intérieur de chacune
de ses instances d'autres poids et contrepoids — un
congrès démocrate, une chambre républicaine, par
exemple — on se rend compte qu'il est bien difficile
d'apercevoir comment le système ne peut pas ne pas
se perpétuer.

Les universités et autres lieux de production symbolique œuvrent à peu près de la même façon; tout

peut se dire, en principe, mais parce que tout peut se dire, il arrive ce qui arrive aux centaines de milliers d'associations volontaires, où tout peut être revendiqué aussi, mais où tout s'annule. Ce qui permet aux administrateurs, à l'État, aux manipulateurs et conditionneurs de l'opinion publique d'en faire proprement à leur guise. La démocratie libérale adopte, quant aux productions symboliques, la même attitude qu'envers la production des biens matériels: la loi de l'offre et de la demande devrait faire en sorte que le meilleur produit s'impose, au meilleur coût possible. Or, on sait que cette fameuse loi n'a jamais fonctionné parce que les dés sont pipés au départ: si tous les individus sont égaux, en principe, très vite, certains deviennent, dans la pratique, plus égaux que d'autres.

Pourquoi les choses se passent-elles ainsi? Pourquoi, dans la société libérale, certains groupes sont-ils identifiables comme producteurs de biens économiques et d'autres comme producteurs de biens symboliques et pourquoi ces groupes ont-ils tendance à se perpétuer? La société est ainsi faite que certains groupes restreints, pour lesquels on réclame des privilèges et qui les obtiennent en fait, ont la possibilité de s'imposer comme élites et jouissent d'un pouvoir et d'un prestige supérieurs à ceux de la très grande majorité des citoyens. Pourquoi Cocheteux est-il condamné à la misère et pourquoi Jean-Paul Sartre n'est ni poursuivi ni inquiété? Pourquoi celui qui acquiert malhonnêtement des centaines de milliers de dollars n'est-il généralement pas inquiété et pourquoi celui qui dérobe un pain est-il condamné? Au début de l'ère industrielle, on voulait faire croire que c'étaient les plus économes, les plus vertueux qui s'imposaient. On sait aujourd'hui qu'il n'en est rien et que l'expression que Bourdieu et Passeron ont popularisée, *les Héritiers*, s'applique autant à ceux qui œuvrent dans la production symbolique que dans la production économique. Aujourd'hui, les grandes corporations institutionnalisent et pérennisent, pour ainsi dire, cet immense pouvoir que les capitaux détiennent sur l'ensemble de la société. Ce sont ces mêmes corporations qui, directement ou indirectement, subventionnent, influencent et dirigent les corporations que sont les universités, les centres de recherche, les mass media, les galeries d'art, les théâtres et autres lieux de production symbolique. L'école, à tous ses niveaux, est un appareil idéologique d'État dont la fonction est de reproduire les rapports de production et, plus largement, les rapports sociaux, comme l'ont démontré Bourdieu et Passeron dans leur livre, *la Reproduction*[2]. Cette société n'exile pas ses Soljenitsyne mais traite bien différemment ceux qui disposent de capital économique ou symbolique et ceux qui n'en possèdent pas. À l'aliénation et à la répression sans fard et sans masque, ont succédé, dans nos sociétés, la manipulation et l'engluement dans la marchandise. L'économie politique et sa rationalité ont envahi toute la société et ont tout aplati en signes et en codes, eux-mêmes calqués sur la logique de l'équivalence, qui est celle de la

---

2.   Paris, Éditions de Minuit, 1970.

valeur d'échange des marchandises. L'esprit productiviste s'est infiltré dans tous les interstices de la société et la productivité matérielle et symbolique est devenue garante d'un surcroît de droits et de privilèges. D'une certaine façon, ceux qui réclament la liberté pour les producteurs symboliques n'aident pas moins à perpétuer l'ordre établi que ceux qui revendiquent la liberté d'entreprise pour les producteurs de biens et de services. Faut-il donc pour autant se tourner vers la Russie où ces deux types de liberté ont été abolis? Il y a belle lurette que la Russie a cessé d'être un pôle utopique pour ceux qui contestent la société libérale et en décrochent. La Russie a cessé d'être un modèle de «bonne vie» et de «bonne société». On s'est aperçu que ce n'est pas seulement en abolissant la propriété privée des moyens de production et en «libérant les forces de production», comme le réclamaient les contestataires d'un autre âge, qu'on désaliénera les consommateurs, qu'on fera disparaître la violence symbolique et qu'on abolira les relations d'autorité. Les promoteurs de ce qu'on a appelé «la nouvelle culture» ne se contentent pas de réclamer une plus grande liberté pour les intellectuels; ils la réclament pour tout le monde et non plus seulement pour les producteurs, non plus seulement pour Jean-Paul Sartre mais pour Bernard Cocheteux et son père.

Et puisqu'il est question ici d'intellectuels, il faut commencer par voir que s'il existe, d'une part, des intellectuels auxquels la société libérale accorde, en principe, certaines libertés et privilèges, existe, d'autre part, la très grande majorité des citoyens qui ne sont pas des intellectuels et auxquels on n'accorde pas les mêmes privilèges. Pourquoi Bernard Cocheteux est-il condamné lourdement et Jean-Paul Sartre pas même interpellé, alors qu'il se reconnaît responsable de la manifestation? C'est que la société industrielle est éminemment une société d'aliénation, c'est-à-dire de séparation. Et la première de ces séparations n'est-elle pas celle qui existe entre travail manuel et travail intellectuel? Pourquoi le plus grand nombre des citoyens est-il condamné à exécuter des tâches manuelles ou automatiques — sans que puissent intervenir leurs capacités intellectuelles — alors que d'autres, s'adonnant à des travaux intellectuels, dominent les premiers par leur pouvoir et leur prestige et s'approprient, avec les producteurs économiques, les fruits de toute la production de la société, fût-elle économique ou symbolique? Karl Marx, dans *le Capital*, cite Adam Smith qui écrit: «L'esprit de la plupart des hommes se développe nécessairement de et par leurs occupations de chaque jour. Un homme qui passe sa vie à s'occuper de quelques opérations simples n'a pas l'occasion d'exercer son intelligence. Il devient aussi stupide et aussi ignorant qu'une créature humaine puisse le devenir... mais dans toute société industrielle et civilisée, la classe ouvrière, c'est-à-dire la grande masse du peuple doit en arriver à cet état.» Aujourd'hui, on se rend de plus en plus compte que, non seulement la division du travail en manuel et intellectuel, mais la division technique du travail, qu'on avait accoutumé de justifier pour des raisons d'efficacité, concourent à assurer la domination des employeurs. Stephen

Marglin écrit: «Le secret du succès de la fabrique (parcellisation des tâches), la raison de son adoption, c'est qu'elle enlevait aux ouvriers et transférait aux capitalistes le contrôle du processus de production[3].» Sur cette division du travail, sur cette séparation, on peut greffer l'ensemble des parcellisations que pratique la société industrielle et dont la «crise de civilisation» que nous vivons aujourd'hui est l'aboutissant. La revendication essentielle n'est pas de réclamer plus de liberté pour les intellectuels mais d'exiger que chaque individu puisse se développer intellectuellement, au mieux qu'il puisse développer toutes ses potentialités. Voilà la liberté véritable. Nos sociétés fonctionnent à l'idéologie de la croissance de la production: plus d'automobiles et plus de romans. De plus en plus de liberté pour tous ces producteurs. Pour terminer, je ne puis résister à citer Philippe Saint-Marc qui écrit dans *le Sauvage* de février 74: «Si tous les Français étaient, cette année, victimes d'un accident de la route et devaient être amputés d'une jambe, ils seraient beaucoup plus heureux — d'après les économistes officiels —, car ces accidents accéléreraient la croissance économique. Il faudrait en effet fabriquer 50 millions de jambes de bois — d'où une forte expansion industrielle — puis les greffer, d'où un grand supplément d'activités médicales et chirurgicales. Dans l'économie actuelle, les accidents de la

---

3.   Dans *Critique de la division du travail,* Paris, Éditions du Seuil, 1973, p. 63.

route, les pollutions, l'alcoolisme, les accidents de travail, la consommation des drogues sont des moteurs de la croissance et donc de la «prospérité». Plus nous sommes malheureux, plus le PNB s'élève, plus nous sommes «riches»: énorme mystification qui ne trompe d'ailleurs plus que nos gouvernants.»

Je suppose qu'il faut quand même remercier la société libérale de pouvoir écrire ces choses sans risquer la déportation.

Table des matières

447

Typographie et mise en pages sur micro-ordinateur:
MacGRAPH, Montréal.

Achevé d'imprimer
en février 1990
MARQUIS
Montmagny, Québec, Canada